CORRESPONDANCE

DE

LAMARTINE

CORRESPONDANCE

DE

LAMARTINE

PUBLIÉE

PAR Mme VALENTINE DE LAMARTINE

TOME CINQUIÈME
1834 — 1841

PARIS

HACHETTE ET Cie | FURNE, JOUVET ET Cie
79, BOULEVARD SAINT-GERMAIN, 79 | 45, RUE SAINT-ANDRÉ-DES-ARTS, 45

ÉDITEURS

MDCCCLXXV

Droits de propriété et de traduction réservés.

ANNÉE 1834

CORRESPONDANCE
DE
LAMARTINE

ANNÉE 1834

DLXIX

A Monsieur de Lamartine père

A Mâcon.

Paris, 9 janvier 1834.

Mon cher père, 1° envoyez-nous la peau de tigre, puisque vous l'avez; 2° faites mettre le tabac dans mon cabinet. Nous sommes bien contents de votre lettre et de votre santé; la mienne va un peu mieux, malgré l'étourdissement des lettres et des visites.

J'ai parlé hier, pour la seconde fois, en réponse à M. Bignon (1). Quoique ce fût une idée neuve et

(1) Sur l'Orient (Discussion du projet d'adresse). Voir la France parlementaire, t. I, p. 8.

hardie, elle n'a pas été trop mal écoutée par la Chambre. Faites-vous donner le *National* où mon discours est bien et complétement rendu. Je parlerai dans quelques jours vigoureusement sur la grande question des partis, la réforme parlementaire et l'élection universelle. Vous serez content, je l'espère, de la sagesse et de l'indépendance de mes opinions dans ces difficiles sujets. Je veux m'exercer, tant que je pourrai, à parler hardiment et souvent sur toute chose pour vaincre la difficulté extrême de tribune et conquérir l'improvisation. Je commence à espérer que j'y parviendrai en six mois de temps, au lieu de trois ans que je croyais nécessaires.

Je suis dans ce moment-ci, et environ pour un an au moins, en proie à toutes les hostilités les plus acerbes des journaux de tous les partis, surtout des petits journaux carlistes. Les partis ne veulent ni bonne foi ni indépendance, et, à ce titre, ils vont tour à tour m'écraser d'injures et de calomnies. Vous savez que je m'y attendais et que j'y ai le cœur impassible ; ainsi ne vous en inquiétez pas pour vous ni pour moi. Il ne reste rien de tout cela que la vie et le caractère d'un honnête homme, et tous ces coups ne laissent pas de cicatrices ou n'en laissent que d'honorables. Vous ne vous figurerez jamais toutes les absurdités qu'ils débitent dès le premier jour où ils me supposent vendu au gouvernement. Dans quelques semaines ce seront ceux du gouvernement qui me tomberont sur le corps à leur tour, puis ceux du parti républicain, car j'ai à les blesser profondément tous les trois, et je dois subir leur triple salve d'injures. Cela est nécessaire à mon plan d'organisation future d'un nouveau parti de royalisme avancé et impartial qui ne prendra son appui que dans la conscience du pays. J'ai déjà des offres nombreuses dans ce sens, mais je serai seul jusqu'aux élections prochaines.

Genoude s'est bien conduit et m'a offert son journal pour répondre aux calomnies. J'ai refusé. La suite justifiera seule le présent. Quelque chose qu'on vous dise de mon passage au juste-milieu, n'en croyez rien. Je ne passerai à aucun parti dénommé actuellement, et c'est ce qui les rend furieux. Mais je suis plein d'égards pour tout ce qu'ils renferment de loyal et d'honorable. Je vous écris ceci une fois pour toutes, pour que vous ne vous troubliez pas du grand tapage que vous entendrez, et que vous lirez surtout dans votre journal, qui est, je crois, le *Rénovateur*, où Berryer et son parti me font lacérer. Il leur en cuira dans six mois.

Marianne a du rhume et un peu de fièvre depuis hier, mais rien de sérieux. Elle a ici son cousin à la maison et plusieurs de ses parents d'Angleterre et de Bretagne. Nous ne sortons pas du tout le soir, et quelques amis viennent alors en visite. Nous nous couchons de bonne heure, et je travaille de bon matin. Je fais une préface à mes œuvres pour payer mes vingt-quatre mille francs de Gosselin, que j'ai touchés et qui me feront vivre cette année ici. Nous sommes délicieusement logés et chauffés.

La Chambre finira, j'espère, en avril, mais je crains d'être obligé d'y revenir pour formuler jusqu'au bout ma politique. Puis je m'en irai quand elle aura un corps et un journal et pourra vivre toute seule. Je ne pense guère dans ce tumulte pouvoir m'occuper de poésie. Cependant, pendant la loi des douanes, j'aurai du loisir six semaines et je l'utiliserai. Vous n'aurez un beau discours capital de moi qu'à la discussion de l'instruction publique.

Adieu, et tendresses à tous. Écrivez-nous beaucoup.

ALPHONSE.

DLXX

A monsieur le comte de Virieu

A Lyon.

Paris, 10 janvier 1834.

Mon cher ami, bien loin que ta lettre me soit un fardeau de plus, elle m'est une fleur dans ce désert de sable de mon salon, désert dont chaque grain est un ennuyeux volume ou un insupportable journal, et je me repose en te répondant entre deux visites d'importuns. Je suis bien aise que tu sois content de la pipe et du tabac. Uses-en largement; je te le réserve en entier, je n'en donne à personne, et j'en ai un quintal peut-être. Ce que je regrette profondément, c'est la perte du cheval arabe que j'amenais pour ton fils.

Nous sommes établis très-confortablement, et nous vivons solitaires, le soir au moins. Je ne sors jamais; la journée est prise par les ennuyeux et par la Chambre. Je travaille à me former à force de chutes et d'audace à la tribune, et je vois bien qu'au lieu de trois ans que je croyais nécessaires, un an ou six mois me suffiraient, mais cela prend trop d'attention et de peine et me forcerait à renoncer à toute production intime et forte. Je n'y resterai donc, si Dieu le permet, que le temps strictement nécessaire pour ouvrir le premier sillon, formuler un symbole de bonne foi, d'indépendance des partis et de progrès moral ; après quoi je rentrerai dans mon nuage.

J'ai commencé à parler deux fois, et je m'en suis mieux tiré que tu ne le verras dans les journaux, qui sont tous acharnés sur moi, parce que les uns me comprennent trop bien et les autres pas assez. C'est égal, j'ai du cœur et de la conviction, je sais sur quel immense appui, invisible encore, je me soutiens, et je vais dans quelques jours les déchaîner davantage quand je parlerai sur la réforme électorale que j'admets, et sur l'instruction secondaire où je leur apporterai des idées hardies qui les feront tous cabrer. Ma position est donc on ne peut pas plus pénible à présent, et pour environ un an, où je dois tout blesser et tout m'aliéner. Il le faut, ma force future est là. Tu le verras, si Dieu me donne temps et vie et talent. En attendant, je n'ai que moi avec moi sur la brèche. C'est un hourra universel contre mes idées, mon talent, mon caractère surtout. Je suis vendu à tant la parole, etc., etc., renégat, judas, etc., etc. Je n'ai pas besoin de te rassurer sur tout ceci. Je suis vendu comme toi, et dans peu de jours je ne le paraîtrai pas assez. Tout cela m'afflige, mais je m'y attendais, je le voulais, je dois le supporter, et cela me rend même de l'énergie morale. Je pense que la Providence m'accoutume ainsi au feu que j'entendrai plus roulant encore dans quelques années.

Du reste voici notre vie. Ma femme s'occupe assez des visites, lettres, ménage, et cela lui fait quelque bien, mais peu ; moi, je me lève matin et travaille ou prie, ou pleure en paix, jusqu'à onze heures ; alors viennent les coureurs de crédit que je ne veux pas avoir, jusqu'à deux heures. A deux heures la Chambre jusqu'à six. On en sort la tête brûlante et vide et résonnante. Nous dînons. Viennent un ou deux amis, et nous nous couchons à dix heures, vie de couvent. Ma consolation est d'être admirablement logé, chaudement avec calorifère, etc... Tu me manques terriblement. Cependant nous serions peut-être brouillés par la politique qui n'est pas homogène en nous. Il vaut mieux que tu attendes deux ans : alors nous serons, je crois, assez d'accord. Comment va ton journal? Je n'en ai rien vu. Le mien ne doit sortir des choses que lorsque nous serons douze à la Chambre : à présent nous sommes *un*.

Adieu, écris-moi souvent et souvent pour me consoler du reste.

ALPH.

DLXXI

A monsieur le comte de Virieu

A Lyon.

Paris, 13 janvier 1834.

J'ai reçu la première et la seconde lettre, et j'ai lu l'article de défense indirecte. Il est très-adroit dans son but et dans sa forme. Je ne m'inquiète pas, du reste, de tout ce que ce journal et autres peuvent dire et diront d'absurde sur mon compte. Je n'en suis même pas politiquement fâché; plus ils iront loin, plus ils auront à rétracter un jour. La réaction sera égale à l'action.

Reçois mon compliment bien senti, hélas! sur ton nouveau bonheur de famille. Bien loin que ton bonheur en ce genre m'afflige, c'est la seule chose qui me console.

Je suis tel quel, malade, triste, seul et persécuté par les amis autant que par mes ennemis, mais je persiste dans ma résolution d'être impopulaire et méconnu longtemps, pour défaire tout ce que le royalisme de coterie a fait si stupidement depuis trois ans, et ne prendre de point d'appui que dans la conscience impartiale du pays. Le succès m'est géométriquement démontré, si je puis tenir bon trois ans et acquérir la parole. Je n'y épargne ni courage ni peine, j'affronte le ridicule, plus difficile à affronter que le poignard. Je vois le but et j'oublie la route. Ne te tourmente pas pour moi de ce que feront journaux et salons de Lyon, ne me défends même dans le *Réparateur* qu'autant que je tombe, comme j'y tomberai fréquemment, dans ta ligne. Une amitié comme la nôtre est au-dessus de toutes vicissitudes, de tous les malentendus d'opinions.

Parle de moi à ta femme, et félicite-la sur un bonheur que je ne comprends plus que par son côté terrible.

Adieu. J'ai trente lettres là du matin à répondre, dont moitié d'injures anonymes. Il faut du temps, je n'en ai pas. Mais écris souvent et donne-moi quelques grandes idées sur l'instruction publique; j'en ai de colossales moi-même.

On revient à mon discours sur l'Orient, et on

sera forcé de l'entendre. Il n'y a que cela de possible.

LAMARTINE.

Je viens de relire ton article : il est remarquablement formulé et écrit. Pourquoi n'es-tu pas député?

P.-S. Ne cite jamais rien de mes lettres.

DLXXII

A Monsieur Ronot

Avoué à Mâcon.

Paris, 16 janvier 1834.

Je reçois votre lettre, mon cher Ronot, et je vous remercie de votre bienveillant encouragement. J'en ai besoin, car, pour parvenir à me faire comprendre, il me faut un an d'efforts pénibles et d'impopularité systématique. Je dois, pour chercher mon point d'appui hors des partis existants, dans la conscience du pays, commencer par blesser tous les partis en leur échappant. Cette situation doit donner lieu pendant quelque temps à toutes les accusations dont vous me parlez et dont je suis accablé de toutes parts. La situation est dure, mais j'ai le cœur de l'embrasser de l'œil et de l'affronter parce que j'ai le sentiment de la surmonter peut-être plus tard. Je n'ai pas besoin de vous dire d'attendre et de ne juger que dans un an après un symbole complet successivement formulé à mesure que les questions se présenteront.

J'ai vu hier votre beau-frère et votre fils, et je les aurai à dîner ces jours-ci. Il ne me reste ni temps ni force pour la poésie dont vous parlez; mais elle couve au fond de mon âme.

Adieu, mon cher ami. Je n'ai pas besoin de vous dire que mes lettres doivent rester entre vous et moi et ne pas transpirer dans le journal. C'est bien assez de toutes les absurdes suppositions, interprétations, etc., de tous ceux de Paris. Je vous le répète, empêchez qu'on ne me juge avant de m'avoir entendu au moins toute une session. Je ne demande que cela.

Mille amitiés.

LAMARTINE.

DLXXIII

A monsieur de Lamartine père

A Mâcon.

Paris, 17 janvier 1834.

Mon cher père, nous avons de vos nouvelles aujourd'hui par Ligonnès, excellentes nouvelles et qui nous font bien plaisir. N'oubliez pas ou de nous en donner ou de nous en faire donner bien régulièrement tous les huit jours : c'est notre premier besoin, notre plus douce consolation.

Nos nouvelles à nous sont toujours les mêmes. Nous menons la même vie retirée et occupée. Le soir, après le dîner, il nous vient plus ou moins d'anciens amis nous visiter et causer jusqu'à dix heures.

Quant à la politique, elle n'est pas très-ardente dans ce moment-ci. Dans quelques jours elle se ranimera sur la question d'élection universelle. Je ferai ce que je pourrai pour parler alors, et je suis prêt à le faire dans un sens de liberté et de raison qui aura votre assentiment. Il ne faut pas vous attendre cependant à ce que cela obtienne l'assentiment des journaux, cela sera attaqué par tous ; mais ne vous inquiétez pas de ce déchaînement général. Il passera dans un an et se changera en applaudissements. Je veux de l'impopularité des partis, parce que mon système, que je révèlerai successivement, ne doit prendre son point d'appui que sur la conscience et les intérêts du pays. Vous vivrez assez pour le voir éclore. Nous serons une douzaine déjà à la session prochaine. J'ai des offres d'hommes pensant comme moi, très-capables de me seconder. En attendant ne prenez aucune inquiétude. Celui qui m'inspire me soutiendra ; et puis il n'y a aucun danger autre que le ridicule, les injures, les calomnies. J'y suis cuirassé, je les veux. Tout cela aura sa réaction plus tard. Comme ma conscience est nette, et que je ne veux que le triomphe des honnêtes gens par la raison, on le reconnaîtra en son temps, et tout le reste s'évanouira. Croyez-moi bien, j'ai l'instinct des masses. Je suis déjà vu avec bienveillance et amitié dans les rangs opposés de la Chambre. Mon second discours a été réimprimé et a fait un véritable effet politique. Il sera exécuté d'ici à quelques années.

Tout est parfaitement tranquille à Paris, et au plein repos. Mais je suis accablé de quarante lettres par jour, de vers, de prose, d'hymnes et d'insultes. Cela me fatigue les yeux, et voilà tout.

Adieu. Mille tendresses à madame de Villars et à toute la famille.

ALPHONSE.

DLXXIV

A monsieur le comte de Virieu

A Lyon.

Paris, 1ᵉʳ février 1834.

J'ai reçu tes deux lettres et ton jeune homme qui paraît admirablement bien. Mais je n'ai rien à lui offrir. Ma maison est une maison de deuil et de tristesse. Plût à Dieu qu'elle en fût une de solitude ! Mais non, c'est un déluge d'ennuyeux, et jusqu'à quarante et soixante lettres par jour. Je perds la tête de fatigue. Tous les coins de la France m'écrivent et m'obsèdent, excepté mon arrondissement de Bergues, qui ne veut de moi que des défenses d'intérêts généraux. Quel métier ! qu'il faut de dévouement pour s'y condamner quand on n'y porte pas d'ambition !

Je devais parler trois ou quatre fois cette semaine, mais il n'y a plus de Chambre depuis quinze jours, et je ne sais si je pourrai avoir la parole demain, c'est le plus difficile ; aujourd'hui nous enterrons nos morts.

Ton journal ne donne pas même mes discours, à ce que me dit Montherot. Tâche seulement d'obtenir qu'il les insère avec ou sans réflexion pour ou contre, peu m'importe ; mais c'est abominable de ne pas donner les opinions que l'on combat à juger aux lecteurs. Je ne m'y abonne pas par la grande raison que je ne m'abonne à aucun. J'ai bien assez de donner cinquante à soixante francs par jour à tous les misérables qui assiègent ma porte de poëte et de député, et je n'ai pas le sol de plus. Je vis de mon libraire. De plus, ce n'est pas mon opinion, à ce qu'il paraît, que le *Réparateur*. Je ne souscris pas non plus pour Berryer, tout beau qu'il est, parce que son talent ne sert qu'à fourvoyer le royalisme. Il faut de la conscience même en politique.

J'ai trouvé ton article admirablement bien écrit et bien fait. Je viens de donner une préface à mes poésies, de 120 pages, que je t'enverrai dès que j'en aurai des épreuves. Je vais m'occuper de préparer un ou deux discours sur l'instruction publique, et puis je ferai des vers pendant six semaines de lois de douanes. Tu n'as pas idée de la difficulté de monter à une tribune pareille et d'y parler sans radotages et sans être stupéfié par les regardeurs et les auditeurs et les interrupteurs. Quant à lire il n'y faut pas penser, cela ne s'écoute pas du tout.

Adieu, écris-moi.

ANNÉE 1834.

DLXXV

A monsieur de Lamartine père

A Mâcon.

Paris, 6 février 1834.

Hier je n'ai eu qu'une minute pour vous écrire et vous envoyer mon improvisation orageuse sur la Vendée (1). Les clameurs étaient telles qu'il y avait de quoi être stupéfié à la tribune. Heureusement j'ai eu mon sang-froid parfait, comme dans toutes les occasions graves; j'ai tenu ferme, et j'ai achevé ce que je voulais dire contre cette loi absurde et digne de la Convention. Je vous enverrai le discours pour être donné à nos voisins et amis, avec un ou deux autres que je dois prononcer samedi prochain, et dont un est un discours d'une heure au moins. Je doute que la Chambre l'entende jusqu'au bout; mais, c'est égal, on parle là pour le pays et non pour une majorité de trois cents

---

(1) Séance du 3 février 1834. V. *La France parlementaire*, t. I, p. 21.

députés presque tous liés par des places et qui ne veulent rien autre que ce qui les flatte.

Je commence là à dessiner plus clairement le parti nouveau d'avenir que je voudrais former. Je ne tiendrai certainement pas longtemps à la Chambre, c'est un métier odieux : six heures par jour à ne rien faire dans cet air brûlant et méphitique, c'est trop pour ma santé, et cela m'empêcherait trop de travailler à la partie poétique de ma destinée. Je n'y resterai qu'un an ou deux, le temps nécessaire pour formuler un acte de foi politique et organiser un petit noyau d'hommes qui le professeront ensuite tout seuls.

Tous les partis sont fort en colère contre moi de ce que je me refuse ferme aux avances de tous. Mais déjà certains hommes qui pressentent l'avenir me font des propositions de venir à moi. Je ne le veux pas encore avant la session prochaine. Les journaux qu'on m'offre m'absorberaient dans leur couleur, et toute la nouveauté et le crédit de notre parti d'avenir se trouveraient ainsi perdus avant de naître. Je n'accepterai ou fonderai un journal que lorsque notre parti aura un certain nombre, une certaine individualité, et qu'il absorbera, au contraire, les couleurs ou les journaux qui viendront s'y rallier. Je parlerai, qu'on m'écoute ou non, sur cinq ou six grands sujets encore pendant cette année. Nous aurons fini au mois de mai ; je n'en vois les heures. Marianne est bien souffrante et moi assez depuis quelques jours. J'ai cependant plus de tranquillité qu'au commencement, et toutes mes matinées, interdites aux visites et aux solliciteurs, sont exclusivement à moi. Je monte à cheval ensuite dans le bois de Boulogne, jusqu'à trois heures où je vais à la Chambre. Je tâche d'en prendre le moins possible. J'y ai quelques amis mais pas d'ennemis personnels du tout. On m'y aime assez, sauf la terreur que leur causent mes opinions dont ils soupçonnent la sincérité encore.

Vous ne nous écrivez ou faites pas écrire assez. Donnez-nous bien souvent de vos nouvelles. C'est notre seul plaisir que de nous reporter en pensée auprès de vous. Il ne nous reste que cela au monde. Parlez de moi et de tout ce train-train politique à madame de Villars, et dites-lui de ne pas se tourmenter de tout ce que les journaux écrivent chaque jour sur moi. Il n'y a pas un seul mot de vrai ni en un sens ni dans l'autre. Attendez deux ans pour y voir clair. Alors nous aurons nos journaux, et nous représenterons exactement notre nuance et notre action. D'ici là, n'y pensez pas; il faut ce temps-là. Tout est, au reste, parfaitement tranquille à Paris et au dehors. Le gouvernement a plus de force qu'il ne lui en faut, et aucune révolution ne menace de longtemps, selon les probabilités.

S'occupe-t-on de mes plantations de vignes à Monceau, et de préparer mes vins pour l'Amérique? Dites à Révillon d'être actif, et qu'il m'envoie ici deux pièces de vin de Milly, pour domestiques.

Adieu, et mille tendresses à Cécile, Sophie, aux nièces et à ma tante.

ALPHONSE.

DLXXVI

A monsieur le comte de Virieu

A Lyon.

Paris, 17 février 1834.

Tes lettres me font toujours bien et plaisir. C'est ma seule grande affection dans ce bas et triste monde que la tienne. Je suis fâché seulement que nous n'ayons pas à combattre sous le même drapeau pendant quelques années peut-être. Mais je ne puis faire violence à ma conscience de cœur et d'esprit, qui me dit que le parti royaliste, depuis le ministère Polignac jusqu'à aujourd'hui, est dans le faux et même dans le mal. Le faux le perd et le perdra, lui comme parti, le mal perdra la société, c'est bien pis. La différence entre nous vient du différent point de vue d'où nous voyons les choses. Tu les vois de France, et du sein de tes idées de famille, d'opinions, d'habitudes, etc.; je les vois du haut d'une philosophie plus générale et plus hors du temps et des courtes sympathies d'hommes et de choses. Espérons que des événements nous ramèneront au même centre. Je n'en ai pas de doute, mais ce ne sont pas ceux que tu prévois : ceux-là pourront apparaître encore, mais il est difficile qu'ils subsistent d'après la manière dont on les prépare. Le faux et le mal ne produisent que le faux et le mal.

Je suis bien aise que mon mot sur la Vendée t'ait plu. Nous nous rencontrerons souvent sur la route. Mon mot d'avant-hier sur les Frères des Écoles chrétiennes (1) t'aura plu davantage. Il a fait une grande impression sur la Chambre, et j'ai emporté l'ordre du jour. L'improvisation a été presque complète et bien débitée. Il y a eu un bravo presque général sur tous les bancs et dans la galerie. Lis-le dans le *Moniteur* que je t'envoie, et tâche de le faire insérer en entier et tel qu'ici, comme en effet il a été dit. Les journaux du jour l'ont défiguré.

Ce matin je viens de préparer une immense harangue sur l'instruction publique. Arrange-moi un moyen, en payant, de le voir inséré tout entier,

---

(1) Séance du 15 février 1834. V. *La France parlementaire*, t. I, p. 27.

sans réticences, dans vos journaux de Lyon. Ce sera mon œuvre de la session. Je désire qu'on le lise complet, quoique mon opinion soit choquante peut-être pour vos idées. Tu verras si je mâche les vérités à tous.

Je suis accablé d'ouvrage. Nous allons accrocher des atomes flottants et faire une revue politique, première expression de nos idées gouvernementales, entre moi, Ballanche, l'abbé de Lamennais, Pagès, non Garnier-Pagès, mais Pagès député et écrivain, plus un nombre d'autres hommes jeunes et de toutes couleurs, réunis seulement sur le terrain des idées avancées, sans personnification, mais sans répugnance à rien ni à personne. Cela se prépare et éclora invinciblement.

J'ai de plus vendu hier *cent mille francs*, comptant, mes œuvres faites et à faire pendant quinze mois, trois volumes de notes de voyage, et mon joli petit poëme du *Journal d'un Vicaire*, non fini. Je fais trente pages d'impression par matinée, plus vingt autres choses, plus la Chambre et les correspondances inouïes. Je me lève matin et ne vois personne.

Adieu, lis cette lettre à Montherot, si tu le vois. Je n'ai pas le temps d'écrire à deux à Lyon. Mille tendresses.

L.

DLXXVII

A monsieur le comte de Virieu

Paris, 15 mars 1834.

Tes vingt pages m'ont enchanté. Je n'y réponds que vingt lignes, parce que j'ai la fièvre et une surabondance d'affaires, au delà de l'expression. Mais il y a là-dedans, je parle de tes pages, bien du beau, bien du bon, bien de l'amitié. Pourquoi ne prends-tu pas le courage difficile de dire tout haut à ton parti ce que tu penses. Ce n'est qu'ainsi qu'on peut lui être utile. Le seul courage vraiment héroïque est celui de se brouiller avec ses amis pour leur dire ce qui doit seul les sauver. Hélas! je ne parle pas d'à présent, ceci n'est qu'un jeu; mais je vois venir le temps où Dieu m'appellera peut-être à cette rude mission : *transeat a me calix iste!* ou qu'il me donne la force que seul il possède!

Mais ta lettre m'a touché profondément. Peu m'importe l'article. Je ne désire pas être loué, je désire seulement, et non pas pour moi, être lu par nos amis et ennemis quand je parle pour ou contre eux. Tâche que cela soit. J'ai improvisé hier (1) une heure sur des points délicatissimes, et, quoique j'aie mal parlé, ayant le front vidé par la fièvre, j'ai eu, à mon avis, le plus grand succès que, dans ma position, je puisse avoir sur cette Chambre. Ils m'ont entendu définir jusqu'au bout notre parti nouveau, et, quand je suis descendu, soixante personnes de tous les coins de la Chambre, inconnues, hostiles, rancuneuses, sont venues me serrer les mains et me dire : Voilà enfin l'homme qu'il nous faudrait, les doctrines élevées, morales, conciliatrices, qui nous réuniraient tous sous *tous les drapeaux!* De ce nombre sont des noms qui te feraient peur. Maintenant, le drapeau est sur la brèche, vous n'auriez qu'à venir me renforcer dans des idées de nationalité et d'avancement et de politique morale, et, dans cinq ans, le pays serait à notre discrétion, presse et Chambres. Mais, au lieu de cela, la *Quotidienne* et les journaux carlistes me disent ce matin plus d'injures

(1) Sur la loi contre les associations, séance du 13 mars 1834. Voir *La France parlementaire*, t. I, p. 30.

que les journaux des sociétés populaires. Ils prétendent que mes apostrophes, qui faisaient bondir le juste milieu du ministère sur ses bancs, sont de l'éloquence du juste milieu; et, sans ce qu'il y a de force conservatrice dans le juste milieu, que ferez-vous jamais?

Je t'envoie un numéro du *Moniteur*. Mon discours, comme partout, y est tronqué et très-incomplet; chacun a enlevé la partie qui le choquait, et tous un beau morceau sur le christianisme, où je leur disais qu'avec une loi pareille il n'aurait pu enfanter. Comme une grande partie était réellement improvisée, beaucoup de choses y manquent. Je le regrette. Je le ferai imprimer. Tâche, en attendant, de le faire insérer à Lyon.

Adieu. Je vais me coucher, puis me relever pour voir la pauvre princesse de Polignac qui me fait demander un rendez-vous. Mon mot d'amnistie, qui retentit encore, leur donne espoir, et elle vient me consulter. Mille choses à ta femme et aux enfants.

L.

Donne de mes nouvelles à Montherot. Lis une préface qui paraît de moi lundi.

DLXXVIII

A monsieur le comte de Virieu

A Lyon.

Paris, 18 avril 1834.

Je commence par te remercier le plus vivement qu'il m'est possible de l'exactitude et de la fidélité de tes rapports pendant ces jours affreux où nous étions si tourmentés pour toi et pour tout ce que nous connaissions à Lyon. Je m'étonne et j'admire que tu aies eu tout ton sang-froid et la bonne idée exécutée de m'écrire à fond sur tout cela. Continue pendant que tu en auras la force, car je n'ai rien vu de si bien éclairci et de si intéressant.

Ici nous avons eu tout l'aspect d'une grande bataille républicaine, mais les troupes ont été si bien présentées, les gardes nationaux si fervents et sitôt prêts, l'esprit de la ville si répugnant aux hommes atroces qu'on lui mettait pour enseignes de l'ordre futur des choses, que la bataille a manqué aux combattants. Il y a eu lutte d'une nuit seulement, et accompagnée, comme toutes ces luttes, des horreurs que produisent toutes les guerres civiles. Je compte en parler dans quelques jours, si la Chambre recouvre assez de vie pour entrer dans aucune discussion. Quant à présent elle est morte et n'écoute rien. On n'y vient plus que pour la forme.

J'ai eu l'espoir de te voir arriver ici depuis quinze jours, M. de Quinsonas me l'avait annoncé. Est-ce que tu y as renoncé? Je m'en irai dans un mois, et je te supplierai de venir nous voir quelques jours à Monceau, car, dans notre triste situation, je ne pourrai quitter ma femme pour aller à Fontaine.

Les affaires générales du pays ne me paraissent pas devoir être modifiées d'une manière grave par les événements récents. Je crois que l'horreur qu'a éprouvée le pays en ayant le pied sur la boue républicaine le rejettera de plus en plus dans l'ornière actuelle. Je pense que le pouvoir en profitera pour prendre une position plus décidée et plus forte, voilà tout. Les événements de ce genre, qui sont les remords de conscience de la révolution de Juillet, ne poussent pas à la répudier cependant, tant qu'il n'y a qu'elle de possible. Il n'y a aucun temps d'arrêt entre ceci et le gouffre anarchique sans fond. Tant que rien ne se présentera entre eux, ceci subsistera et se consolidera. Si jamais une idée, un fait, un sentiment, se présentait, tout existant entre Juillet et la République, alors les batailles deviendraient sérieuses. Je vois avec peine, ici comme à Lyon, les colères d'une partie du pays contre les hommes qu'on invoquait la veille comme sauveurs. Cela n'a lieu ici que dans la presse jacobine et dans les salons du carlisme à tout prix.

A Lyon vous êtes mal placés, quoiqu'au milieu de tant de calamités, pour juger bien l'ensemble de la situation. Votre population, même irritée et combattante, a une certaine morale innée qui fait comprendre la vie avec elle ; mais ici, ce qui compose le parti remuant et anarchique est au-dessus de la description. Si le Dante les avait connus il aurait ajouté un cercle nouveau à son enfer. Tomber entre de telles mains, c'est bien pis que mourir. Quant à moi je ferai toujours des vœux contre eux, et je combattrai de toutes armes et sous tous drapeaux contre eux.

Adieu, écris-nous. Mille et mille tendresses chez toi.

ANNÉE 1834.

DLXXIX

A monsieur le comte de Virieu

A Fontaine.

Paris, 9 mai 1834.

J'ai été si souffrant, mon cher ami, que je n'ai pas eu la force de t'écrire, mais je t'ai bien remercié de tes lettres excellentes. Je te crois dans la douce retraite de Fontaine, cela vaut mieux que notre champ de bataille. J'ai parlé quatre fois encore ces temps-ci à la Chambre, contre les Impérialistes du 20 mars (1); pour les évêchés (2), et nous l'avons emporté, la Chambre est revenue sur sa réaction de 1832; sur Alger (3); et enfin, hier, un long discours de doctrine d'avenir (4), très-

---

(1) Séance du 25 avril 1834. V. *La France parlementaire*, t. I, p. 49.
(2) Séance du 26 avril 1834. *Ibid.*, p. 51.
(3) Séance du 2 mai 1834. *Ibid.*, p. 62.
(4) Sur l'Instruction publique. *Ibid.*, p. 68.

médité et tout improvisé pendant trois quarts d'heure. Celui-là a eu un immense succès d'attention et d'impression, difficile à obtenir à la fin d'une session. Comme il contient des germes de notre politique pratique future, propres à se développer avec succès pour nous dans la jeunesse toute-puissante, tâche à tout prix de le faire insérer dans un journal de Lyon quelconque. Crois ce que je te dis. C'est là ce qu'il faut toucher. Rapporte-t'en à moi. Ne néglige pas de faire constater que c'est nous qui les premiers mettons le doigt sur une plaie si vive et saurons la guérir : c'est sur l'instruction populaire sous son rapport politique. Ces jours-ci je compte parler, si la discussion s'anime, sur les lois, à propos des derniers événements, et quelques mots pour l'indemnité de Lyon, bien que je trouve Lyon très-coupable, ayant eu 15,000 hommes de garde nationale en 1831, de s'être laissé faire la loi par la première émeute. Quand on veut être libre il faut savoir défendre sa liberté avec sa propre poitrine.

Je suis toujours mécontent du *Réparateur*. Comment ces gens-là ne veulent-ils pas voir qu'en attisant toujours le feu ils auront l'incendie inévitable, qu'en déconsidérant armée, pouvoir, garde nationale, petite propriété, seules forces résistantes, ils laisseront le flot noyer la société et eux! Ah! que de larmes et de grincements de dents ils auront, si nous ne les sauvons pas, car ils veulent absolument se perdre eux-mêmes!

L'événement ici, c'est le livre de Lamennais, que j'ai gardé un mois sous clef pour l'empêcher de paraître ainsi. C'est en deux mots l'Évangile de l'insurrection, Babeuf divinisé. Cela me fait grand tort à moi et à mon parti futur, parce que rien ne tue une idée comme son exagération. C'est à ma politique ce que la Saint-Barthélemy est à la religion. Il y a des beautés incomparables de style : cela fait horreur à tout le monde et fanatisme dans la jeunesse.

Je pars ces jours-ci pour le Nord où je me laisserai porter sans le demander. Mais j'en doute, ne voulant contenter aucun parti. Je suis de fer contre toutes les tentatives de séduction ou d'insultes de leur part. Mieux vaut seul que compagnie suspecte. Ma devise est *conscience du pays*. As-tu lu ma préface? Je te l'envoie sous bande à tout risque. Adieu, voici un bon moment de causerie ; ils sont rares. Mille tendresses.

LAM.

Cherche-moi dans le *Moniteur* du 9 mai, je crois.

ANNÉE 1834.

DLXXX

A monsieur le comte de Virieu

Paris, 3 juin 1834.

J'arrive d'une tournée électorale dans le département du Nord, accablé de banquets, de musique, de discours, de couronnes. Je trouve deux cents lettres à répondre, et je leur fais banqueroute pour toi. Je n'ai pourtant pas lu la tienne, elle est emballée pour être lue quand j'aurai le temps à Mâcon : je pars cette nuit pour m'y rendre. Je dîne tout à l'heure en adieu chez moi avec plusieurs de nos amis et en outre l'admirable M. Lainé.

Ma femme me dit que ta lettre n'est qu'une injure contre mes opinions, discours, etc., etc., et entre autres contre ceux de l'Instruction publique et des Crédits supplémentaires (1). Où diable as-tu l'esprit? ou bien ne les as-tu pas lus? Peut-

(1) Séance du 13 mai 1834. V. *La France parlementaire*, t. I, p. 78.

être les as-tu lus dans la *Gazette* ou autres feuilles qui me font dire le contraire de ce que je dis. Si tu les as lus tout entiers et selon leur texte et que tu ne les approuves pas dans leur esprit, je donne ma démission de ton suffrage, car ils sont la raison et la justice même, et je n'en rabattrai jamais un mot. Viens donc me causer, car écrire me tue. Je crains que l'isolement où tu vis ne te fasse vivre trop loin aussi de l'état des choses et des esprits. Si tu ne vois en effet la vérité sociale et politique et la vérité des faits que dans les journaux de ton opinion, tu ne peux pas juger. Ils rendent le français en arabe.

Mets-toi dans l'esprit une fois pour toutes que mon parti n'est en deux mots que vérité et probité politique, et que je n'ai aucune autre ambition que de réconcilier sur le terrain de la raison et de la conscience politique les haines impuissantes et coupables des deux partis, le tien et le mien bien compris. Ce parti a complétement germé malgré ma faiblesse et ma disette d'organe. Il est né viable, il a des racines qui ne périront pas : que je vive ou que je meure, que je rentre ou non à la Chambre, il a été saisi et formulé par tant de cœurs droits et de fortes intelligences qu'il sera maître des choses avant dix ans et, je crois, avant cinq. Il va passer l'année prochaine dans les limbes pendant l'opposition en apparence brillante du royalisme et des républicains coalisés, coalition honteuse, coup de grâce de ce royalisme-là. Il reparaîtra plus brillant à la chute inévitable de cette coalition de passions et reprendra son chemin droit à travers la conscience du pays. La force que Dieu a mise dans les choses fera le reste, et tu seras confondu. Souviens-toi de ce que je te dis ici.

Je regrette profondément qu'un caractère et une pensée comme la tienne ne nous viennent pas en aide. C'est la grande faute de ta vie, dont tu te repentiras, je crois, plus tard, pour toi et ceux que tu laisses derrière toi. Tu cèdes, comme une fois tu me l'as dit, à la politique de bonnes femmes, bonne en effet pour les bonnes femmes, mais non pour nous, hommes commandés à l'action, et à l'action héroïque, par le temps même de tempêtes où nous vivons. Songes-y, examine ta conscience, brise avec le respect humain. Eh mon Dieu ! ces bons royalistes de quartier qui te réprouveront aujourd'hui seront dans deux ans à tes pieds. Il y a honte à passer d'un parti dans l'autre, jamais honte à créer le parti de son siècle et de son idée sans participation d'intérêt avec le pouvoir existant. La honte ne reste qu'aux actions honteuses en elles-mêmes, jamais au courage d'esprit et au devoir social énergiquement accompli. La gloire vient un jour après le martyre momentané.

Adieu. Tu es, dit-on, à Toulouse : tu as esquivé les élections. Je t'en blâme fortement encore. Quand reviendras-tu ? Je te pardonnerai alors. Viens vite à Saint-Point. — Le département du Nord tout entier m'a compris comme un seul homme. Les royalistes sans exception se sont rejoints en mon nom à tous les hommes de bien de toute couleur. Mes vingt jours ont été utiles.

L.

DLXXXI

A monsieur le comte de Virieu

A Fontaine.

Monceau, 21 juillet 1834.

Je reçois ta lettre et te remercie. Voici ma marche : je serai ici jusqu'à lundi 20, jour où j'irai à Saint-Point ; à Monceau ou à Saint-Point nous serons également paisibles et seuls. Viens donc le jour et l'heure qui te permettront de m'en donner davantage ; nous nous verrons, c'est encore mieux que causer. Nos esprits et nos cœurs s'entendent sans paroles.

J'ai fini hier la session du Conseil Général, qui me laisse libre, mais avec cinq volumes à écrire dans mes cinq mois. Je ne vais pas à la session des Chambres.

Ta politique de bonnes femmes est bien celle de mes rêves et de mes désirs, mais non celle de ma raison et de mon devoir. Nous ne nous entendrions pas de mille ans à ce sujet, il y a *évidence* contraire dans nos deux esprits. Dieu ne dit pas à l'homme : Tu nieras les faits qui t'entourent, et, lorsque les éléments de ton action civique et politique ne seront pas ceux que tu aurais choisis, tu te reposeras à l'ombre du travail d'autrui. Il lui dit par les cent voix de l'instinct, de la raison et de la religion : Tu accepteras, avec ou sans répugnance, les éléments que ma Providence te donne, et, tout misérables et corrompus qu'ils soient, tu travailleras à les améliorer pour ton salut et celui de tes semblables. et tu conduiras avec ta faible force les hommes du mal au mieux : à moi seul est réservé de les mener au bien par le pire, parce que je sais tout, vois tout, juge tout et rectifie tout. Voilà la seule morale. La tienne n'est pas de ce code impérissable, écrit dans toute conscience humaine qui se consulte à froid ; c'est la morale du dégoût et de la répugnance. Je l'excuse, mais, pour ma tête, je ne la sanctionnerais pas d'une approbation. Au reste, *Alla kérim!* Dieu est bon et grand et en sait plus que nous! Suivons chacun la voix de nos cœurs ; c'est un crime de lui désobéir, et Dieu peut la faire parler différemment en vous et en moi.

Adieu. Mille hommages respectueux à madame de Virieu et mille amitiés à toi.

LAMARTINE.

Apporte-moi dix livres, en grandes pastilles, de chocolat Casaati, première qualité, sans vanille.

DLXXXII

A monsieur le comte de Virieu

Saint-Point, 19 octobre 1834.

Tu me demandes des vers; j'en fais trop pour avoir le temps de t'en envoyer ces jours-ci. Je m'y suis remis depuis dix jours, et j'en ai écrit déjà *mille*. Si je continue quelques semaines, comme je l'espère, j'aurai ma *livraison* obligée. Levé tous les jours à 5 heures du matin, le poêle allumé, je reste jusqu'au jour dans mon repaire, et j'y retrouve les seules délices qui me restent, celles de la pensée et de l'imagination solitaire. Ce que j'écris me plaît infiniment pendant que je l'écris, cela suffit. Après, tout me dégoûte, mais c'est égal. Je ne doute guère qu'à une deuxième ou troisième lecture tu ne sois content des huit mille vers que je t'enverrai dans un an. J'en ferai ensuite soixante mille autres, si Dieu me laisse vie, et nous aurons aussi nos poëmes indiens, infinis comme la nature dont tout poëme doit être la vaste et profonde et vivante réflexion. Nous n'avons eu jusqu'ici que des chambres obscures en fait de poésie. Ce que j'écris ne peut sérieusement se détacher par fragments sans se décolorer et se tuer. Qu'est-ce que la partie d'un tout où tout se correspond! Tu n'y comprendrais rien : un mot explique l'autre et lui donne sa valeur. C'est de la poésie large et récitative plus que mélodieuse, mais le sentiment qui y est la rendra mélodie dans son ensemble. Passons.

Te voilà aussi dans les heures de paix à Pupetières. Écris donc, mais n'écris rien de convention, rien qui ne soit la vérité de ton esprit. Toute notre philosophie est *parti* comme notre politique. Fais-en une qui soit sincérité et vérité. Je n'en connais aucune de ce genre. Je suis dégoûté au dernier point de tout ce que nous avons sur ces matières, et cela me rejette dans la seule vérité incontestable, l'instinct. On frémit quand on voit tout ce qui est de fausse logique et de vérité convenue faites pour un temps, un peuple, une opinion, une tyrannie ou une autre. Dieu n'est pas là, il est dans la nature. Je me suis mis à étudier depuis trois ans avec sincérité, et tout ce que cette étude, face à face des choses, a fait écrouler dans mon esprit est immense.

Dans quelques années j'écrirai certainement une *philosophie*, mais, ne voulant pas écrire à la légère sur ces sujets si divins, j'attends et je mûris mes convictions. Il faut sortir de France et des coteries européennes pour voir le vrai en politique ; il faut sortir de nos rhétoriques pour voir le vrai en poésie ; il faut sortir du temps et s'élever au-dessus de tous les temps pour voir le vrai en philosophie. L'horizon borné est toujours faux, et celui d'où nous envisageons ces choses n'a jamais que le rayon de nos patries, de nos ères, de nos habitudes. Aussi presque tout faux ; voilà où j'en suis.

Quand reviendras-tu de tes bois ? Il se fait un grand silence en France et en Europe, bien propre à la méditation et à la vie morale. Profites-en ; l'horizon est clair pour plusieurs années, agis et écris ; pas de paresse, c'est un cruel péché pour des êtres qui ont si peu de temps que nous.

Quand tu reviendras à Fontaine, avertis-moi. J'irai te voir. Je n'irai à Paris qu'à toute extrémité de temps. Je ne me supporte que dans la solitude occupée de Saint-Point. J'y ai quelques visites d'hommes, qui se succèdent et aident à passer les heures du soir. Pour celles du matin, Dieu et la poésie s'en chargent. Adieu, mille tendres compliments à ta mère, à ta sœur, à ta femme.

DLXXXIII

A madame la vicomtesse de Marcellus

Au château d'Andour.

Saint-Point, 1834.

Voici Fido. S'il vous donne la moitié de l'affection et du plaisir que son père m'a donnés dans sa vie, je vous fais un cadeau au-dessus de toute reconnaissance. Mais l'amour du chien vient de l'amour du maître : saurez-vous aimer le vôtre comme j'ai aimé le mien ?

S'il ne pleuvait pas, j'aurais été vous le porter. Je comptais faire une seconde tentative ces jours-ci. Je ne suis pas libre de mes jours. Si j'en ai encore un de vide, à coup sûr, il sera pour vous.

Nous sommes encore pour quinze jours ici. Nous ne pouvons nous en arracher. J'aurais bien désiré voir M. de Marcellus. S'il repasse par la route de Mâcon, il me trouverait à Milly tout novembre et décembre, c'est près de Bussières.

Rappelez-moi à Sercey. Je l'aime comme à Florence : le temps, qui change tout si tristement au dehors, n'a pas de puissance au dedans.

Madame de Lamartine vous verrait avec bien du bonheur si le premier regard était passé. Il faut que le hasard amène ce moment. Je suis heureux de penser qu'il pourra se rencontrer à Paris.

Adieu, Madame. Mille amitiés à M. de Marcellus, et à vous les plus affectueux et les plus respectueux souvenirs.

J'ai lu hier des vers de M. de Marcellus le père, dont quelques-uns m'ont fait un vrai plaisir. J'essaie d'en faire moi-même depuis quelques jours, mais ce n'est plus le temps.

AL. DE LAMARTINE.

DLXXXIV

A monsieur le comte de Virieu

Paris, 10 décembre.

J'ai ta lettre. Ceci n'est qu'un mot pour y ré
pondre. Plus de loisir, plus d'épanchement; j'ai
deux cent vingt-quatre lettres là, sans réponse
depuis sept jours d'arrivée. Mon opinion grossit
au delà de mes prévisions, tout y afflue, de la
jeunesse libérale et même du vieux royalisme qui
se décompose, renie ses hommes et ses journaux,
et sent enfin que, hors du bon sens et du natio-
nalisme, il n'y a pas d'action pour lui.

Souviens-toi que je t'ai prédit que dans cinq
ans le pays, et bien plus que le pays, serait dans
nos mains. Avant ce temps il passera, si cela continue, en des mains sévères. J'ai voté hier pour
empêcher la chute complète et instantanée du
ministère, parce que le pouvoir tombait dans la
boue et qu'en trois mois nous étions à la sale

émeute. Mes amis se sont étonnés, mais j'ai dit mes raisons tout haut. Demain je vais l'attaquer sur l'amnistie, etc. Mon désir est qu'il tienne seulement trois mois, pour donner le temps à la Chambre de se reconnaître et à un système transitoire mais décent de se personnifier. J'ai déjà plus de vingt voix votant à mon image; j'en aurai quarante à la fin de l'année, trois cents dans quatre ans. C'est nous qui livrerons le combat du désespoir à la mauvaise république et qui ferons ou une restauration passable ou une république rationnelle. Voilà du moins ce que les faits me présentent à la faible conjecture. Mais les faits passés me donnent confiance dans les faits futurs. Je sens assez bien bien l'instinct des masses.

Quant à la poésie, c'est fini jusqu'à l'été. Quant à philosophie et religion, âme de l'âme, je ne m'explique pas encore. Mais il se fait depuis deux ans en moi un grand et secret travail qui renouvelle et change mes convictions sur tout. Je crois que nous sommes dans le faux, et que les hommes ont mêlé trop d'humanité à l'idée divine. Une réforme est indispensable au monde religieux plus qu'au monde politique. Quand mes pensées seront mûres, je les laisserai tomber, comme le doit tout arbre fertile. Adieu, écris-moi, je ne lis que toi.

LAMARTINE.

ANNÉE 1834.

DLXXXV

A monsieur Ronot, avoué

à Mâcon.

23 décembre 1834.

Je vous remercie, mon cher ami, mais en peu de mots, parce que je suis malade à ne pas écrire ni sortir depuis cinq ou six jours, ma femme plus malade encore.

Pour l'élection dont vous me parlez, n'y pensez pas. Je ne désire *très-réellement* aucune élection. Si Dunkerque me nomme, j'accepterai, mais seulement comme devoir de conscience ; mais je ne briguerai nulle part, trop heureux si le pays ne m'impose aucun mandat, libre alors de rester à Milly et à Mâcon où j'ai de bien plus douces occupations. En attendant je m'essaye à la tribune et non sans peine. C'est difficile à qui n'a pas vos habitudes de parole prises de bonne heure. Je verrai votre fils dès que je serai remis.

Adieu, mille choses à nos amis en ville et constante amitié à vous.

DLXXXVI

A monsieur Aubel

Paris, 26 décembre 1834.

Mon cher ami,

Vous me demandez mon opinion impartiale sur votre candidature ; en deux mots la voici :

Si je voulais envoyer à la Chambre un homme qui fût complétement indépendant du passé, du présent et de l'avenir ; un homme qui n'eût d'autre intérêt que l'intérêt de sa conscience ; un homme qui, sans ambition pour lui-même, plaçât son ambition et sa gloire dans la gloire et la grandeur du pays ; qui donnât par ses intérêts et par son caractère toutes les garanties à l'esprit de conservation et de stabilité, par son intelligence toutes les garanties à l'esprit de liberté ; qui voulût le bien sous tous les régimes, l'honneur sous tous les drapeaux, le progrès sous toutes les formes, excepté sous celle de l'anarchie ; qui fût d'avance connu, estimé et aimé par ses concitoyens ; en qui tous pussent espérer de trouver un ami dans leur mandataire, un conseiller bienveillant dans leurs affaires, un appui ferme et dévoué dans leur droit : c'est à vous que je donnerais ma voix.

Recevez, mon cher ami, ce témoignage des sentiments que vous me connaissez depuis longtemps pour vous; et, si vous pensiez que mon suffrage pût avoir la moindre influence sur l'esprit de quelques-uns des électeurs dont une douloureuse nécessité m'a fait décliner le mandat, je vous autorise à donner à cette lettre la publicité la plus étendue. Je ne cherche point à cacher des sentiments dont je m'honore ni des amitiés politiques dont je suis prêt à répondre devant nos concitoyens.

AL. DE LAMARTINE.

DLXXXVII

A monsieur le comte de Virieu

Paris, 27 décembre 1834.

Un mot donc à défaut d'une lettre, car je succombe au mouvement qui m'enveloppe, je n'ai pas cinq minutes à recueillir pour mes amis. Or, *mes amis*, c'est toi tout seul, comme les anciens disaient Eloïm, *les dieux*, pour leur Jéhova. Je suis bien aise que nous nous retrouvions à la même région des choses et des idées. Deux esprits justes, deux âmes droites, gravitant dans la même atmosphère et de même valeur spécifique, doivent ainsi se perdre et se retrouver. Hélas! faut-il t'en féliciter ou t'en plaindre? La place est *bonne*, puisque c'est celle où Dieu nous jette, mais elle n'est pas douce. La vie m'est un poids bien lourd. Je n'ai pas ce lest délicieux d'une race à élever qui t'y attache. Chaque jour mon lien se relâche, et, si j'étais digne de l'autre région, bientôt j'y monterais sans peine. Mais nous avons tous notre mission petite ou grande à accomplir. Jusquelà la mort ne nous peut rien ; puis vient l'heure de notre Golgotha à subir, heureux si nous y marchons en portant volontairement notre croix, et si notre dernier soupir lègue une vérité, une charité de plus, à notre famille d'hommes.

Mais je poétise. Où en étais-je? J'ai déjà été interrompu par deux messages, un album et trois lettres. Le diable emporte la célébrité! Il n'y a pas de porte contre elle assez fermée.

La politique marche sous terre admirablement. J'ai, au lieu de deux, vingt amis dévoués déjà dans la Chambre, votant comme un seul homme, et beaucoup d'amis occultes n'osant se déclarer. Tous les partis viennent à moi comme à une idée qui se lève. Je n'accepte rien ni personne sans rien refuser. Ces jours-ci j'ai eu les plus *vives* et les plus étranges sollicitations de me laisser produire pour symbole d'un pouvoir nouveau par l'opposition même la plus antipathique. Je dis à tout le monde : « C'est une mauvaise plaisanterie. Quoi? moi, homme de la Restauration, moi qui ai dit subir la révolution de juillet, vous vous jetteriez dans mes bras? Dieu vous en préserve! et moi-même je serais perdu. Je ne suis rien, je ne veux rien être, plus tard je serai votre réserve à tous.» Voilà mon langage, et malgré cela la sympathie secrète s'établit et subsiste. Tout afflue à la *vérité vraie* et non conventionnelle où je me suis placé. Écoute un fait curieux et symptomatique.

Il y a quatre jours je dînais avec M. de Talleyrand. Après le dîner il s'approche, me demande une demi-heure d'entretien tête à tête, me mène sur un canapé, et, de l'air solennel et oraculeux que tu connais, il me dit : « Vous êtes entré dans les affaires *admirablement*. — Moi, mon prince, dans les affaires? vous vous moquez; je suis en dehors, je suis à côté, je suis à l'état d'idée tout au plus, et pas à l'état de parti. — Trêve de modestie, reprit-il, j'exprime et je définis un fait. Vous êtes entré dans les affaires de ce pays-ci plus qu'aucun homme depuis juillet, plus *profond*, plus *juste* et plus *avant* que qui que ce soit. Les choses marchent vite, et vous, vous marchez vite ; il ne s'agit pas de dix ans comme vous dites; un, deux, trois peut-être, vous ne pouvez manquer, dans la marche que vous avez tracée et suivie, d'être au *cœur* du pays. » Et là-dessus il m'a pendant trois quarts d'heure déroulé ma propre pensée et mon plan de campagne, comme moi qui l'ai inventé, puis parlé de lui et de son œuvre de restauration et de juillet, comme l'histoire. Que penses-tu d'une telle tête à 82 ans? Je croyais qu'il me prenait, comme une partie de la Chambre, pour un rêveur en dehors de tout fait.

J'ai fait hier une chose *dure*, mais nécessaire. Le parti légitimiste pur de la Chambre perd la tête, se décompose, me fait des confidences désespérées et des avances fortes. Ils m'ont fait demander de vouloir bien me réunir à eux, chez M. Hennequin, dans une conférence préalable à leur plan de conduite. J'ai répondu : *Non, point de concert, indépendance* et *conscience* ; si je m'alliais à vous dans des réunions, je ne vous fortifierais pas, et vous me perdriez à l'instant même. Ma force future tient toute à l'idée vraie que je n'agis que nationalement, personnellement, consciemment ; si l'on me supposait d'accord avec vous, toute confiance en moi périrait, et ma parole ne serait qu'un inutile écho affaibli de la vôtre. — Adieu, en voilà assez.

Sauzet est prodigieux de ton, mais il n'y a nul

sens dans cette tête : avocat sublime, puis rien.

Je vais parler après demain. Je t'enverrai mon discours, si un journal veut le donner, mais j'en doute. *Tous* s'offrent en désespérés à moi, à moi tout seul; je suis obligé de les refuser tous, de là colère et haine universelle. Il faut cela dans mon plan d'action éloigné. Fais-toi donc nommer bien vite député. Que tu nous serais utile ! tu serais la pensée, moi l'action, un autre la parole. Penses-y.

ANNÉE 1835

ANNÉE 1835

DLXXXVIII

A monsieur de la Forestille Saint-Léger

A Mâcon.

Paris, 9 janvier 1835.

Mon cher ami, je suis d'autant plus sensible à votre lettre et à l'expression de votre satisfaction que, s'il n'y a nulle différence entre nous quant au fond des sentiments, il y a diversité et souvent opposition dans les voies et moyens. Cette Chambre sera belle dans deux ans. Berryer a été sublime à entendre, mais, comme à l'ordinaire, choisissant mal son terrain. Il nous a fait perdre vingt-cinq voix en réunissant tous les amis de juillet ; cela ne manque jamais. Je devais parler hier sur les tabacs. J'en avais fait une question de haute politique, vous eussiez été content. La parole n'est pas venue jusqu'à moi. Tout est en pleine décomposition depuis notre victoire morale sur l'amnistie (1). La Chambre est divisée en vingt groupes

(1) Séance du 30 décembre 1834. V. *La France parlementaire*, t. I, p. 90.

cherchant à s'allier. Les légitimistes purs font, contre mon avis, la faute de ne vouloir s'unir qu'aux républicains et d'avoir des conférences et un parti séparés. Je leur ai fait sentir l'absurdité de ce congréganisme politique au moment où ils entraient libres et purs dans une Chambre nouvelle et n'avaient qu'à se fondre individu par individu dans les groupes indépendants et nationaux mais conservateurs du pays. Un jour donné ils pouvaient ainsi se trouver très-forts. Ils sont convenus que j'avais raison, mais que le respect humain et leurs journaux leur faisaient la loi. J'ai tenu bon, seul dans ma position, et leur ai dit adieu.

Parlons finances. J'ai pris des renseignements sur les fonds espagnols : il n'y a ni *crainte de baisse* ni *espoir de hausse*, cela restera là à peu près longtemps ; aucun autre fonds ne présente de chances de bénéfices. J'ai le peu qui me reste en Belgique ou à Naples.

Si je voyais un bon placement pour moi, je vous en ferais part. Mais je suis hors de toute pensée d'affaires, le tourbillon politique qui tournoie autour de nous ne me laisse pas une minute.

La vie est une galère. Tous les groupes viennent nous solliciter, nous tâter, nous demander du concours. Je crois que l'impossibilité de trouver des successeurs au ministère fera revenir le maréchal Soult, rester Thiers, renvoyer les doctrinaires, et que cela marchera une session ainsi.

Donnez de mes nouvelles à mon père. Nommez donc Aubel.

Adieu.

Respects et hommages à madame de Saint-Léger.

DLXXXIX

A monsieur Guichard de Bienassis

1835.

Mon cher ami,

Plains-moi de ne t'avoir pas répondu plus tôt. Littéralement, je n'ai pas une minute. Je ne voulais pas te répondre par un secrétaire, cela aurait brisé l'amitié. Tu étais en réserve dans mon cœur pour un instant de liberté. Un tourbillon d'affaires, de cinquante lettres par jour, de visites à recevoir, de réunions politiques ou littéraires, absorbe toutes forces et tout temps.

J'ai vu et reçu en ton honneur M. Timon. Je lui ai donné à dîner, et puis je ne sais ce qu'il est devenu. Je l'aimais pour parler de toi, de ta retraite, de ton bonheur paisible, des charmantes tourelles de Bienassis que je vois d'ici briller, dans ma mémoire, aux rayons du soleil, avec les treilles de la terrasse et les bois de la montagne. Hélas! tout cela ne se verra plus des mêmes yeux. La vie du cœur est finie ou bien avancée pour nous : tu sais mon malheur.

ANNÉE 1835.

Je vis triste mais si occupé, ou plutôt si ennuyé, qu'une heure ne me reste pas pour penser à moi. Le mouvement politique, auquel je ne désire participer que philosophiquement à présent, m'emporte néanmoins un peu. Tu ne comprends pas mon attitude; en un quart d'heure tu la comprendrais, et tu en serais sans aucun doute. C'est la seule qui suffise à toute échéance d'avenir, et qui puisse rendre les formes gouvernementales toutes utiles au large développement d'une idée vraie, féconde et divine. Je regrette de ne pouvoir t'entretenir un moment et t'amener à la Chambre, lors même que tu serais républicain. Je ne suis pas antirépublicain, le jour et l'heure donnés. Tu ne peux pas me comprendre en entier, ni personne en entier, parce que je ne veux m'expliquer en entier qu'au jour le jour pour ne pas effrayer le milieu par lequel je veux agir. Suis-moi de l'œil et prie du haut de la montagne, si tu ne veux pas venir combattre. Mais en ce temps-ci tout le monde doit combattre :

Le salut est dans tous et n'est plus dans personne.

Voilà un vers pour te consoler. Dans un an je t'enverrai un ou deux volumes renfermant un rêve de jeunesse, un épisode de vie cachée et intime qui te plaira, j'espère. A présent, je vais aux commissions du budget.

Adieu. On va imprimer de moi trois ou quatre volumes ces jours-ci de mauvaises notes de voyages non destinées à l'impression. Cela ne vaut pas que tu les lises.

Parle de moi à ta mère et à ta femme. Certes si je puis t'aller voir, je n'y manquerai pas en été, mais toi-même pourquoi ne pas venir?

LAMARTINE.

DXC

A madame la comtesse de Villars

A Mâcon.

Paris, 12 janvier 1835.

Chère tante,

Peu vous importe que je vous adresse mes souhaits de nouvelle année, huit jours plus tôt ou plus tard, vous savez bien qu'ils sont de tous les jours. Je n'ai pas voulu écrire à Mâcon deux fois la même semaine. C'est à vous aujourd'hui.

J'ai bien peu de moments, malgré l'assistance de ma femme et d'un secrétaire, M. de Champeaux, qui travaille jusqu'à neuf heures du soir, pour répondre à tout ce que l'on m'écrit et à l'innombrable quantité d'intérêts, d'opinions, d'amitiés ou d'hostilités qui s'agitent autour de mon nom, parce qu'on commence à y voir le symbole d'une nouvelle opinion politique, et que chacun veut se rattacher la plus petite force qui paraisse dans une Chambre. J'espère que vous aurez été assez contente de mes derniers discours à la tribune ; les journaux de Paris, et maintenant ceux de province, m'ont beaucoup exalté cette fois parce que j'étais dans l'opposition. Je n'y serai plus tant dans quelques jours peut-être. Nous aurons peu de questions grandes et politiques cette année. Je ne parle que dans celles-là. J'aurai plus de repos, j'en ai besoin. Je suis renfermé chez moi par un rhume depuis cinq jours. Hier je me croyais guéri, mais, ayant eu le soir trente ou quarante personnes en visite, députés et autres, et obligé de dire bien des paroles à chacun, j'ai repris une violente irritation de poitrine. Ce matin cela va moins mal, et j'irai tout à l'heure faire un tour en voiture au bois de Boulogne.

Je sais que vous êtes à Mâcon en repas et en fêtes, je regrette bien de n'en pas être. Paris m'est insupportable par l'excès de visites et d'amis. Je ne vais nulle part, mais j'ai tant de connaissances de tous pays et de tout genre que je suis noyé dans les importuns. Un quart d'heure de solitude est un bonheur inouï pour moi. J'espère que la Chambre finira en avril, et je partirai aussitôt.

J'ai vendu le reste de mes vins de Monceau. Il me reste ceux de Milly. Cela se vend-il un peu mieux ?

Donnez de mes nouvelles pour aujourd'hui à mon père, à Cécile, aux Ligonnès. Les enfants que nous avons ici sont bien douces et bien aimables. Nous les aimons beaucoup, elles nous tiennent bonne compagnie ; elles se portent bien, excepté une petite fluxion aux yeux de Cécile.

Adieu, chère tante. Nous vous aimons et embrassons bien tendrement. A revoir.

ALPH. DE LAMARTINE.

DXCI

A monsieur le comte de Virieu

A Lyon.

Paris, 17 janvier 1835.

Je t'ai écrit des pages sans fin, à Pupetières, et aussi intimes que le papier peut les porter. Tu ne les as donc pas reçues? Ta lettre d'aujourd'hui m'annonce ton retour à Lyon et bientôt ton arrivée ici. J'ai un appartement chaud et confortable à t'offrir chez moi, si tu veux bien l'accepter : je n'aurai qu'à louer des couvertures pour ton lit. Tu m'avertiras.

Je ne sais, non plus que toi, un mot de Vignet. Je pense qu'il ne veut pas même être en communion avec ce qui respire l'air de France en ce temps-ci.

Des chevaux de rencontre et pas chers, ici c'est difficile. Lyon vaut mieux pour cela. Tout ici est hors de prix en ce genre.

ANNÉE 1835.

Tu me parles de notre discussion de l'amnistie. J'ai été pour la première fois hostile au ministère parce qu'il a été pour la première fois hostile au sens commun politique et au sentiment moral qui commandait l'amnistie. Je n'en suis ni plus ni moins dans l'opposition ou dans le gouvernement. Je me refuse très-sciemment à me poser sur aucun terrain défini actuel, ni légitimiste, ni républicain, ni juste milieu. Il faut un terrain neutre ou parti nouveau qui les absorbe tous et les sauvera d'eux-mêmes. J'aurai la persévérance de le tracer, d'y tenir seul dix ans, s'il le faut, parce que toute autre chose serait absurde. Nul parti n'a en soi la force de conquérir la France. On me loue beaucoup sur mes progrès oratoires; on se moque beaucoup de moi sur mon inapplicabilité d'esprit politique. Je m'en moque, parce que c'est faux : quand je voudrai m'expliquer, j'appliquerai mieux qu'eux. Mais l'heure n'est pas venue. Il faut rester suspendu quelques années avant de se poser, il faut voir les flots se retirer et laisser à sec un point solide; il n'y en a pas encore. Les hommes habiles de la Chambre ne s'y trompent pas et m'entourent et m'offrent tout au monde pour une adhésion en faveur d'eux, de leur système ; depuis des ministères jusqu'à des ambassades à mon choix, tout m'est étalé avec supplication. Les royaumes de la terre ne me tenteraient pas. De la montagne où je suis, je vois plus large et je reste humblement tel quel. Nous aurions bien à causer pour un mois, si tu étais ici.

Je vois peu Sauzet. Talent sublime, intelligence, je crois, peu ferme et peu étendue jusqu'ici en politique. Il entrera dans tous les ministères à faire. Je l'aime au reste et je l'estime, mais comme cœur plus que comme portée. Cette Chambre sera au-dessus de toutes celles que nous avons eues depuis l'invention du gouvernement représentatif. Il faut l'attendre et faire notre éducation deux ou trois ans.

Tout va à la diable du reste et fait pitié, mais la *nécessité* est la suprême habileté, et elle est longtemps encore pour ceci.

Adieu. Viens donc et viens vite, car nous ne durerons pas. La session sera nulle et est finie presque. A revoir.

DXCII

A monsieur le comte de Virieu

A Lyon.

Paris, 27 janvier 1835.

Ma foi ! mon cher ami, je ne sais ce que tu trouves de bon sel dans mes lettres, mais celui qui sale mes pensées est bien amer. Je te réponds quelques lignes ce matin, harassé de la journée d'hier, où je devais parler à la Chambre sur la Pologne et la Russie, dans un sens qui me plaisait beaucoup, éminemment gouvernemental, et de plus expliquer aux avocats qu'ils sont des bavards rendant toute affaire impossible. J'ai été à midi sur mon banc à cette fin. J'ai changé cinq fois l'économie de mon discours que je trouvais superbe, et n'ai pu avoir la parole par une de ces nombreuses tactiques de la Chambre qu'on ne comprend pas dehors, qui sont toutes-puissantes dedans. Ni le président ni mes amis n'ont voulu me permettre matériellement de prendre la parole, pour empêcher que je ne soutinsse la vérité parce que la vérité était avec le gouvernement. Je suis fatigué à mourir de la contention de la tête que six heures d'attention et d'improvisation intérieure sur des questions de dates et de chiffres exigent. Mounier m'avait prié de parler, je possédais seul la question. Au diable !

Que trouves-tu donc dans mes lettres qui n'y fût l'année passée ? Je n'ai pas changé. C'est toi qui changes et qui marches rapidement de l'étroit à l'infini, de la nuit à la lumière. Pourquoi n'es-tu pas député ? Nous ferions à nous deux un banc plus fort que tu ne penses, si tu avais le courage de vaincre le respect humain un jour en entrant dans la Chambre. Lyon te nommera quand tu voudras, et je puis y contribuer.

Je t'enverrai bientôt quatre petits volumes de mes misérables notes intimes et paysagistes qui s'impriment à la hâte. C'est abominable. J'en ai honte, je voudrais les racheter. Mais je suis aussi embarrassé d'argent que j'ai été au large jusqu'ici. J'en suis même préoccupé quelquefois. En sacrifiant temps et liberté aux libraires j'en aurais ; mais temps et liberté, cela ne vaut-il pas plus que tout quand on a pensée et volonté à conserver intactes. Pour du pouvoir actuel, et du plus haut, il n'y a pas de jour où les hommes qui en veulent ne viennent me conjurer d'en prendre avec eux ou d'en recevoir d'eux. Je regrette que tu ne sois pas ici pour te conter toutes ces choses qui montrent bien notre nudité, car le pouvoir est à tout le monde avant nous, et il faudrait être insensé pour en vouloir avant qu'il soit échappé à tous pour retomber *au vrai*. Nous sommes à dix ans de ce point où nous devrons en effet le saisir. D'un autre côté le parti jacobin me fait gravement menacer de me comprendre dans le 18 fructidor qu'il médite. Souviens-toi de ce mot, 18 fructidor : ne te l'ai-je pas annoncé il y a deux ans? ne t'ai-je pas dit : Dans leur marche actuelle les royalistes ne peuvent arriver qu'à un 18 fructidor avec les modifications et variations du temps? Eh bien! hier leur mot m'a été apporté, et la chose est indubitable à mon avis dans un temps donné. Voilà ce que c'est qu'une fausse voie.

Je vois beaucoup de monde chez moi, au delà de mes forces. Il y a des jeunes gens bien complets, des Tocqueville, des Beaumont, des Carné, des Janvier, des Corcelles, etc., etc. Tout cela sera à nous au jour où une forme nouvelle se produisant dans le pays fera irruption dans l'étroite circonvallation des centres qui ne veulent rien comprendre qu'eux-mêmes. Je compte parler samedi sur la réforme électorale et dire la radicale vérité, mais sous des formes et avec des délais éminemment conservateurs. Tâche de lire mon discours au milieu de cent autres. Je le ferai imprimer et te l'enverrai, car les journaux ne peuvent donner celui-là qui les blessera tous. Je serai extrêmement modéré et gouvernemental ; mais je veux lâcher la vérité sociale en quelques phrases au milieu ou à la fin de mon oraison.

Viens-tu, ne viens-tu pas ? Décidément tu devrais venir. Les Sainte-Aulaire sont ici. Je ne les vois guère à cause de la politique.

Adieu.

L.

DXCIII

A monsieur le comte de Virieu

Paris, 8 avril 1835.

Il y a trois semaines que j'ai ta lettre à côté de moi, sur ma table, sans trouver un quart d'heure pour te répondre. J'ai vu M. de Miramont, et je lui ai dit de t'expliquer à quel point j'étais surchargé. Cela croît et embellit sans cesse. Dehors je suis assiégé de journalistes qui veulent que je me mette à leur tête, dedans de trente à quarante députés qui veulent former un noyau, se réunir sous ma direction, chez moi, et me reprochent de temporiser. Puis les solliciteurs, puis soixante lettres par jour ; puis la littérature fourmillante, puis l'impression et la publication de mes quatre volumes de notes de voyage ; puis une médiocre santé, enfin pas une minute. Demain tu liras, si les journaux le donnent, un bon discours que je rumine en faveur du traité des 25 millions (1). C'est un discours d'impopularité complète. Les journaux, qui me rendent bien maintenant, ne voudront sans doute pas m'insérer ce jour-là. C'est une affaire odieuse que le rejet de ce traité, à qui l'examine pièces en mains et en conscience. Nous ferions une iniquité, et nous perdrions cinq cent millions. De Sade, Ducos, Tracy et autres membres de l'opposition ont passé avec moi ; toute la droite est contre.

Tu auras vu par les journaux que, volé chez l'imprimeur avant d'avoir été imprimé ici, j'avais paru à Bruxelles; de là nécessité de paraître sur-le-champ. C'est fait. J'ai paru avant-hier. Les journaux sont pleins de citations qui ont un bon succès. Une édition de 3,000 est déjà presque écoulée. L'éditeur en fait une autre. Il sera couvert de ses cent quatre mille francs, c'est tout ce que je voulais. Tâche de me lire, je ne puis t'envoyer de longtemps. Je n'ai pas pu en avoir quatre exemplaires moi-même. Cela me paraît quelquefois très-bien. Je le lis comme d'un autre,

(1) Ce discours fut prononcé le 13 avril 1835. V. *La France parlementaire*, t. I, p. 126.

n'en ayant rien revu et pas corrigé une épreuve ; c'est pour moi comme si tu l'avais écrit. Cela me touche et me ravit quelquefois et quelquefois m'ennuie.

Rien de nouveau que cela à Paris. Les *Tories* s'en vont, comme je l'ai toujours cru. Un mouvement rétrograde ne peut avoir lieu sur aucun point de l'Europe. C'est un rêve absurde. En avant ! est la devise du temps. Cette conviction gagne tout le monde.

La politique dort ici et fait de mauvais rêves. Il y a stagnation complète des esprits. Le juste milieu, si beau et si bon s'il avait de l'esprit et du cœur, n'en a que juste pour vivre au jour le jour. Hors de lui rien n'est possible. L'opposition à gauche est plus stupidement mauvaise qu'aux beaux jours du *Constitutionnel*. Elle tombe dans le mépris général. Les royalistes de la Chambre la soutiennent seuls de doctrines et de votes et en reçoivent tous les jours en récompense de honteux soufflets sur la joue de la Restauration. Ils en sont réduits à se faire les alliés d'hommes qui ne veulent pas d'eux pour alliés et le disent tout haut tous les jours. C'est une situation intenable et sans dignité comme sans portée. Les braves gens le sentent et me le disent tout bas à chaque occasion. Mais le remède serait de changer de langage, de chefs et de place ; ils ne l'oseront jamais. Le courage de conscience est ce qui manque le plus en ce triste et beau pays. On brave une batterie de canons, mais on meurt devant une raillerie de journal. Tant qu'un parti en est là, il n'est pas parti politique.

Adieu. J'irai dans un mois au Nord saluer l'urne de mon élection. Je reviendrai vite à Saint-Point écrire quelques vers selon mon cœur. A Dieu le reste ! Il sait ce qui arrivera. Je crois à un repos assez long. C'est ce qu'il te faut et au pays matériel. Pendant ce temps une révolution forte et sérieuse se mûrit. Il faut y être prêt par l'esprit et par le cœur. Gare au réveil !...

Adieu encore.

LAMARTINE.

DXCIV

A monsieur le comte de Virieu

Paris, 13 juin 1835.

Il y a, mon cher ami, deux mois que ta lettre est là à côté de mon pupitre, attendant une heure de bon loisir pour t'écrire, et cette heure n'est jamais venue. D'abord j'ai été un mois absent et malade. Arrivé dans le Nord, j'y ai pris la fièvre. Depuis mon retour je n'ai que cette minute de paix, tout le reste a été au tumulte de la vie presque publique.

D'hier nous avons terminé. J'ai fermé ma porte et la porte aussi de mes idées. Je pars pour Mâcon dans quatre jours. J'espère aller te voir avant peu et que tu viendras après. J'ai parlé hier à la Chambre pour la liberté d'enseignement (1). Je t'envoie pour toi qui ne lis rien une épreuve du

---

(1) Séance du 11 juin 1835. V. *La France parlementaire*, t. I, p. 167.

Moniteur. J'avais un superbe discours dans l'esprit sur les loteries, je n'ai pas pu avoir la parole. Mais tu seras content, je pense, du mouvement très-inattendu que j'ai eu à la fin et que la Chambre a reçu au milieu de ses murmures et de sa colère contre toute vraie liberté sentant la licence, car au fond je persiste à dire que jamais la France n'a eu ni n'aura une Chambre aussi antirévolutionnaire, aussi bien intentionnée, aussi honnête, aussi dépourvue de toute mauvaise passion. Ah! si les Bourbons en avaient eu une pareille, ou si celle-ci avait les Bourbons, tu verrais un beau temps! Personnellement je n'ai pas beaucoup à m'en louer : elle ne me comprend pas, elle me craint, elle voit une arrière-pensée sous toutes mes opinions, sous toutes mes paroles; mais je lui rends justice, et elle m'aime en général tendrement comme homme tout en lui répugnant comme député.

Je te porte mes notes. Les as-tu lues? Elles sont extrêmement critiquées par toutes les opinions politiques, littéraires, religieuses, mais extrêmement lues et goûtées par ce qui n'est que lecteur. Vingt mille exemplaires tant en Belgique qu'ici sont déjà écoulés. L'Allemagne et l'Angleterre en débordent. J'ai deux traductions anglaises. Les articles de journaux sont extrêmement amers en général contre moi sur toute chose : royalistes, républicains, hommes de lettres, j'ai tout sur le dos ; j'en ai reçu cinquante-quatre depuis un mois. Quelquefois cependant je suis bien compris. Tout cela ne m'affecte pas plus que la goutte de pluie qui tombe sur mon chapeau dans un orage de printemps.

Tu me parais bien triste depuis quelque temps. Je brûle de te voir pour savoir ce qui te tourmente. Il n'y a qu'un moyen contre toutes ces tristesses de la vie, c'est de croire de plus en plus fermement en Dieu et de l'appeler à son aide à toute heure et à toute pensée. Or, pour y croire, il n'y a qu'à contempler son œuvre qui parle si clairement de lui, soit dans la nature matérielle organisée, soit dans l'histoire, soit dans l'humanité. Moins je crois à présent à la parole de l'homme, plus je crois à celle de Dieu dans ses œuvres et dans notre intelligence.

Je vois un peu maintenant l'abbé Cœur, et avec tout le charme que tu m'avais promis. Il sera grand et beau. Mais, comme orateur, il est comme moi, il a besoin de former le talent et l'homme physique. On a pris une haute idée de sa portée à venir, on le recherche. Nous faisons demain ensemble un dîner fin chez Mignet avec Ballanche et la princesse Belgiojoso.

Le procès occupe peu Paris maintenant. On a vu que les républicains n'étaient que des Jacobins, c'est ce qui les perd ; sans cela ils triomphaient. On voit de même que les légitimistes militants ne sont que des boute-feux rajeunis de 1815 ou de 1829, c'est ce qui les tue. Ils viennent du reste de faire un pacte nouveau avec les républicains déconcertés qui ont passé à eux et se sont mis sous leur direction et à leurs ordres. Si cela réussissait, une fois l'anarchie faite, elle appartiendrait bien vite aux républicains. C'est ce qui trompe les royalistes. Il n'y a que l'ordre qui produit l'ordre.

Je laisse là toute politique pendant six mois, et je vais tailler des crayons sous les chênes de Saint-Point. Paris m'obsède et m'ennuie ; je n'ai plus de sève que pour la nature et Dieu : leur langue est la poésie. Adieu donc, viens bientôt ou attends-moi bientôt. Je serai à Mâcon sous huit jours. Écris-moi là.

LAMARTINE.

Ne m'oublie pas auprès de ta femme et de tes enfants.

DXCV

A monsieur le comte de **Virieu**

Monceau, 2 juillet 1835.

Mon cher ami, ce n'était pas un tour d'écolier que ma maladie retentissant dans les journaux et venant t'inquiéter et t'inspirer cette fraternelle résolution de partir pour Paris et de me soigner ou de me voir mourir plus paisible dans tes bras. Je tiens le voyage pour fait, et mon cœur t'en a la même obligation. A une autre fois donc ! Je désire certainement que l'un de nous deux assiste à sa dernière heure celui que Dieu rappellera le premier de ce triste monde, et, comme je n'ai pas comme toi des petits à nourrir à la becquée et à guider dans ce ténébreux labyrinthe, je désire que ce soit moi. J'ai été profondément attendri de ta bonne et courageuse pensée. Je n'avais qu'une indisposition assez légère, quelques accès de fièvre de printemps chez ma sœur à Hondschoote où j'étais allé visiter mes bons électeurs. Les journaux l'ont su et, comme à l'ordinaire, ont grossi le mal. J'en ai été désolé à cause de mon père et de toi. Mais, règle universelle, il ne faut rien croire d'un journal, cela ne vit que de mensonge, par nature. Je crois que personne en France ne peut t'en parler plus pertinemment que moi, attendu que je connais leur conscience par l'intimité de leurs aveux : il n'y en a guère qui ne soient venus cet hiver me proposer de changer, si je voulais, de conscience et d'opinions, et tu serais bien étonné des noms. Il faut voir par qui se fait notre cuisine politique, religieuse et morale, pour arriver à une juste appréciation des choses humaines.

Je suis ici depuis quinze bons jours. J'ai recommencé à écrire quelques vers, c'est-à-dire de cinquante à cent par matinée. J'en ai pour un mois, et puis je serai libre. Mon premier jour de liberté sera pour Fontaine, car je brûle de te voir et n'ose te demander de revenir. Je sens que c'est à moi d'aller, et, sans ma pauvre femme seule et si triste que je ne puis abandonner avant qu'elle ait quelqu'un, j'y serais déjà. Mes vers ne marcheraient pas moins bien le matin pour avoir passé avec toi des journées et des soirées nonchalantes sur les canapés de Fontaine. C'est une de mes grandes contrariétés de n'y pas être encore. Attends-toi du reste à la possibilité de me voir arriver tous les jours. Je ne manquerai pas le premier possible. Nous parlerons là politique et métaphysique tout à l'aise.

Je suis fort tracassé d'affaires : les miennes, si belles jusqu'ici, vont mal ; j'ai perdu tous mes capitaux disponibles dans des banqueroutes, des entreprises mal exécutées, en Amérique, et dans une grêle qui vient de ravager *entièrement* mes propriétés où j'avais mis des avances énormes ; je dois beaucoup et je ne puis vendre. J'ai besoin de tes conseils en tout genre de pensées et d'affaires. Ma santé n'est pas brillante, mais, sauf quelques heures de la nuit et du matin, elle est portable.

On m'annonce à l'instant la mort du duc de Bordeaux, je n'y crois pas. Mais, si cela était, quel bouleversement de choses et d'opinions ! Les cent partis deviendraient deux. J'envoie à Mâcon pour savoir ce qui en est. J'aurai le Conseil général qui me retiendra quinze jours bientôt. As-tu pensé à t'en faire nommer? C'est admirable. Je te le conseille.

Une fois que tu y auras mis le pied, tu voudras toujours en être. C'est la Chambre des députés native et sincère.

Parle de moi à ton admirable femme, malgré nos abîmes politiques qui se creusent de plus en plus. J'ai eu ici Mme de Barol ces jours-ci, je l'ai convertie au sens commun. Adieu donc. Écris.

LAMARTINE.

DXCVI

A monsieur le comte de Virieu
à Fontaine.

Saint-Point, 7 septembre 1835.

Je suis de retour à Saint-Point, mon cher ami, et je voudrais savoir où tu es et où tu seras d'ici à un mois pour t'aller voir, si j'ai deux jours avant, pendant, ou après le Conseil général du département.

Cazalès nous a quittés hier. J'ai ici un ami belge, bon homme et sans façon, que je te demanderais permission de te conduire. Ce serait seulement pour le coucher, il courrait Lyon tout le jour.

J'ai énormément à faire. Je me suis remis ce matin à la poésie; je ne puis plus lui donner que les rognures de mon temps.

Rien de nouveau du reste que la politique que tu vois et les sentiments que tu me connais. Je t'ai envoyé mon discours (1) le jour même, assez bien rendu dans la *Gazette*, l'as-tu reçu ? As-tu une foi aussi vive que moi dans l'avenir ? Adieu.

LAMARTINE.

(1) Sur la loi de la Presse, 21 août 1835. V. *La France parlementaire*, t. I, p. 172.

DXCVII

A monsieur le comte de Virieu

Rue du Plat, à Lyon.

Saint-Point (1835).

Celle-ci n'est que pour te dire que le cuisinier *Capus*, qui se présente à M. de Quinsonas, est le roi des hommes et un fort bon cuisinier, l'honnêteté même, l'économie même. Je suis bien aise de lui être utile. Tâche qu'il sache le juste témoignage que je me plais à rendre de lui.

Tu as ma lettre d'avant-hier. Rien de nouveau, si ce n'est la paix du bon Dieu et quelques vers le matin pour saluer la journée.

Ah! si tu pouvais venir à présent! Je te rendrais cela après le Conseil général parce qu'alors, étant à Monceau et ma femme entourée de famille, j'aurais trois ou quatre jours à disposer pour mon plaisir; or mon seul plaisir est avec toi.

On m'apporte avec ta lettre trois nouveaux articles de journaux où je suis fort malmené, deux politiquement, un littérairement. Je ne réponds rien et je chemine.

Le procès en vérité m'émeut peu. Nous avons protesté dans le temps pour l'amnistie, mais le procès use les deux parties, juges et accusés. Je suis loin de les confondre, je connais les deux.

Voyons si tu viendras. Mais, je te le répète, je ne te réclame pas : c'est à moi d'aller. Je suis dans mon tort ou plutôt dans mon malheur. Je viens d'avoir la confirmation de ma ruine et une banqueroute ici. *Alla kerim!*

LAMARTINE.

Que lis-tu ? qu'écris-tu ? Je voudrais que tu écrivisses enfin de la haute philosophie sans regarder autour de toi. Dans quelques années j'en écrirai inévitablement moi-même. Mais tu es né plus philosophe que moi. Le raisonnement est ton fait, l'évidence est le mien ; je serais prophète et toi philosophe. Je te promets de te lire des vers si tu viens, mais prosaïques et nullement prophétiques.

L.

DXCVIII

A monsieur Guichard de Bienassis

à Bienassis.

Saint-Point, 12 septembre 1835

Mon cher ami,

Ta lettre me trouve en effet en repos à Saint-Point, et la bonne pensée que tu as d'y venir me comble de joie. C'est remonter le cours des années que de revoir ceux qu'on a aimés jeune et qu'on aime encore dans un âge qui s'avance. Viens donc. Seulement, si tu veux que nous soyons plus tranquillement et tête-à-tête ensemble, ne viens qu'après le Conseil général de département, c'est-à-dire les premiers jours du mois prochain. Si néanmoins ton temps est limité par quelque convenance de ton côté, viens tout de suite. Demande-moi à Mâcon, j'y serai tous les jours pour le Conseil. Je reviendrai tous les soirs dîner et coucher chez moi à Monceau, habitation que j'ai plus près de la ville. Tu y auras ta chambre de même qu'à Saint-Point, des livres, des journaux, et ton ami le soir. Mais le pays est bien moins pittoresque que mes montagnes.

Adieu. Mille respectueux remercîments à ta mère et à ta femme. Je serai bien heureux d'aller un jour te rendre ta visite et de retrouver tout ce que j'aimais à Bienassis, plus une femme charmante et qui fait ton bonheur. Bien des amitiés à M. Timon, et à toi tout ce que tu sais.

LAMARTINE.

Écrire à M. de Lamartine, député du Nord, à Mâcon (Saône-et-Loire).

DXCIX

A monsieur le comte de Virieu

à Fontaine.

Mâcon, 13 septembre 1835.

Mon cher ami,

Tu n'avais donc pas reçu ma lettre ? La tienne me trouve venu à Mâcon pour attendre ta réponse et partir selon tes plans. Je vois qu'ils sont contraires à notre rencontre avant et pendant le Conseil général. Écris-moi donc précisément quel jour tu seras de retour à Fontaine pour que j'aille me donner mes trois bons jours de l'année 1835 avec toi. Guichard m'écrit qu'il m'arrive. Je te le ramènerai, et nous rajeunirons, sinon par un bonheur qui n'est pour nous ni dans le passé ni dans l'avenir, au moins par les seuls sentiments qui ne sont pas morts et froids en nous, nos vieilles amitiés.

Adieu. Je vais repartir bien contrarié pour

Saint-Point ; j'avais ces deux ou trois jours jusqu'au 15 devant moi. J'en ai bien peu, car tu ne peux te figurer combien j'ai de travail cette année. Mille tendres respects à ta femme, et vive Pupetières !

LAMARTINE.

DC

A monsieur le comte de Virieu

à Fontaine.

Mâcon, 22 septembre 1835.

Mon cher ami, nous sommes en plein Conseil. Impossible de bouger. Toute l'opposition et toute la raison roulent sur moi seul ; je parle six fois par jour. J'ai conquis mes éperons oratoires hier et ce matin. S'il y avait journaux et publicité, tu entendrais un beau bruit. J'ai fait pleurer tout le Conseil animé contre moi, trois fois de suite, dans un discours et trois répliques. Je vois se réaliser ce que j'avais toujours senti, que l'éloquence était en moi plus que la poésie qui n'est qu'une de ses formes, et qu'elle finirait par se faire jour s'il n'était pas trop tard. Dieu m'assiste ! j'ai du mal à fonder notre religion nouvelle, mais cette fois je les ai sinon convaincus au moins réduits à l'enthousiasme. C'était sur la barbarie administrative des exportations d'enfants trouvés, etc. Que n'étais-tu là ! Je donnerais mille écus de t'avoir eu seulement toi pour auditeur. Je tâcherai de retrouver dans ma mémoire et dans la mémoire des autres les lambeaux de mes répliques et de les écrire.

Aujourd'hui j'ai moitié du conseil à dîner à Monceau. Les deux oppositions m'avaient porté pour président, elles ont échoué faute d'un retardataire. A trois mois donc ! Va à Pupetières ; il n'y a froid qui tienne, j'irai te voir. Je suis accablé. Cela brise la tête.

A revoir.

L.

ANNÉE 1835.

DCI

Au comte Léon de Pierreclos

à Paris.

Mâcon.

Mon cher Léon, vous m'aurez trouvé bien négligent de tarder si longtemps à vous répondre. Il n'en est rien cependant. Mais je suis depuis six semaines accablé d'un si grand nombre d'affaires que je n'ai pas eu un moment pour les correspondances. Ce n'est pas que je n'aie bien souvent pensé à vous. J'irai quelques jours à Paris, aussitôt que mes affaires seront terminées, et je vous verrai. Nous causerons alors avec détail de l'objet de votre lettre, et je jugerai par moi-même et par le rapport de vos instituteurs si une année d'études abrégée pourra vous être plus ou moins utile. Dans l'état présent des affaires politiques, je vous trouve trop heureux d'avoir encore quelques années à attendre avant d'entrer dans une carrière: le choix serait difficile, et l'on ne saurait guère par qui vous faire protéger. D'ici à deux ou trois ans le gouvernement aura pris plus d'aplomb, les hommes y seront classés de nouveau, j'aurai peut-être des amis au ministère, et je ne négligerai rien pour les bien disposer en votre faveur.

L'essentiel pour le moment est donc, sans vous occuper de l'avenir, de vous fortifier le plus possible dans vos études et de vous préparer autant par une instruction solide que par un caractère moral et grave à une vie que les événements traceront devant vous. Plus l'époque dans laquelle nous sommes nés est orageuse et forte, plus notre caractère doit s'élever et se fortifier en proportion par des études substantielles et par un exercice assidu de nos propres forces contre nous-mêmes. C'est cet exercice qui nous forme à la vertu morale et à la vertu politique. Jamais on n'en eut plus besoin. Je ne vous en plains pas. Je préfère ces temps de révolutions pour vous, quelque pénibles qu'ils soient, à la mollesse et à la corruption des temps qui les ont précédés. Ils trempent l'âme plus vigoureusement, ils font mieux juger et mieux atteindre à l'homme son seul but sur la terre : le dévouement et la vertu.

Voilà le moment pour vous de vous occuper spécialement de l'histoire. Elle vous fera comprendre le présent et vous empêchera de vous faire des illusions trop communes sur les promesses des partis politiques. Priez M. Bailly de vous en faire lire avec choix. Redoublez de travail et de zèle pendant les dernières années de votre éducation classique ; songez que vous ne retrouverez plus le temps perdu si la guerre européenne venait à éclater, et que vous fussiez obligé de marcher vous-même. Songez aussi que tous les conseils que je vous donne sont dans votre seul et véritable intérêt. Dites-moi tout ce qui vous serait utile ou agréable pour compléter votre éducation en livres, maîtres, etc., je tâcherai de pourvoir à tout. Parlez de moi à votre maman, et dites-lui de ne pas vous gâter par trop de condescendance féminine, de vous aimer pour vous et non pour elle.

Adieu, mon cher Léon. Ne craignez pas de me fatiguer en me demandant conseils ou assistance en tout genre. Je tiendrai ce que j'ai promis à votre pauvre père en vous soignant comme un fils, jusqu'à ce que vous puissiez vous soigner vous-même et qu'une route soit ouverte devant vous.

Mille compliments à M. Bailly.

LAMARTINE.

DCII

A monsieur le comte de Virieu

Mâcon, 26 septembre 1835.

Je reçois ton mot. Voici le mien. Je comptais que le Conseil irait au 30 ou au 2. J'ai en conséquence des dîners chez moi jusqu'à mardi, et le Conseil vient de finir il y a une heure. Comme, hier au soir, après une discussion indécise de six heures, je suis parvenu à emporter seul la préfecture pour Mâcon, la ville vient à Monceau demain me donner une sérénade; il faut y être. J'en suis secrètement informé, ainsi je ne puis m'en aller. Sans cela je partirais à l'instant. Viens donc, tu me trouveras sans faute et libre et tout le jour à Monceau, tous les jours indéfiniment.

Je suis accablé de la tête et de la gorge mais bien content parce que enfin, comme tu disais pour la poésie, je possède mon instrument, l'improvisation la plus spontanée et la réplique la plus nette, la plus abondante et souvent foudroyante.

Nunc dimittis! Arrivent les affaires, et un parti derrière moi, et je puis affronter qui que ce soit à une tribune. Je ne le croyais pas. Il m'a fallu deux ans.

Viens donc.

LAMARTINE.

DCIII

A monsieur le comte de Virieu

A Fontaine.

Monceaux, 1er octobre 1835.

Si ta lettre me fût arrivée dans la journée de mardi, j'allais te voir après l'ovation que la ville de Mâcon m'a apportée ici ce soir-là pour l'avoir sauvée au Conseil général. Maintenant il est trop tard, il y faut renoncer. Ton lit était fait et muni de douze couvertures, un poêle et un feu dans la chambre; nous avions trois jours à causer. A présent mes vendanges commencées dans les deux endroits et la nécessité absolue d'être à cheval de onze heures à six parmi mon monde ne me laissent pas une heure. Puis j'ai un travail commencé à achever en un nombre de jours donnés. Ces jours sont comptés, pas un de trop. Je ne te verrai donc qu'à ton retour du Dauphiné, en novembre ou décembre, quand tu me feras signe.

Moi aussi j'ai à causer. Nous suivons une ligne parallèle pendant quelque temps. Elle divergera, je pense, ensuite. Il se fait, depuis mon voyage et mon incursion dans l'histoire, un grand travail de renouvellement en moi. L'élément intellectuel que nous ont donné nos nourrices, ces bonnes et braves femmes d'Europe, ne suffit plus à mon estomac ; tu parais plus disposé à t'en contenter par paresse ou par intelligence. T'en contenteras-tu toujours ? Ne sens-tu pas que tout a besoin d'être rénové, car rien ne suffit dans son dépérissement actuel. Bref, je deviens de jour en jour plus intimement et plus consciencieusement révolutionnaire. Il y a deux lois du monde, le repos et le mouvement. Certains esprits, certaines époques, sont ordonnés par Dieu pour servir de tous leurs moyens l'une ou l'autre de ces lois divines. C'est à la conscience de juger. Je médite sans cesse, et à genoux, et devant Dieu, et je crois qu'il faut que nous et ce temps-ci nous servions courageusement la loi de rénovation. Or pas de rénovation par le passé, c'est le flot qui a coulé et qui n'abreuve plus une seconde fois les mêmes générations. Je ne me prononce pas cependant encore tout à fait. J'y mets temps, religion, examen, prudence. Puis, une fois le parti pris, j'irai très-loin.

Mais adieu. Ceci n'est que pour toi seul. Je n'ai d'autre confident de mes pensées que Dieu. Puisse-t-il, quand l'heure sera sonnée, me donner le courage et la clarté qui sont seuls à lui! Je regrette bien vivement que tu te places ainsi en dehors de la route avec toutes tes forces de cœur et d'esprit : à nous deux nous serions une armée.

Adieu encore. Je vais faire des vers, mais j'en ferai peu maintenant.

LAMARTINE.

DCIV

A monsieur le comte de Virieu

A Fontaine.

Monceau, 6 octobre 1835.

Mon cher ami, Guichard est ici. L'abbé Cœur est venu y passer trois jours délicieux et t'a accusé d'avoir pu venir avec lui. Viens donc si tu es à Lyon encore. Si j'avais eu moi-même cette certitude, j'y serais allé te voir en accompagnant M. Cœur. C'est un homme qui a du fond et qui ira loin. Nous concordons mieux lui et moi que toi et lui. Nous avons absolument besoin de nous revoir pour nous concorder mieux. On s'imagine de loin tout autre qu'on ne se trouve de près. Il y a trop d'optique entre les hommes ; en se rapprochant, ils rectifient ces erreurs de la vision.

Je suis au cœur de mes misérables vendanges, ayant énormément à faire en tout genre ; plus, me levant à cinq heures pour avoir quelques silencieuses heures à donner à la poésie. L'année prochaine, si Dieu veut, je serai moins surchargé. Mes affaires de fortune vont mal et me tiraillent aussi comme toi, mais je crois les tiennes bien en meilleur avenir.

Je n'ai passé encore qu'une soirée avec Guichard. Il est rajeuni, ses yeux vont bien, il n'écrit pas, il est comme toi spectateur de la vie, mais il prend plus d'intérêt au drame et ne dédaigne pas de toucher à ces époques que Dieu soumet à notre action et avec qui il nous donne à faire. Il te blâme de ne pas te lancer dans la politique, et, s'il le pouvait, il s'y lancerait lui-même. Toi, tu le peux, et tu ne le fais pas.

Adieu, à revoir. Si par hasard tu étais pour un temps encore à Fontaine, écris-le-nous vite ici.

L.

DCV

A monsieur le comte de Virieu

à Lemps.

Monceau, 22 novembre 1835.

Je t'ai écrit deux fois à Lyon. Tu ne m'as pas répondu. J'en conclus que, recevant peu de lettres, tu n'as même pas dit à ton portier de te les expédier en Dauphiné où sans doute tu es pris par les neiges comme nous ici. Donc je t'adresse un mot à Lemps où l'on saura ton nid actuel.

Qu'y fais-tu ? Tu ne peux plus bâtir ni même remuer du terrain et des pierres. Les mains gèlent aux ouvriers. Je suis revenu à Monceau, ne pouvant plus faire travailler à Saint-Point. Je voulais te dire que dans ce moment-ci j'avais des jours libres assez souvent, et que, si tu es bientôt à Lyon ou à Fontaine, tu peux me faire signe, et j'irai, à condition que tu me donnes une chambre bien chaude aussi, car je crains le froid presque comme toi cette année. Nous bavarderons tant qu'il te plaira, je ne m'en lasse plus.

Que si en six heures avec tes chevaux tu veux venir à Monceau, tu trouveras un salon où le thermomètre ne descend jamais au-dessous de 14, et je te donnerai au-dessus des cuisines une chambre que tu tiendras au degré voulu. Tu nous rendrais bien heureux.

Ceci dit, il ne me reste rien à dire, espérant d'une manière ou d'autre te voir bientôt.

J'ai un peu de loisir enfin après une année fabuleusement laborieuse. J'ai achevé la copie de *neuf mille* vers que l'on va imprimer, et j'en ai écrit bien d'autres par-dessus pour une autre année.

Je lis maintenant, j'étudie de la politique, de la philosophie, de l'histoire, de temps en temps cent vers, plus souvent des chiffres et des toisages avec mes vignerons. J'organise trois terres à la fois. Je n'ai pas le sou, je suis forcé, en arrivant à Paris, d'accepter des travaux pour vivre. Je veux des travaux qui me laissent du temps pour les vers, du temps pour la politique, du temps pour la philosophie, indépendance de situation et d'opinion absolue, et cependant de l'argent pour vivre. C'est un problème presque insoluble. J'ai des offres magnifiques, mais la liberté d'action et d'opinion serait ébréchée. J'aime mieux le pain sec.

Adieu. On vient m'avertir que mes chevaux m'attendent pour aller à Mâcon. A revoir.

LAMARTINE.

ANNÉE 1835.

DCVI

A monsieur Guichard de Bienassis

Monceau, 6 décembre 1835.

Mon cher ami,

Monceau est encore triste de ton départ, et nous espérions t'y revoir, lorsque le précoce hiver des derniers jours de novembre nous a interdit de te solliciter de nouveau. Maintenant nous allons partir. A l'année prochaine donc ! Reviens me rendre dans notre âge sérieux les nombreux pèlerinages que je faisais à Bienassis dans la saison de nos folies.

J'ai lu tes trois lettres en famille, et, sans aucune exagération épistolaire, elles ont non-seulement enchanté mais touché tout le monde.

Rien de nouveau depuis toi. J'ai passé six semaines à Saint-Point, occupé à planter et à bâtir. J'en fais autant ici maintenant, et je vois avancer avec douleur le moment de quitter ma vie de poëte et de paysan pour la vie politique. Mais je ne cède ni aux conseils ni aux tentations de la quitter. L'homme n'est homme que par la pensée et l'action ; l'une complète l'autre. Cette époque exige le concours de tous. S'isoler dans un loisir méditatif, à moins d'y être forcé comme toi par une infirmité physique, ta vue, c'est de l'impuissance ou de l'égoïsme. La poésie ne doit être que le délassement de nos heures de loisir, l'ornement de la vie. Mais le pain du jour, c'est le travail et la lutte.

Nous finirons de bonne heure cette année, et alors, j'espère, au mois de mai, aller me faire présenter par toi à ta mère qui ne me connaît plus, à ta femme qui ne me connaît pas encore. Prépare-moi, dans leurs cœurs, la réception que j'attends du tien. Adieu. Nous avons toujours du monde nouveau. Voici deux poëtes qui m'arrivent. Je te quitte pour entendre et lire des vers, comme dans notre bon temps. Mais, dans quinze jours, adieu les vers ! — Mille tendres souvenirs de tous et surtout de moi.

LAMARTINE.

DCVII

A monsieur Dargaud

A Paray-le-Monial (Saône-et-Loire).

Monceau, 7 décembre 1835.

J'ai reçu vos deux lettres, et j'ai accepté bien mal les excuses : nous aurions passé de bonnes soirées poétiques et philosophiques. J'ai ici deux hommes dignes de vous. M. de Montherot et M. de Jouenne. J'en attends un troisième. Nous parlons souvent de vous. Mes œuvres de 1835, littéraires, politiques et agricoles, sont finies. Je me repose huit jours en faisant mes préparatifs de départ. Je vous enverrai mon *épisode* dès que je l'aurai imprimé. Il est déjà à Paris.

J'ai compris votre dévouement au pauvre jeune homme. Si vous avez besoin de moi, disposez-en. Si le besoin de moi n'est pas absolu, dispensez-moi, car j'en suis aux extrémités, et c'est le moment de l'année où toutes les misères se font sentir et crient à l'approche de l'hiver.

Adieu donc jusqu'à Paris. Si je puis vous y servir, écrivez-moi. Je vais continuer mes études sociales qui ne seront pas brillantes cette année, mais il faut se préparer pour des temps plus sérieux, s'il y en a derrière l'horizon.

Mille amitiés de tout ce qui vous aime ici.

LAMARTINE.

ANNÉE 1836

ANNÉE 1836

DCVIII

A monsieur le comte de Virieu

Lyon.

Paris, 14 janvier 1836.

J'étais en inquiétude sur toi. « Pourquoi ne m'écrit-il pas ? A-t-il, pour la première fois de sa vie, quelque chose contre moi ? » Je cherchais dans ma conscience, et je n'y trouvais rien qui ne fût dans le cœur d'un frère. Enfin ta lettre est arrivée au moment où je ne pouvais y répondre. J'avais et j'ai encore une ophthalmie qui prive bien ma vue. Aujourd'hui je n'ai plus qu'un mal de dents, et mes yeux vont mieux, quoique mal encore.

Je t'ai attendu, espéré. J'ai eu Montchalin et M. Cœur et mille autres, t'attendant et t'espérant tour à tour avec moi. Arrangeons-nous mieux l'année prochaine.

Je te pense rentré à Lyon. Me voici à la Chambre. J'ai même obtenu par surprise d'elle et à contre-cœur sa confiance pour l'adresse, en parlant bien dans mon bureau. Du reste ma situation est pire toujours, ils m'exècrent tous, ceux-là par philippisme, ceux-là par jacobinisme, ceux-ci par carlisme. Ils me contestent non-seulement le sens politique, que je me sens mille fois plus clair qu'eux tous, mais même le talent de parler qui me vient de plus en plus malgré eux. Je suis le seul, non avocat, de premier ordre, qui puisse dans la Chambre soutenir une lutte quelconque avec les avocats de métier. Mais ils ne veulent pas le voir. Il n'y a pas de pays comme celui-ci pour les partis pris. Te souviens-tu du temps où j'étais écrasé par la poésie de l'Empire, où Luce de Lancival, Legouvé et Baour étaient des géants dont l'ombre m'étouffait? Eh bien, c'est la même chose sous tous ces Baour de tribune. J'espère encore que, dans quelques années, chacun reprendra sa place. A présent il faut subir. Avant-hier j'ai improvisé une demi-heure admirablement et éloquemment et politiquement selon moi (1). Il n'y a eu que moi qui s'en soit aperçu. Ils sont

(1) Discours sur la Pologne et la politique de la France en Orient. V. *La France parlementaire*, t. 1, p. 191.

convaincus que je rêvais et débitais des sornettes.
Vois le *Moniteur*. Cela n'est pas ailleurs.

Mais passons à la poésie : c'est la même histoire.
Brouillé maintenant avec toutes les coteries littéraires de tel ou tel drapeau, je n'y ai que des
ennemis qui disent : Son talent est mort au seuil
de la Chambre; qu'il fasse des discours sur les
chemins vicinaux !

Cependant *Jocelyn*, épisode de poésie intime, va
paraître dans peu de jours. Lis-le au soleil ou à
l'ombre, mais en repos et en plein air, un jour de
jeunesse. C'est de la poésie de seize ans, mais
selon mon cœur et mes rêves. J'en suis confidentiellement ravi. Je veux que cela me survive un
demi-siècle. Je publierai dans dix-huit mois un
fragment dantesque d'un tout autre ton. Tu vois
que ma terre ne se repose pas, et que le système
des jachères n'est pas le mien. Je t'expédierai
cela par la diligence avant le public, et je t'en
demande ton avis, non après première mais après
troisième et quatrième lecture. On n'y voit rien à
la première que de la pastorale un peu niaise.

Je prophétise que cela sera trouvé bête pendant
six ans, et dans les poches des cordonniers en-

suite. Cependant les vers qui en courent font fureur, mais isolés.

Veux-tu maintenant sonder mon âme? Elle est triste et travaillée. La philosophie la creuse et la transforme, non en mal, mais en autre. Je prie Dieu tant que je peux, et j'adore la prière des Chrétiens et des Turcs : *Alla kerim!* et Ta volonté soit faite ! résumé divin de tout l'infini d'ici-bas.

Point de société. Je n'ai pas le temps. Tout le monde ambitieux me cajole, me tend des piéges, tout en me détestant. Quelque chose dit à plusieurs que l'avenir est dans ma pensée; et la déconfiture finale, irrémédiable, de tout ce qui s'est fait parti et a pris une autre route, aide un peu à cette conviction du bon sens.

Nous entrons sous une douce et flasque tyrannie d'une classe qui reprend juste nos sottises en reprenant notre place. A Dieu l'avenir, à nous le bon sens et le bon désir ! Écris-moi beaucoup, et aimons-nous pendant que nous vivons; le reste n'est rien.

LAMARTINE.

J'apprends la mort de M. de Dijon. Que t'a-t-il laissé? Tu sais que je suis ruiné, au point de chercher, pour vivre, du *travail* de librairie pour garder indépendance poétique et indépendance politique.

DCIX

A monsieur Dargaud

à Paray-le-Monial (Saône-et-Loire).

Paris, 27 janvier 1836.

.... Nous sommes dans un coup de feu de discussion sur la rente. Je suis presque seul contre la réduction après avoir été dix ans pour. Je n'avais vu qu'à la surface la question. Le fond est un abîme d'iniquité et d'absurdités. J'ai parlé hier une heure dans les bureaux contre tout le monde et les ai réduits au silence et à dire : Nous le voulons quoique injuste, quoique illusoire, parce que nous avons peur des électeurs.

Rien de nouveau que cela. Le ministère passe aux réductionnaires. Nous restons cinq ou six seulement contre la Chambre, et la presse et les électeurs.

Tout va très-bien du reste. Ma femme corrige mes épreuves, et je parais dans huit jours sous forme de poëte. Quinet est à Paris et dîne aujourd'hui ici avec douze hommes de vers auxquels j'ai voulu le réunir. Son talent est apprécié, mais je ne crois pas à la popularité de la forme : c'est trop beau et trop abstrait pour l'orgue de Barbarie.

Adieu. Mille amitiés.

LAMARTINE.

DCX

A madame la comtesse de Villars

à Mâcon.

Paris.

.... Nous nous portons bien. Nous sommes très-occupés : la Chambre, la poésie, la société, les solliciteurs, tout cela mange le temps. Dans quelques jours mes deux volumes vous seront envoyés.

Vous avez vu la chute du ministère. Il n'y a rien pour le remplacer, et cela va pitoyablement. Vous auriez bien fait de vendre quand je vous ai avertie.

J'ai changé d'opinion sur la conversion des rentes en examinant la question de près. J'ai parlé seul contre l'injustice que nous ferions aux rentiers. Je suis en ce moment très-impopulaire à cause de cela. J'ai tous les journaux et les électeurs contre mon opinion. Mais lisez mon premier discours dans le *Moniteur* (1), vous verrez une partie de mes motifs.

J'ai gagné au reste bien du monde à cette idée à la Chambre, et M. Royer-Collard est venu ce matin m'en parler et me dire que c'était un des plus forts et des plus beaux discours de discussion qu'il eût jamais lus, etc. Je marche mon chemin sans m'inquiéter des injures ou des dédains.

La session sera courte et nulle, nous nous reverrons bientôt.

Adieu, chère tante. Mille tendresses à vous, à mon père, à Cécile, etc.

LAMARTINE.

(1) Séance du 5 février 1836. V. *La France parlementaire*, t. I, p. 199.

DCXI

A monsieur le comte de Virieu

A Lyon.

Paris, samedi 15 février 1836.

J'ai ta lettre de quatre pages qui m'est arrivée hier et que j'ai emportée pour la lire dans ma loge à la Cour des pairs, où je passe mes journées depuis quinze jours à étudier ce misérable Fieschi. Nous n'avons pas de nature semblable dans la boue de Paris. Je voudrais avoir été chargé, non de le justifier, mais de l'expliquer à la France et de faire son discours expiatoire.

Donc tu n'as ni n'auras jamais rien de refroidi dans la poitrine à mon égard. *Cosi va bene*. Je trouvais cela inintelligent et inintelligible de ta part. N'en parlons plus. Perdre ton amitié, ce serait pour moi perdre soixante-quinze pour cent de ce qui me reste de lest pour cette pauvre vie. J'espère que Dieu me le conservera jusqu'au terme.

J'ai lu attentivement tes bons conseils. Je n'ai chez moi, à la campagne, rien autre chose que la dépense d'un gros fermier. Il n'y a donc moyen de retrancher quoi que ce soit que Paris et la députation qui me coûtent 22,000 fr. par an; mais cela se peut-il, en conscience? et une question d'argent pour un homme sans enfants et sans avenir doit-elle prévaloir sur une question de devoir, de patriotisme et d'idée? Je répugne à le croire. Je ne fais pas le tiers de la dépense que tu crois et que l'on dit. Tu sais l'effet d'optique sur les hommes célèbres, on triple leurs qualités et leurs vices. Je suis en cela dans le très-juste milieu, je dirai même dans l'économie réelle. Je suis gêné cependant et très-gêné.

Mais ma situation est donnée, c'est-à-dire je suis obligé de représenter un peu chez moi, d'être honorable ici et dans le Nord pour mes électeurs, d'ouvrir ma porte au moins à cinquante personnes par jour, de recevoir de huit à dix mille lettres par an, etc.. Ou il faut quitter Paris, ou il faut vivre ainsi, car il est impossible d'y vivre à moins. Dans toute mon apparence tu ne trouveras de trop que deux ou trois chevaux de selle, mais ils sont ma *santé*, *ma vie*. Les retrancher, c'est me retrancher des années; ce serait folie.

Je tenais à ce que tu connusses rigoureusement les choses. Maintenant n'écoute personne. Voilà la vérité vraie. Dis-moi ce que tu en penses en conscience, y a-t-il péril ou inconvenance?

C'est lundi que paraît l'épisode en deux volumes du *Curé de village*, autrement dit *Jocelyn*. Je ne doute guère que cela ne t'aille aux dernières fibres du cœur, car c'est toi et moi peints à seize ans dans le style que tu aimes, sans bruit, sans éclat, sans draperies : style de poésie domestique et évangélique. Il en court, depuis quelques jours, des exemplaires d'épreuves reliés, confiés aux grands critiques, et j'entends parler de leur *enthousiasme* à chaque minute. Cependant j'ai la certitude qu'ils ne le comprendront que dans cinq ou six mois, et le public dans six ans. Mais j'entends dire et j'aime à croire et je crois avec certitude qu'alors cela sera populaire comme *Paul et Virginie* en grand et en vers. Dans dix-huit mois je publierai deux volumes de poésie bien différents, *antédiluvienne*, primitive, orientale. C'est la seconde page de mon épopée *indoustanique*.

Maintenant parlons politique. J'ai pensé dix ans comme toi sur la réduction. Je me trompais lourdement parce que je n'avais pas examiné. Ayant pris du temps et de l'examen, jai changé. C'est brutal, c'est démagogique, c'est injuste, c'est absurde, c'est funeste en finances, tu peux tenir tout cela pour certain; c'est une mesure à la Cambon, cela sent la spoliation révolutionnaire de cent lieues. Je ne doute pas que dans quelque temps tu ne le sentes. J'ai déjà parlé seul trois fois contre dans les bureaux et une à la tribune. Je t'envoie le *Moniteur* où est le dernier discours. Il n'y a que les principaux aperçus moraux, mais le vilain est dans les détails approfondis.

Notre 5 pour 100 n'est pas comme en Angleterre un emprunt, il est en majorité une compensation à des spoliations et c'est un *maximtim* qu'on veut rétablir sur les capitalistes. C'est révoltant de principes et de conséquences. Laisse-moi aller là-dessus, tu verras dans trois ans que j'aurai eu cent fois raison. On vient de faire imprimer ici mon discours par les cercles de Paris, et hier les hommes des trois journaux qui combattent pour me disaient : Il n'y a que vous qui soyez dans le *vrai*;

cela est violateur, absurde et illusoire, nous le pensions *tous*; mais il y a une question de cabinet, nous vous combattons.

Rappelle-toi de plus qu'en résultat cela ne rendra pas un centime au contribuable.

Passons !

Voici neuf pages contre huit, mais j'en ai cent peut-être à griffonner aujourd'hui, et j'ai mal aux yeux. — Adieu donc. Écris beaucoup.

Je t'envoie *Jocelyn* par Fréminville qui est ici. J'ai à peine le temps de lui parler au milieu de quarante personnes. La métaphysique nage dans la politique, mais plus que jamais elle couve dans mon âme et elle éclora un jour.

Adieu encore. Aime-moi comme je t'aime, et, malgré toutes nos différences de pensées, jugements, opinions, etc., dis à ta femme de ne pas trop me haïr.

LAMARTINE.

DCXII

A monsieur de la Forestille Saint-Léger

à Mâcon.

Paris, 18 mars 1836.

Je vous remercie de cœur, mon cher Saint-Léger, d'avoir compris et aimé mon meilleur ami, *Jocelyn*. Il a déjà beaucoup d'amis, et chaque heure les multiplie. Il a aussi sa part d'ennemis, mais ils tombent parce que le fond du livre est, quoi qu'on en dise, éminemment moralisant et largement religieux. Les éditions à Paris et dehors ne peuvent suffire, et hier il ne m'a été possible de m'en procurer un moi-même qu'à quarante francs.

Je vais en effet vous rejoindre le 15 avril sous un prétexte ou sous un autre. Je m'ennuie de cette Chambre où tous les partis font honte et se prostituent à qui mieux mieux. Tous mes amis sont déjà partis. Je suis seul sur mon banc.

Je n'ai qu'un moment, car les lettres, journaux et visites, pleuvent comme grêle. Adieu donc, et mille vieilles, bonnes et invariables amitiés.

LAMARTINE..

DCXIII

A monsieur le comte de Fontenay

Ministre de France à Stuttgard.

Paris, 22 mars 1836.

Mon cher ami,

Accablé d'affaires et malade, je n'ai pu vous répondre à la lettre apportée par M. d'Ailly. Il repart. J'aurai soin, parce que vous le désirez, de parler à propos pour son avancement. Je veux aussi qu'il vous porte mon souvenir, et mes respectueux sentiments à madame de Fontenay.

J'espérais vous voir cette année en France, on m'avait dit que vous y veniez. N'y viendrez-vous pas en effet cet été? Alors souvenez-vous de Saint-Point. Vous m'y trouverez bien heureux de vous y recevoir. L'accueil si bon de Stuttgard n'est plus sorti de ma mémoire et de mon cœur.

J'ai publié ces jours-ci un épisode de poëme, que je voudrais vous envoyer ainsi qu'à M. Schwabe, et je désirerais bien qu'il fût tenté de le traduire. Mais M. d'Ailly est déjà parti, je crois.

En politique nous ne faisons rien et n'avons rien à faire, tout va tout seul et merveilleusement bien. Vous êtes heureux là-bas : on me dit que vous ne désirez qu'être oublié. Eh bien ! soyez-le, excepté par vos amis !

Je vais quitter dans quelques jours Paris pour un petit voyage à Venise. J'ai besoin, tous les deux ou trois ans, de me replonger un peu dans la mer et dans le ciel bleu de l'Italie. Je ne pourrais, comme vous, me contenter de celui de l'Allemagne.

Adieu. Je vous écris au milieu du tumulte de la Chambre et des conversations autour de moi.

Mille amitiés.

LAMARTINE.

DCXIV

A madame de Cessia

à Mâcon.

Paris, 25 mars 1836.

Je te prie, ma chère Cécile, de recevoir en mon nom admirablement le général Gazan, gendre de madame Aimé-Martin, qui a épousé la fille de Bernardin de Saint-Pierre. Il va arriver pour commander à Mâcon. Fais-lui les honneurs, recommande à mon père d'en faire autant, introduisez-le, invitez-le, traitez-le à merveille.

Je n'ai que cela à dire ce matin. J'ai mille et et mille affaires sur le bureau.

A revoir dans vingt jours. Je m'en vais vers le 15 avril, on ne fait rien à la Chambre.

Nous irons passer un mois à Venise. Mille empressements de vous embrasser. *Jocelyn* fait larmes et cris de plus en plus. La jeunesse des écoles normales à Paris a voulu hier m'offrir une lyre d'argent. On s'y est opposé pour ne pas les laisser s'habituer à des ovations qui pourraient devenir dangereuses. Mais raconte cela à mon père. Je vous enverrai quelques journaux encore.

Cécile est superbe, elle défend *Jocelyn* admirablement comme son cousin.

ANNÉE 1836.

DCXV

A monsieur Ronot

Avoué à Mâcon.

Paris, 26 mars 1836.

Mon cher ami, je vais m'occuper demain de votre affaire et vous rendrai compte.

Je vous ai envoyé *Jocelyn* par votre fils. Jamais livre n'a encore tant vécu en peu de temps. J'en suis à 24,000 exemplaires en 27 jours et sept éditions à Bruxelles, *idem* en Allemagne. On me critique sévèrement sous le rapport d'orthodoxie.

Je suis fâché que cela ne plaise pas à Mâcon. C'est bien peu de chose, il est vrai; et puis les poëtes ne sont pas heureux en patrie, et j'aime la mienne malgré tout, à cause de vous et d'un si bon nombre d'amis qui m'y consolent de quelque injustice.

V.

Adieu, à revoir sous peu. Il n'y a pas de Chambre, il n'y a qu'une comédie. Je ne la joue pas, et je m'en vais.

LAMARTINE.

DCXVI

A monsieur Prosper Faugère

Paris, 1836.

Je suis heureux, Monsieur, que ce hasard me fasse connaître un homme que je désirais connaître depuis que j'ai lu les trois articles si bienveillants du *Moniteur* (1). On aime à savoir à qui adresser sa reconnaissance dans sa pensée. La mienne ira vous chercher et n'oubliera jamais, Monsieur, que vous avez eu, outre l'indulgence de me lire, le courage de me défendre dans le camp même où je suis le plus attaqué. Recevez, avec mes remercîments, l'assurance de mes sentiments les plus distingués.

LAMARTINE.

(1) *Le Moniteur de la Religion.*

DCXVII

A monsieur le comte de Virieu

Paris, 2 juin 1836.

Ton amendement est juste et bon. Rappelle-le-moi dans le temps, c'est-à-dire l'année prochaine. Mais comment es-tu si juste avec les planteurs de betteraves et si injuste envers les rentiers de l'État ? *O altitudo !* Aux uns on enlève un cinquième de leur revenu et de leur capital parce qu'ils sont faibles ; aux autres tu veux une indemnité parce qu'ils sont puissants et possesseurs réels d'une protection de vingt millions par an ! N'importe, ton idée est juste et morale, je la soutiendrai.

Mais tu n'y comprends rien : la cause de l'impôt n'est pas le déficit des douanes. Que nous importe ! il n'y en a même pas.

En une phrase, voici le principe qui rend l'impôt indispensable :

Les colonies ont un privilége de vingt-cinq millions, ou une protection de vingt-cinq millions, contre les consommateurs de sucre. Voulez-vous transporter ce privilége aux planteurs de betteraves contre les colonies et les consommateurs? Voilà tout. Or moi, je dis non. Je me souviens du fer, il nous écrase. Le sucre, sucre indigène, nous écraserait avant cinq ans de soixante-dix millions par an : qu'il vive de lui-même, rien de mieux ; d'une protection si ruineuse pour les autres malheureuses industries agricoles, jamais ! — Tu ne connais pas le premier mot de cette profonde question ! tu la connaîtras en un quart d'heure en causant. Elle me fera destituer de ma députation, mais conscience avant tout. Celui qui refusera l'impôt impose à la France à tout jamais quatre-vingts millions et ruine ses colonies en donnant les quarante mille blancs à manger aux noirs. Mille fois non. Mais sois tranquille, nous ne le ferons que trop doux. Mon arrondissement y est, ma sœur y est, j'y suis, et cependant je te parle ainsi.

Mais encore une fois comment es-tu si juste avec les betteraves et si *révolutionnaire* avec les rentes ?

Je vais, à cause de toi, parler à Sauzet de M... Mais ce qu'il y a de mieux et de sûr, c'est de lui écrire *toi-même* : il sera flatté et fera sans aucun doute.

Je suis mal avec eux tous, mais de mieux en mieux avec la Chambre. Voilà neuf fois de suite que je prends la parole, et que la Chambre devient muette, attentive, ou même enthousiaste à ma voix. Je progresse en éloquence improvisée et chambrière. Dans quatre ans j'aurai, si Dieu m'aide, conquis cette faculté si énormément difficile. Je travaille immensément, comme à aucune époque de ma vie. Les deux dernières fois que j'ai parlé, j'ai eu, la dernière surtout sur les Affaires Étrangères (1), un grandissime succès dedans. Dehors, j'ai tous les journaux contre moi, mais cela perce toujours dans Paris.

Dans huit jours, je pars. Je ne vais pas à Venise. J'aspire à toi, et nous nous verrons beaucoup. Dieu vous bénisse et protége tous, femme, mari, enfants! C'est comme si je le priais pour moi.

(1) Séance du 25 mai 1836. V. *la France parlementaire*, t. I, p. 265.

DCXVIII

A monsieur le comte de Virieu

A Fontaine.

Monceau, 19 juin 1836.

Je suis de retour, mon cher ami ; et j'avais le temps de t'aller voir, mais une contusion très-grave au genou me tient immobile indéfiniment. Ce serait donc à toi, si tu avais un moment, de venir. Je vais passer huit jours à Monceau et le reste du temps à Saint-Point *verseggiando*.

Rien ne me serait si agréable que de bons jours passés avec toi ici ou là. Je n'ai rien à faire qu'à causer et baguenauder. Après cela je me mettrai à écrire le beau pendant à *Jocelyn*, grande poésie antiquissime.

Je ne t'écris ces deux lignes ce matin que pour que tu ne m'écrives pas à Paris, et que tu viennes s'il y a moyen.

Adieu donc. A toi et à tout ce qui t'entoure,

LAMARTINE.

DCXIX

A monsieur Martin Doisy

Saint-Point, 9 juillet 1836.

Pour vous seul.

Monsieur,

J'ai reçu votre lettre. J'ai lu les premiers numéros de la *Presse*, j'en suis extrêmement content, sans compliment. C'est parfaitement diriger la proue vers un horizon inconnu et large. Je vous dois des remercîments pour le mot si aimable que l'amitié vous y a inspiré pour moi. Je félicite M. de Girardin de vous avoir compris. Nul doute que je ne sente la nécessité, je dirai même l'urgence, d'un journal pour le peu de socialisme transcendant qu'il y a dans la Chambre. Je m'y dévouerai pour ma part dès que cela me sera possible. En ce moment cela ne l'est réellement pas. Il me manque MM. de Tocqueville, Beaumont, Carné, etc. S'ils sont prêts, comme je l'espère, en hiver, et moi libre de mes loisirs poétiques remplis aujourd'hui, nous verrons à nous entendre et à nous rallier sur un terrain que vous allez dessiner de votre côté. Si ce terrain n'est pas le nôtre, nous tâcherons de vous enlever, car vous n'ignorez pas le prix que j'attache à une des intelligences les plus droites et les plus vigoureuses de ce temps-ci, servie par une puissante volonté.

Je suis au fond des bois seul avec quelques poésies dans l'âme, mais avec le souvenir de tous mes amis, au nombre desquels j'aime tant à vous compter. Si vous voyez Janvier, le sublime *guérillas*, dites-lui un mot d'amitié de ma part.

Tout à vous,

LAMARTINE.

DCXX

A monsieur le comte de Virieu

A Fontaine.

Saint-Point, 9 août 1836.

J'ai reçu hier ta lettre et je t'attends, mais tâche d'avoir au moins deux jours pleins. Je suis tout seul et nous causerons jusqu'à extinction de voix et de pensées. Tu auras frais et chaud à la fois et tu boiras à la glace.

Ce n'est ni affaire ni mollesse qui me retient. Je ne connais pas la mollesse, et, Dieu merci! je n'ai pas d'affaire. C'est une impossibilité physique absolue à cause de ma luxation du genou, que le moindre mouvement surexcite. Je commence à craindre d'en être estropié.

Je savais le sort de Vignet. Il est superbe et bien mérité. Je ne lui trouve pas, comme toi, la tolérance d'esprit qui vient des hautes vues. Mais, le genre admis, c'est pour son maître un fier et intelligent serviteur. Il ne pourrait mieux placer sa confiance et son ministère. Seulement cela le mènera dans un sens qui est le sien, mais qui est loin d'être le nôtre : c'est le sens du Maistre de Gênes.

Rien de neuf autour de moi. Je n'ai pas de vers à te lire encore. Tout ce qui est fait est en lambeaux au crayon, à l'état d'embryon, et je travaille encore dans ce genre tout l'été. C'e n'est qu'en automne que je puis te lire des morceaux repolis.

Mille respectueux hommages à madame de Virieu et tendres et respectueux souvenirs à la mère et à la sœur, si tu les vois avant de me voir. O temps de Lemps !

La vie me semble très-triste et très-vide, quoique remplie de bruit et de mouvement.

Adieu encore.

LAMARTINE.

DCXXI

A monsieur le comte de Virieu

A Lyon.

Saint-Point, 16 août 1836.

J'attendais tous les jours un mot de toi, et du chocolat. Peu m'importe le chocolat, mais que fais-tu ? Tu es apparemment parti pour le Dauphiné. Dis-le-moi afin que je sache où t'aller prendre. Rien de neuf ici depuis toi. Mon genou, quelques jours mieux, va de nouveau mal, et les douches m'ont mis dans un état affreux. Ma vie est insupportable de douleurs et d'ennuis ; partant ni vers ni verve. Le Conseil général vient dans six jours, je m'y prépare sur des questions assez localement graves. Cela fait, j'irai te voir, si le genou est supportable.

Adieu. Ceci n'est que pour cela, et pour te remercier de tout le bonheur que ta trop courte mais si bonne apparition nous a donné. Bien des tendres compliments à ta femme malgré sa perversion sur *Jocelyn*. Je lui pardonne parce que ce n'est pas d'elle.

Adieu encore. Si tu es près de Lemps, présente à ses deux habitantes les respectueux souvenirs d'un homme qui place les jours de Lemps parmi ceux qu'il regrettera toujours.

LAMARTINE.

DCXXII

A monsieur Aubel

1836.

Impossible, mon cher ami : le genou, le temps, les affaires, la poésie, la misère, me réclament au gîte. Allez donc sans moi. Je connais M. Marcy. Vous ne pouvez mieux vous associer. Le Conseil a fini ce matin. J'ai accepté la présidence pour Mâcon, et, en effet, avant-hier je suis parvenu, après une vive lutte, à emporter une majorité de 18 contre 8, et un ordre du jour *motivé* qui nous dessine et nous fera repousser désormais ces tentatives.

Adieu et bon voyage. — Venez nous voir en partant, et rapportez-nous de bons renseignements au retour.

LAMARTINE.

DCXXIII

A monsieur Prosper Guichard de Bienassis

A Bienassis.

Saint-Point, le 17 août 1836.

Merci, mon cher ami, de ton bon et amical souvenir. Il est vrai que j'ai une contusion, mais peu grave, seulement bien lente à se guérir. Elle ne me tient qu'à demi-prisonnier.

Ne renouvelleras-tu pas cette année ta visite de l'année dernière? Nous voudrions bien qu'elle fût annuelle. Sans mon accident, tu peux être bien sûr que je serais allé déjà revoir avec tant de charme les murs et surtout les aimables hôtes de Bienassis, toujours présents à ma mémoire. Parle de moi à ta mère, et dis à elle ainsi qu'à ta femme qu'elles ne sont pas les seuls êtres qui t'aiment.

Nous sommes seuls ici pour toute l'année. Ma

femme te remercie de ton tendre intérêt et te dit mille choses pour t'inviter à revenir.

Adieu et amitiés.
LAMARTINE.

DCXXIV

A monsieur le comte Léon de Pierreclos

A Pauillac.

Saint-Point, 9 septembre 1836.

J'ai reçu avec plaisir, mon cher Léon, votre lettre de Pauillac. Je jouis de votre bonheur d'aller un peu vous reposer auprès de votre mère. Remerciez-la de ses remercîments, elle ne m'en doit pas. Votre excellente conduite est le meilleur prix des soins que j'ai été assez heureux de donner à quelques-unes de vos années. Je sens très-vivement cette satisfaction et pour vous et pour moi.

Mandez-moi si la chute de M. Sauzet vous renverse aussi de votre place au cabinet. J'agirais par Janvier pour vous faire conserver. J'aime Sauzet comme talent et comme homme, mais vous n'ignorez rien de mon profond et inguérissable mépris pour le honteux accouplement des lois de septembre et du soi-disant progrès dans un ministère qui s'est toujours résumé en trois mots pour moi : rouerie, duperie et platitude. C'est vous dire que son inévitable désarroi m'afflige peu. Tout vaut mieux que l'absurde. Je ne contribuerai certainement en rien à sa restauration, et je ne serai ni bien ni mal avec ceux qui rentrent. Ils ne m'auront pas pour ennemi.

J'ai vu hier votre ami Ronot qui m'avait donné de vos nouvelles. Nous sommes à Saint-Point. Je suis fort malade par suite de mon genou qui me prive de tout exercice. Je ne puis travailler, et je me ronge l'âme, comme dit notre père Homère. Mes affaires de fortune me donnent aussi de cruels embarras. Si je suis mieux en automne, j'essayerai quelques vers.

J'ai eu des affaires et du succès comme président ici. Cela vient de finir par des sérénades des Mâconnais reconnaissants dont j'ai sauvé la patrie définitivement.

Adieu, mon cher Léon. Donnez-moi de vos nouvelles. Reposez-vous, amusez-vous, et revenez-nous bien portant.

Tout à vous.

LAMARTINE.

ANNÉE 1836.

DCXXV

A monsieur Guichard de Bienassis

A Bienassis.

Monceau, 1ᵉʳ octobre 1836.

Nous avons été bien heureux de ton séjour ici, et nous jouissons avec toi de ton retour auprès de ta mère et de ta femme. Merci pour nous l'avoir annoncé. L'abbé Cœur est arrivé le lendemain de ton départ. Nos vendanges sont commencées et assez bonnes. Nous sommes à Monceau pour quinze jours. Je retourne de là à Saint-Point, jusqu'au 1ᵉʳ décembre, faire des travaux à une prairie que j'ai achetée depuis toi pour compléter la terre. Je fais quelques vers le matin et suis à cheval tous les jours dans les vignes.

Je pense que tu as recommencé aussi vos belles promenades avec ta femme. Je voudrais bien y être en tiers. Que l'année 1837 ne passe pas sans que j'aille rafraîchir mes souvenirs à Bienassis !

Adieu, je te quitte pour aller à Mâcon. Ma femme te dit mille choses et te prie de les transmettre à la tienne, et je me recommande avec reconnaissance à la continuation des bons souvenirs de ta mère. Quant à toi, tu me donnes trop de marques d'amitié pour en demander davantage. A l'année prochaine !

Tout à toi.

LAMARTINE.

DCXXVI

A monsieur le comte de Virieu

à Fontaine.

Dimanche, 2 octobre 1836.

Tu auras vu par ma lettre d'hier, partie avant la réception de la tienne, que j'étais libre ces jours-ci et empressé d'aller à Fontaine. Avant mercredi ou jeudi ce ne sera pas de même, j'attends dans deux jours ma sœur, madame de Coppens. Il faudra la voir et l'installer avant de décamper. Écris-moi si je puis débarquer à Fontaine, sur le rivage, *mercredi* ou *jeudi* de cette semaine, et envoie-moi un char à bancs ces deux jours à l'arrivée du bateau à vapeur qui part de Mâcon vers neuf heures, je crois.

Adieu. Nous en dirons plus long là-bas. Je me porte toujours mal. *Ma basta!* madame Malibran et Raphaël étant bien morts, on peut bien mourir sans se plaindre.

LAMARTINE.

DCXXVII

A monsieur Martin Doisy

Saint-Point, 10 octobre 1836.

Je me hâte de répondre à la lettre que vous me faites l'honneur de m'adresser. Vous ne pouvez pas douter que votre nomination à Montargis ne fût à mes yeux un gage de progrès politique autant qu'une satisfaction personnelle. Je ne connais pas vos concurrents, mais je connais vos sympathies et vos idées. Si elles se rapprochent toujours davantage, comme vous venez de le dire tout haut, de celles de MM. de Tocqueville, de Beaumont, Corcelle et des *miennes*, mes vœux seront certainement pour vous. Plus ces idées sont neuves et isolées encore dans la représentation du pays, plus elles ont besoin de talent et de renfort. Vous le savez depuis longtemps, toutes mes espérances sont dans un symbole politique nouveau, symbole que les vieilles ignorances, les vieilles rancunes, les vieilles haines, se refuseront longtemps à comprendre, parce qu'elles se refusent à l'accepter, mais qui se formulera en dépit d'elles et auquel chaque crise nouvelle amènera de nouveaux adhérents. L'avenir n'est d'aucun parti que du sien. Les hommes qui surgiront un à un des élections présentes ou futures, tout en honorant les vieux drapeaux qui ont servi de signe à nos grandes luttes d'un demi-siècle, ne se rangeront pas sous ces lambeaux usés par les combats et par le temps; ils en auront un à eux sous lequel ils marcheront à des développements sociaux dont la longue révolution des choses et des idées n'a fait que déblayer la route. La liberté est conquise, elle est assurée, elle est inviolable, quels que soient le nom et la forme du pouvoir; mais la liberté n'est pas un but, c'est un moyen. Le but, c'est la restauration de la dignité et de la moralité humaine dans toutes les classes dont la société se compose; c'est la raison, la justice et la charité appliquées progressivement dans toutes les institutions politiques et civiles, jusqu'à ce que la société politique, qui n'a été trop souvent que l'expression de la tyrannie du fort sur le faible, devienne l'expression de la pensée divine qui n'est que justice, égalité et providence. C'est vous dire assez que la loi, seule arme de la société nouvelle, doit appartenir à tous et non à quelques-uns ; c'est vous dire assez que cette société ne doit constituer aucune aristocratie de droit, à quelque degré que ce soit de la hiérarchie politique, car ce serait inféoder à quelques-uns cette loi qui est la propriété de tous.

A la lueur de ces vérités qui éclairent tout parce qu'elles éclairent d'en haut, il n'y a ni intelligence ni conscience qui puisse se tromper longtemps. Quelles que soient les absurdités et les péripéties des situations gouvernementales, on trouve sa route dans la mêlée des partis, et on fait faire un pas à la pensée publique, car cette route, ce ne sont pas les passions des oppositions ou des ministères qui la tracent, c'est Dieu et la conscience. On écarte tout mal et l'on vient en aide à tout bien. C'est un rôle ingrat, mais c'est un rôle utile : on n'y recueille ni les faveurs du pouvoir ni les applaudissements des partis ; mais c'est là pourtant le rôle que je vous souhaite, car c'est le seul qui n'ait jamais un repentir ni une déception.

Adieu, monsieur, recevez avec mes vœux bien sincères, l'assurance de mes sentiments distingués. LAMARTINE, député du Nord.

DCXXVIII

A monsieur le comte de Virieu

Au Grand-Lemps.

Monceau, 13 octobre 1836.

Mon cher ami,

J'ai regretté plus que toi la nécessité de revenir, mais je suis prêt à retourner quand tu voudras. Mes meilleurs moments sont avec toi et ta ravissante famille. L'envie n'est pas mon péché, et le bonheur de mes amis est le mien. Je jouis de ta postérité, n'ayant que mes tristes pensées pour postérité moi-même. Dieu est Dieu, et l'univers est son prophète : ce qu'il fait est bien, ce qu'il veut est bon. Sa coupe est amère, mais la vie est au fond.

J'ai trouvé ma maison pleine au retour, et je tiens auberge à Monceau. C'est insupportable. J'y suis trop voisin de la ville. Je m'en vais à Saint-Point mardi. Mes vendanges sont finies et, quoique gâtées par ces pluies, bonnes encore. J'ai eu MM. Sanlaville. Ils vont en Hollande tâter le terrain. J'aurais, comme toi, grand besoin de quelques ressources nouvelles. Je travaille beaucoup. quatre-vingts vers par matinée depuis mon retour. Dans six semaines, j'aurai bien avancé, je me remettrai à la politique.

Adieu. Écris-moi souvent de Lemps et de partout. Mille remercîments à ta femme qui n'est tolérante que pour moi seul, et mille amitiés aux enfants.

Tout à toi.

LAMARTINE.

DCXXIX

A monsieur le comte de Virieu

Au Grand-Lemps.

Saint-Point, 20 octobre 1836.

Voici une lettre de Sainte-Beuve mon ami, que je te recommande. Fournis-lui ce que tu auras sur M. de Maistre. C'est en bonnes mains, mieux que dans les miennes. Je le regarde comme un saint homme, mais comme le *saint du paradoxe*, ou, si tu aimes mieux l'expression, comme le *sophiste de la conscience*. C'est de M. de Maistre que je parle.

Ton homme est ici. J'en suis très-content. Je manque d'ouvriers. Il part et reviendra dans huit jours.

J'ai du monde plein ma maison. Je prends sur mes nuits. Il est cinq heures, j'ai déjà écrit quatre pages. Je suis obligé de dîmer avant le jour, car on dîme alors mes soleils.

Adieu, reviens vite. J'irai te voir encore. Mille compliments respectueux à ta charmante femme, et hommages de cœur bien enracinés à ta mère et à ta sœur. J'ai vendangé huit cents pièces seulement.

DCXXX

A monsieur le comte Léon de Pierreclos

A Paris.

Saint-Point, 29 octobre 1836.

J'ai reçu votre lettre m'annonçant votre retour à Paris, mon cher Léon. Nous verrons si M. Persil sera pour vous moins bienveillant que son prédécesseur. Je le crains; mais par M. Guizot, dont vous connaissez le fils, je ne doute pas que vous ne vous fassiez maintenir dans une place sans rétribution qui n'est au fond qu'un meilleur pas à la queue pour entrer.

Ma santé va déplorablement. Mon genou ne se remet pas, et le défaut d'exercice me tue moralement et physiquement. Je me résigne, c'est le grand secret de la vie; tout le reste est absurde. La sagesse est d'accepter ce qui vient d'une plus haute sagesse et d'une plus efficace volonté que la nôtre. J'écris quelques rimes pendant les longues heures de sommeil au soleil.

Je lirai avec bien du plaisir ce que vous aurez écrit vous-même. Je ne doute pas d'un vrai talent en vous. Mais ne vous pressez pas de produire. Ne faites pas dire que vous êtes un poëte, vous seriez inévitablement un homme perdu. N'avouez votre génie que quand on s'en est convaincu à votre esprit. Je ne compte aller à Paris qu'en janvier, le plus tard possible. Adieu, mille amitiés.

LAMARTINE.

DCXXXI

A monsieur le comte de Virieu

Au Grand-Lemps.

Monceau, 30 octobre 1836.

Voici Frame et ses acolytes. J'en suis bien aise. Tu as calculé juste. J'ai fait le gros de l'ouvrage, avec soixante hommes qui me sont arrivés de Milly, en l'attendant. J'ai de plus douze maçons qui font la clôture, et eux feront le reste et l'ouvrage spécial pendant l'hiver, s'ils veulent rester. Cela me laissera plus libre de venir ici, où je voudrais être à présent pour voir plus souvent ma famille. Elle est toute réunie chez mon père ou chez moi jusqu'aux Vignet de Savoie et aux Coppens de Flandre.

Tu n'as qu'à m'envoyer à Paris un mémoire *sincère* et bien exposé sur la question des frères. Je m'en chargerai à la tribune ou au cabinet, mais à une condition, c'est qu'ils ne demandent que ce que nous nous devons les uns aux autres en matière d'enseignement religieux et civil, la *liberté et rien que la liberté*. C'est la forme humaine de la tolérance divine. Si, comme les petits séminaires et comme les fabricants de sucre indigène, ils demandent non-seulement la liberté d'enseigner et d'élever le peuple dans leurs idées de corps ou de personnes, mais encore des priviléges réels et exceptionnels, tels que l'égalité, sans laquelle la liberté n'est qu'un vain mot, soit effectivement violée, je n'en suis pas. Je veux la liberté et l'égalité intellectuelles absolues pour et contre moi. Je ne veux pas mettre ma pensée à la place de la pensée inconnue de Dieu. Je ne veux pas mettre mon poids peut-être faux ou rogné dans la balance. Je ne veux pas mettre une pierre sur la route libre et sans terme de l'avenir. *Ecce dixi.*

Rien de neuf d'ailleurs que le froid et la neige, triste condition de ce bas globe et qui seule suffirait pour en faire désirer un autre plus chaud. J'écris quelques rimes à quatre heures du matin, au ronflement mélancolique d'un tuyau de poêle et du vent de Saint-Point dans ma tour. Ma terrasse-galerie est faite, mes petites fenêtres sont de grandes portes vitrées. Cela embellit et réconforte beaucoup mon vieux nid qui se lézarde comme moi.

Quand tu reviendras, écris-le-moi, et j'irai te voir encore. Mon genou a été plus mal et va mieux ce matin. Je suis à cheval tout le jour. Ma maison est pleine, et ce n'est pas ce qui m'amuse. Je lis le *Luther* de Michelet. Lis-le. Je ne connaissais pas Luther par lui-même, mais par ses ennemis. C'était un révolutionaire très-modéré. Quant à moi, je suis dans les aventures de deux pauvres diables d'amants qui vivaient un peu avant le déluge. A revoir.

LAMARTINE.

Respects et vénération et reconnaissance à Lemps.

DCXXXII

A monsieur le comte de Virieu

Mâcon, 23 novembre 1836.

Je renvoie aujourd'hui notre ami Frame dont l'œuvre est accomplie avec un succès certain et admirable, dont j'ai été parfaitement satisfait sous tous les rapports. Rends-lui ce témoignage, il le mérite. Je lui ai donné dix francs au lieu de six par jour, et j'ai payé ses trois voyages. Merci donc.

Je reçois ta lettre de quatre pages. C'est en conscience les seules lettres qui me soient un plaisir à lire. Tu es triste d'esprit? Ah! mon ami, je le suis plus que toi. Ta vie a des racines et des fruits, la mienne n'a qu'un tronc stérile orné de feuillages rapportés, qui se détacheront chaque jour, et qui, en se flétrissant comme ces arbres plantés pour des fêtes, montreront au soleil la nudité de leur mort. Mais cela n'est rien encore, il y a assez de réaction en moi pour résister aux souffrances extérieures et pour soumettre avec une énergique vigueur la volonté humaine résistante : mais ma tristesse est entre Dieu et moi et non entre la nature et moi. C'est le combat de l'esprit qui souffle et qui renverse dans mes vaines pensées celles que j'aurais voulu le plus précieusement conserver telles que je les avais reçues ; c'est cette forte voix intérieure à laquelle on résiste quelques années et qui crie à la fin si haut en vous qu'il n'y a plus de milieu entre le crime d'étouffer la conscience ou la nécessité dure d'obéir à ce qui vous semble la voix céleste. Combien de fois ne dis-je pas au Père céleste, comme son fils de prédilection le lui dit un jour : *Transeat a me calix iste!*

Reprise le 27 novembre.

Mais le calice ne passe pas, il faut le boire. Je le boirai, quelle qu'en soit l'amertume. Si nous ne sommes pas les serviteurs de la pensée divine qui parle en nous, que sommes-nous ?

Je voulais t'écrire une longue lettre, et voilà que j'avorte, on me demande au salon. Mon temps n'est plus à moi, il est à la tourbe des affaires ou des ennuyeux. De plus en plus je suis forcé de prendre ma journée sur la nuit. Il faut donc que tu viennes causer, car je ne puis plus écrire.

Je viens de passer huit jours dissipés en festins et bals pour le mariage d'une cousine qui épouse ton voisin, M. de Saint-Romain. J'ai été obligé de donner un dîner de noces à Monceau où je suis réinstallé, parce que le père de la jeune femme, excellent homme, était l'ami de ma mère. J'ai donné cette fête en sa mémoire. J'ai eu Suleau huit jours, homme d'esprit, qui sent l'inanité de sa position et de celle de son parti, mais que le respect humain retient dans une fausse ligne comme tant d'autres. L'abbé Cœur ne revient pas, il est triste et malheureux et s'ensevelit à Sainte-Colombe. Je lis l'abbé de Lamennais qui vient de m'envoyer son livre. J'ai du respect pour cet homme, bien que son esprit excessif en tout ne se combine jamais avec le mien modéré par bon sens et par praticabilité. Mais c'est une conscience de martyr, toujours prête à s'immoler à ce qu'il croit la vérité, une conscience qui, comme la mienne, ne le laisse pas dormir, mais qui l'éveille en sursaut quelquefois au milieu d'un rêve qu'il prend pour une réalité. C'est un grand athlète antique qui ne craint pas d'ôter son habit et de combattre nu devant le peuple. Nous en verrons d'autres.

Que fais-tu là-bas? Es-tu plongé dans les soins matériels de ta fortune ou dans les pensées de ton esprit? Je regrette toujours que tu vives trop en dehors de l'atmosphère du temps. Pour bien voir, il faut être quelquefois dans le milieu commun : la pensée est comme l'air, on s'affaiblit en s'en séparant trop. Tu devrais rentrer dans les affaires ou dans le mouvement intellectuel de l'Europe. Il est grand, quoi qu'on en dise.

Adieu. Je descends à regret, j'aime mieux bavarder avec toi qu'avec cent mille autres. Mille respects à ta femme et à tes excellentes et saintes femmes. Je pars pour Paris vers le 1er janvier.

LAMARTINE.

ANNÉE 1837

ANNÉE 1837

DCXXXIII

A monsieur le comte de Virieu

Paris, 16 janvier 1837.

Je voudrais avoir les paroles qui consolent, mais Celui qui frappe l'âme peut seul la guérir. Je ne puis que pleurer et prier avec toi et regretter de n'être pas là pour porter ma part de cet horrible coup afin de t'en diminuer d'autant le sentiment. Hélas ! je me souviens combien tu portas mon triste fardeau dans une circonstance semblable et de tout ce que tu fus pour moi dans ce moment le plus cruel de ma vie. Tu as été frappé de même, mais tu as vu le bras qui menaçait, tu as vu mourir ! tu as donné et reçu les suprêmes paroles qu'on achèvera en se retrouvant dans le véritable monde. Tu es plus heureux dans ton malheur. Je me représente bien la mort béatifiée de cette grande et sainte femme, béatifiée déjà depuis tant d'années ici-bas par la vertu et par l'amour divin. C'est une belle image qu'elle laisse dans tes yeux pour tes souvenirs. Personnellement j'ai été bien frappé, et je reste bien affligé de cette perte de ta mère qui eut pour moi tant de bons sentiments elle-même et me traita souvent comme un fils. Je pense à ta pauvre sœur aussi. Que va-t-elle devenir dans cette solitude qu'elle avait toute peuplée de ses soins et de son dévouement à sa mère?

Tu ne me dis pas où tu es, où tu restes, et je te réponds au hasard. Ah ! certes tu sens juste quand à des coups pareils tu te retournes vers moi pour trouver sympathie et affection identique ! Il y a si longtemps que nos deux cœurs battent des mêmes impressions et les confondent, que tout ce que tu éprouves je le souffre, et à cela je n'ai pas de mérite, car n'est-ce pas toi qui me l'as appris? M'as-tu manqué une seule fois en ma vie? En cherchant bien, je dis non. Aussi, quand je pèse dans ma mémoire les bonnes et mauvaises parts que j'ai reçues de Dieu dans mon lot d'existence, je compte, après ma mère et ce que j'ai de plus personnel, ton amitié comme le plus grand don de Dieu. Je ne suis heureusement pas ingrat, et je le rends à lui en reconnaissance, à toi en affection entière et immuable.

Je suis à Paris depuis le 22 décembre. En arrivant, une heure après, j'ai été saisi à mon genou luxé d'un rhumatisme articulaire aigu inflammatoire qui s'est bientôt étendu à toute la jambe, puis à toute l'autre jambe avec des douleurs inouïes. J'ai été treize jours sans une heure de sommeil et poussant des cris à réveiller tout l'hôtel. La crise violente a cessé, la crise maladive continue. Je t'écris du lit d'où je ne puis bouger. Je ne peux assister à la Chambre, dont j'enrage. Mais *Dieu sait le meilleur*.

Adieu. Voici mon premier effort pour écrire. Écris-moi mille détails. Parle de mes sentiments à ta femme, à ta sœur.

Où finiras-tu ton hiver?

LAMARTINE.

DCXXXIV

A monsieur le comte de Virieu

Paris, 4 mars 1837.

J'ai là ta lettre comme un talisman consolateur sur mon pupitre depuis huit jours. La vue de ton écriture me soulage au milieu de ces fatras qui m'obsèdent. Mais de cinquante-cinq jours que je suis à Paris, j'en ai passé quarante-deux au lit et le reste en affaires. Je suis en arrière de quelques centaines de réponses et de quelques milliers de visites. Plus j'ai la Chambre et ses travaux qui me prennent mon temps. J'ai parlé deux heures et quart, avant-hier, au sein d'un inconcevable tumulte (1). Cela m'a dérouté, mais non écrasé. La Chambre est dans une grande considération de mon discours et de mon sang-froid. Je parlerai sans doute encore. A tout moment je me tiens

---

(1) Discours sur la Juridiction militaire, à propos de l'insurrection de Strasbourg. Séance du 2 mars 1837. V. *La France parlementaire*, t. I, p. 287.

prêt à l'assaut. Tu ne sais pas ce que c'est que
de porter tous les jours une heure de pensées et
quelquefois de passions dans sa tête.

Depuis trois jours les journaux ne résonnent
que de moi. J'ai des colonnes d'injures et de quolibets et des colonnes d'enthousiasme. Heureusement Dieu m'a fait de bronze pour l'opinion.
C'est une feuille sèche que le vent porte ici et là,
et qui bruit en passant. Il faut marcher dessus
quand on voit le but et le jour.

Pourquoi n'es-tu pas ici? Quel bonheur de
passer nos soirées en paix, à causer du jour et du
lendemain! Je pense tous les jours à vous. Ta mère
est où est la mienne, où sont tes enfants et les
miens. Ils nous aiment et nous assistent de là-
haut. Nous les rejoindrons, ce n'est que jours à
attendre et à remplir. Tu les remplis de bonnes
vertus domestiques, et moi de bruit et de mouvement extérieur. Tout est bien, puisque notre nature nous fait à chacun ces destinées et fortunes
diverses.

Rien de nouveau ici qu'une grande démoralisation et désorganisation générale de l'esprit
conservateur. Cela va mal, très-mal, je le sens, je

le vois. Tout le monde y aide. Je veux m'en laver les mains au jour des désastres, et, en subissant le mal, n'avoir pas du moins le remords. Tout le monde démolit à l'envi le peu qui reste de société solide. Les voilà qui veulent démolir jusqu'à la discipline de l'armée. Malgré les injures qu'on m'écrit de toute part, et les suppositions que l'on invente d'ambassade à Naples et de ministère, l'opinion honnête, même légitimiste (Hyde de Neuville et *Chateaubriand*!!!, le duc de Noailles, Brézé, Mounier, etc.), me comprend et vient à moi. Sept hommes se sont détachés de Berryer et me suivent maintenant de la droite presque toujours. Berryer lui-même, qui le voit, est forcé de revenir en arrière. Je mène vingt-neuf voix dans cette session. Aussi, comme en se portant d'un côté ou de l'autre, cela fait cinquante voix, tu peux juger si je suis entouré de séductions d'amour-propre et d'ambition. Je n'écoute rien et vais mon chemin. Tu n'as pas d'idée de l'effet de ma dernière séance à la tribune. La Chambre a été évacuée une demi-heure après, et la séance a été réellement finie. Je ne possède cependant pas encore, en me mesurant bien, un dixième de ma force de parole intérieure. Mais, à force de travail, de volonté, et, Dieu aidant, je finirai par en posséder cinq dixièmes. Ce jour-là je serai plus fort qu'eux, non pas de talent, mais de considération et d'influence. Dans la Chambre tout le monde à présent met en dehors mon désintéressement et mon honnêteté. De plus la Chambre déteste les avocats et m'aime de ne pas l'être. Voilà notre bulletin.

Ma vie est de monter à cheval le matin deux heures quand je puis, cinq heures de Chambre, et, le soir, un canapé et le coin du feu chez moi, dérangé par quelques ennuyeux et diverti par quelques amis.

Adieu, viens nous voir. Mme de Beufvier est ici, de Sade aussi, tombant honorablement à la Chambre, toujours à gauche. Mille respects des plus tendres à madame de Virieu et à ta pauvre sœur.

LAMARTINE.

Communique cette lettre à Montherot à qui je n'ai pas le loisir d'écrire aujourd'hui, mais que j'aime bien.

DCXXXV

A monsieur Dubois

A Saint-Laurent, près Cluny.

Paris, 10 mars 1837.

Monsieur,

J'ai vu M. Poisat. Je suis tout à vous, à lui, à M. F... Soyez tranquille sur mon affectueuse estime pour cette malheureuse famille. Nous allons chercher d'abord dans l'industrie, puis enfin dans le gouvernement si l'industrie n'offre rien. Mais le gouvernement n'offrirait aucun avenir.

Je ne puis vous dire combien le malheureux sort de cette famille m'a touché et affligé. Je ne savais pas l'excès de désespoir du pauvre père. Je le comprends, c'est mourir cinq ou six fois que de voir à son âge toute sa génération chassée du toit de ses pères. Écrivez-moi tout ce qui vous intéressera à me dire sur eux.

J'ai été quarante-deux jours au lit depuis mon

arrivée. J'ai fait ma rentrée à la Chambre, l'autre jour, par un discours et un orage terrible qui a duré deux heures et quart. Lisez-moi dans le *Moniteur*, et ne croyez pas que je veuille être ministre ou ambassadeur, comme on m'en accuse. Je ne veux que la liberté des citoyens et la ferme discipline de l'armée, sans laquelle point de liberté.

Je ne serai peut-être pas réélu, car je suis décidé, pendant cette session, à soutenir le cabinet d'hommes plus honnêtes contre le ministère Thiers et ses alliés honteux. Mais le séjour de Paris m'ennuie tant que je me féliciterai d'avoir encouru pour ma conscience la disgrâce de mes électeurs. Je veux un grand développement libéral, mais pas de démolition. Or tous les démolisseurs sont maintenant à l'œuvre ensemble. Cela me révolte, et je trouve ce métier trop facile et trop pitoyable.

J'envie votre douce vie occupée et paisible, et je demande à Dieu d'y rentrer le plus tôt possible. Vous me dites que si le malheur tombait sur vous, vous viendriez à moi. Le malheur ne tombera pas sur vous qui vivez à l'ombre, mais bien plutôt sur moi qui vis au soleil et aux tempêtes. Mais il n'y a point de malheur que Dieu et l'amitié n'adoucissent. Je me félicite sincèrement d'avoir un peu de la vôtre et je vous attends dans deux mois à Saint-Point pour vous en dire plus long, car je suis arriéré de quelques centaines de lettres. Je les laisse à mon secrétaire et ne réponds qu'à celles qui me vont au cœur.

Mille compliments affectueux à nos amis de Cluny, Ochier, etc., etc.

LAMARTINE.

ANNÉE 1837.

DCXXXVI

A monsieur le comte de Virieu

A Lyon.

Paris, 10 mars 1837.

Je n'ai que le temps de te dire que j'ai reçu ta lettre double. Quant à mon opinion sur l'affaire de Strasbourg et ses conséquences militaires, judiciaires et politiques, j'ai encore moins le temps de te les justifier. Je persiste, c'est une démolition complète à laquelle droite et gauche travaillent de concert et réussissent trop. Tu t'en apercevras trop tôt. Nous en causerons ailleurs.

Ton affaire de moulin n'a aucun rapport avec le gouvernement, l'administration ni la Chambre. C'est une affaire *contentieuse* qui va aux tribunaux et Conseil d'État. Mets-la en chemin, et, quand elle sera au Conseil d'État, avertis-moi, je la recommanderai à mes amis. Mais je te répète que cela ne marche ni par voie législative ni par voie administrative.

Adieu. Tout va passablement chez moi. Je soignerai ta réclamation pour les frères, mais je ne la crois pas *légalement* juste. Nous verrons.

LAMARTINE.

DCXXXVII

A monsieur Dargaud

à Paray-le-Monial.

11 mars 1837.

Merci. Votre suffrage me vaut un public. Quel chagrin avez-vous donc? Je l'ignore. Nous parlons de vous souvent avec Michelet. J'ai été cinquante jours au lit pour mon genou dans d'horribles souffrances. Me voilà mieux. Je m'occupe de la Chambre : elle va bien mal, le pays aussi. Je voudrais empêcher le ministère Thiers et ses honteuses alliances de faire les élections. C'est toute ma politique. Vous savez comme je me tourmente peu de l'opinion des journaux. Ce sont des chiens qu'on n'a qu'à siffler pour les ravoir.

Adieu. Je suis en arrière de quelques centaines de lettres. Ne venez-vous pas à Paris cet hiver ?

A bientôt. Tout à vous.

L.

DCXXXVIII

A monsieur Foulques de Belleroche

Château de Belleroche, près Villefranche (Rhône).

Paris, 26 mars 1837.

Monsieur,

Mes anciennes relations avec votre famille et tout ce que j'ai appris de vous personnellement me font vivement sentir pour ma nièce les avantages d'entrer dans une maison où elle ne trouvera qu'honneur, affection et vertu. Je regrette que mon absence me prive d'assister à la fête de deux familles que cette alliance réunit et que l'on peut féliciter d'avance du bonheur assuré de leurs enfants. J'espère qu'à mon retour à Mâcon je pourrai aller offrir à monsieur votre père les souvenirs rajeunis d'une ancienne amitié, et à vous, Monsieur, les assurances d'un attachement qui passera bien vite de Célénie à celui qu'elle me présentera. Recevez-en d'avance l'expression ainsi que celle de mes sentiments distingués.

AL. DE LAMARTINE.

Madame de Lamartine, qui s'unit à moi dans son amitié pour Celénie, s'unit à moi aussi dans tous les vœux que je forme pour son bonheur inséparable du vôtre.

DCXXXIX

A monsieur Ronot

Avoué à Mâcon.

Paris, 6 avril 1837.

Mon cher ami, merci de vos bonnes lignes. J'ai pensé que le duel avec Arago (1) vous amuserait. Je vais en avoir d'autres lorsque la Chambre reprendra ses hautes discussions. Ne me croyez pas doctrinaire, mais croyez-moi ennemi acharné et inflexible du tiers parti, parti bâtard qui n'est ni la liberté ni le pouvoir. Or vous savez que j'aime les deux et que je veux l'un par l'autre. Je combattrai donc, en dépit des *conseillers municipaux*, tant que le terrain ne sera pas changé. Presse et Chambre font pitié. Quel pays ! Et cependant il faut espérer. J'espère vous rejoindre bientôt. Je soupire après Mâcon et Saint-Point. Adieu encore, et tout à vous.

LAMARTINE.

(1) Discours sur l'enseignement. Séance du 24 mars 1837. V. *La France parlementaire*, t. I, p. 310.

DCXL

A monsieur le comte Grimaldi

Officier d'ordonnance de sa M. le roi de Sardaigne, etc., etc...

Paris, 11 avril 1837.

Mon cher Grimaldi, j'ai reçu la triste nouvelle, et, bien que j'aie essayé de préparer ma femme à la recevoir, elle a pressenti tout de suite la perte, et elle est dans les larmes comme si c'était sa propre mère. Le même jour nous a apporté d'autres pertes de Londres et de Mâcon. Tout s'en va peu à peu, devant et autour et derrière nous, pour nous laisser moins de liens à briser au moment où nous nous en irons nous-mêmes.

Nous attendons les lettres de vos dames pour leur écrire. Dans les premiers moments, ce qu'il y a de mieux c'est le silence. Parlez-leur seulement de la profonde douleur de Marianne. Je lui en ai rarement vu une semblable.

Rien de nouveau dans notre pays. Nous continuons à vivre dans une paix assez souvent menacée, mais que Dieu nous conserve le plus longtemps possible. Marianne et moi nous quitterons Paris dans deux mois pour Saint-Point. Quand pourrons-nous vous y revoir ? Il n'y a pas une goutte de notre amitié que vous ne retrouviez dans nos cœurs.

AL. DE LAMARTINE.

DCXLI

A monsieur le comte de Virieu

Paris, 25 avril 1837.

Il y a un mois que je n'ai eu une heure pour t'écrire, mais peu de jours où je n'aie pensé à toi ou parlé de toi. J'ai appris que ta fortune prenait un élan sublime sur les ailes de plomb et de fer de vos usines. J'en jouis comme si c'était chose mienne. Pendant que tu t'enrichis, je me ruine au service du public, mais sans porter atteinte cependant à cette sécurité d'avenir qui est le devoir de conserver ce que la Providence nous a généreusement accordé. Seulement je me gêne horriblement. J'espère partir dans une quinzaine pour mon arrondissement du Nord, et, le 5 ou 6 juin pour Saint-Point, Chambre ou non.

Je travaille beaucoup, et il y a à travailler énormément pour nous autres amateurs avant d'arriver à posséder parole, voix, fermeté, bavardage, gestes et auditoire, comme ces vieux avocats dont la tribune fut le berceau. Je ne sais si j'y parviendrai, mais tu vois que je ne m'y épargne pas et que j'affronte insolemment les plus forts et l'auditoire le plus prévenu et le plus orageux. J'ai été, avant-hier, montre en main, 35 minutes pour parvenir de la première marche de la tribune à la parole contre Thiers (1). Ce soir même chose m'arrivera sans doute en face de Berryer, bien autre puissance. Puis, dans sept à huit ans, ce sera notre tour de régner sur des Chambres. Les victoires ne s'apprennent que par les combats.

Tout cela ne me prend pas le cœur mais le temps ; cela ne m'empêche pas d'être extrêmement triste et vide de cœur. Ces jours-ci mes chagrins passés ont été remués et soulevés en moi par une perte que vous trouveriez insignifiante et qui pour moi en a été une immense, celle de mon ami *Fido*. Il est mort entre mes pieds, après treize ans d'amour et de fidélité, après avoir été le compagnon de toutes les heures de mes années de bonheur, de voyages, de larmes. — La vie est affreuse.

(1) Discours sur Alger. Séance du 24 avril 1837. V. *La France parlementaire*, t. I, p. 338.

Rien de nouveau ici que l'impossibilité d'avoir majorité et ministère : tout est tenté, tout est impossible ; on en est venu jusqu'à me tâter moi-même pour faire partie de deux combinaisons. J'ai répondu que je ne voulais d'autre rôle que celui de député indépendant, jusqu'au jour où des idées et des circonstances neuves pourraient effacer entièrement la question d'honneur de juillet et commander une action entièrement neuve aussi et à des conditions toutes différentes. Tout ceci entre nous. Je vois avec peine que tout gouvernement *sans exception* devient radicalement et *arithmétiquement* impossible pour plus de sept à huit ans de durée, et que derrière ceci il n'y a qu'un *sabre* ou une *Convention* de prolétaires. Dieu nous gardera. Mais crois-moi, tu sais que je ne suis pas peureux d'aventures politiques en ce qui me concerne : ne jouez pas avec ces chances plus fortes que ceux qui les auront tirées. Je vois ici beaucoup de tes amis ; c'est l'avis de tous ceux qui n'ont pas la tête troublée par la passion ou l'ambition. Les autres raisonnent comme à Charenton, et le papier se refuse à les répéter.

Que feras-tu cet été ? Je ne sais si nous nous

verrons enfin. Mon genou n'est pas rétabli entièrement et me gêne pour tout. Irai-je à la mer ou aux eaux? Je penche pour la mer; mais la nécessité de travailler l'automne pour gagner mon pain de libraire de 1838, me tient économe de temps.

Écris-moi encore ici deux ou trois fois.

Parle de moi à ton aimable et excellente femme que j'aime beaucoup malgré la controverse religieuse et politique. La controverse chez moi ne va pas jusqu'au buste. A revoir.

L.

DCXLII

A monsieur Dubois

A Saint-Laurent, près Cluny.

Paris, 1837.

Mon cher et fidèle voisin et ami,

Je suis dans un coup de feu tel ici que je n'ai pas une minute, mais j'en déroberai toujours pour vous.

Merci de vos bonnes communications. Je ne puis dire ni oui ni non avant d'être sur les lieux. Ma position est délicate : la coalition est ameutée contre moi principalement, car vous saurez plus tard que c'est moi seul qui l'ai combattue et vaincue. Cependant j'ai fortement désapprouvé la dissolution. N'écoutez pas là-dessus le journal de Mâcon.

On m'offre quinze ou vingt départements. Les députés se succèdent pour me prier de prendre ici et là des places certaines. Deux arrondissements de Paris même m'ont envoyé des députations, et j'en attends encore une à midi ce matin, mais je ne puis accepter ni refuser ni ébruiter à cause de Mâcon.

A Mâcon on m'assure que M. Mathieu se porte dans les deux colléges contre moi. S'il en est ainsi, je me porterai aussi dans les deux contre lui, sollicité et appuyé en ceci par Lacharme, et, Mathieu écarté chez vous, j'y prendrais enfin ma place naturelle et solide. Tournus fait les plus fortes démarches en ce sens auprès de moi. — Les chances seraient plus belles que vous ne le croyez.

Mais, si M. Mathieu ne se porte pas contre moi dans les deux, je n'aurai pas la folie de me dépopulariser partout en prenant l'offensive : je subirai mon sort mauvais, je crois, à Mâcon.

Vous voilà au courant. Dites tout cela à nos excellents amis de Cluny. Voilà ma vraie patrie politique.

Tout va bien vite et bien mal ; si nous n'arrêtons pas, nous sommes perdus avant deux ans. Vous ne vous doutez pas du mal là-bas. République et guerre, voilà la vérité. Tout cela amené en pleine paix par l'ambition enragée de cinq à six intrigants.

Que deviendra la vraie liberté, etc., etc., etc.?
Adieu.

ALPHONSE.

J'arriverai vers le 18 à Mâcon.

DCXLIII

A monsieur le comte de Virieu

Paris, 3 juin 1837.

Je viens de sortir du sucre avec honneur et bonheur. J'ai été dans le Nord. J'ai eu une conférence avec quarante-deux fabricants. Je leur ai remis mon mandat de député en leur disant : Ma conviction et ma conscience sont contre l'immunité et le privilége dont vous jouissez aux dépens du Trésor, des malheureux contribuables cultivateurs, et des colonies. On vous doit un impôt, et, si vous ne comprenez pas qu'un impôt et un exercice vous sauvent et que le dégrèvement sur le sucre colonial vous perd, vous êtes des insensés. Après deux heures de discussion ils ont vu que je savais leur affaire mieux qu'eux, ils en sont convenus et m'ont à l'*unanimité* signé le mandat formel de voter et de parler pour un impôt. Arrivé ici, j'ai cabalé comme un diable, dans la Chambre, et j'ai gagné 60 voix à l'impôt. Nous avons attaqué la loi et substitué l'impôt. Mais, l'impôt étant trop fort à 15 francs les 100 kilos pour le moment, MM. Vivien, Passy et moi, nous avons présenté hier un amendement que nous avons fait accepter et qui rend la loi parfaite. Rassure-toi donc. Il ne périra que ceux qui sont morts avant la loi, et dans le Nord il y en a la moitié. Vous ne connaissez pas l'affaire : il n'y a pas un mot de vrai dans les miracles de l'industrie agricolisée dont on vous berce. Ce sont de belles et bonnes manufactures qui se concentrent de plus en plus et avec lesquelles le travail à main d'homme ne peut pas plus lutter que la fileuse avec la machine de Jacquard. Les colonies seules sont, j'en conviens, un peu trop durement traitées par mon amendement.

Je suis fatigué. J'ai eu la peine de la mouche du coche. J'ai parlé deux fois. Je t'envoie la première (1). Ce que j'ai dit hier, tu l'auras dans les *Débats*. J'ai regretté de ne pouvoir parler davantage. Je ne connais à fond aucune affaire autant que celle-là, et j'ai converti bien du monde à l'impôt. Maintenant c'est unanime.

(1) Séance du 26 mai 1837. V. *La France parlementaire*, t. I, p. 363.

Autre chapitre. — Ta tristesse m'afflige et ne m'étonne pas. J'ai le même vide sans fond depuis la perte et les illusions évanouies et l'âge triste qui s'avance ; seulement je le comble d'activité et d'affaires qui succèdent aux affaires. Ton tort est de rester stagnant. L'eau qui ne coule pas se couvre de mousse et se corrompt : la vie doit avoir un courant. Les événements politiques ont trop suspendu le tien. L'erreur est de croire que nous ne pouvons prendre part à l'action du temps qu'à certaines conditions de faits qui nous conviennent. Dieu nous donne les faits qu'il veut : à nous d'en tirer le moins mauvais parti possible. Ce monde physique et politique n'existe pas pour notre plaisir, mais pour notre travail.

Je crois de plus que tu as mis ton âme à un régime substantiel trop faible pour ta mâle et vigoureuse pensée. Il n'a pu me suffire à moi-même, et j'ai senti la nécessité de vivre du pain plus fort de la *raison religieuse* qu'on appellera comme on voudra, mais qui est le don des dons de Dieu et qu'il ne faut pas jeter aux pourceaux. Tu as deux grands remèdes à ton mal : *action* et *philosophie.* Prends l'un ou l'autre et surtout tous les deux. Tu retrouveras là sève et vigueur pour traverser les années stériles auxquelles nous ne touchons pas par les années mais que nous aurons à traverser bientôt.

Le travail, l'affection, la prière, la résignation, cette prière en action, ce *Pater* en effets, cette volonté adorée, voilà les remèdes tout-puissants, le mode de la prière selon la foi sincère et non conventionnelle. Ton fardeau sera soulevé par la main de Celui qui nous l'impose. Aucune heure au fond n'est plus triste que l'autre dans la vie, car toutes sont à lui, de lui et pour lui. Je te dis ce que sans cesse je me dis à moi-même. Car j'ai de rudes déboires aussi en plus d'un genre. Je suis humilié, calomnié, méconnu ; je n'ai pas ce bel avenir des enfants que tu as. Je suis ou je serai seul, je l'ai mérité. Je n'ai pas la foi d'en bas que tu as, je n'ai que celle d'en haut. J'ai un travail d'esprit qui me fatigue et le cœur moins rempli. Cependant, *amen !*

Ce que tu me dis de notre affection qui subsiste au milieu de tout cela me fait l'effet de deux hommes de la même patrie qui sont jetés dans la foule et séparés par elle et qui de temps en temps entendent la voix l'un de l'autre et se parlent, pour se consoler, une langue que les autres n'entendent pas.

Je vais partir dans huit jours, et j'irai te voir avant trois semaines. Adieu.

LAMARTINE.

DCXLIV

A monsieur Dargaud

A Paray-le-Monial (Saône-et-Loire).

Monceau, 22 juin 1837.

Nous sommes de retour, monsieur et cher ami, depuis quatre jours. Mon premier soin est de vous en informer, afin que, si quelque bonne pensée vous portait vers un pays où l'on vous désire et où l'on vous aime, vous sachiez que votre lit est fait tous les mois, tous les jours, et à toute heure à Saint-Point.

Le reste en causant avec vous et en lisant les deux nouveaux volumes de notre ami Michelet, qui sont là sous ma main.

Tout à vous de cœur et d'esprit.

LAMARTINE.

DCXLV

A monsieur le comte de Virieu

A Fontaine.

Monceau, 22 juin 1837.

Je suis arrivé, mon cher ami, avec la ferme intention d'aller passer deux ou trois journées près de vous, à Fontaine; mais voilà que ma femme, qui est triste et seule, s'y oppose si énergiquement, par sa tristesse même, que je suis obligé de renoncer à ce plaisir et de remettre au moment où ma maison sera peuplée d'étrangers. Ne pourrais-tu pas venir toi-même un moment? Tu nous trouverais à Saint-Point en complète solitude. Nous serons à Monceau seulement jusqu'à la fin de la semaine prochaine. Ton lit sera fait partout.

Je suis bien empressé de silence et de repos. Je suis forcé cependant de me remuer un peu pour revendre certaines parcelles éloignées de la propriété, que j'ai ajoutées à Monceau l'année dernière, afin de pouvoir payer le reste. Ce sera ma seule affaire, j'espère, cette année. Je suis vaincu du temps et des ouvriers. De plus, j'ai à travailler beaucoup pour vivre en 1838, car mon budget c'est mon travail.

Rien de neuf à te dire. J'ai laissé la Chambre dormant depuis six semaines et la politique générale beaucoup plus satisfaisante. L'amnistie et les fêtes et le ministère Molé ont immensément apaisé les esprits. Je n'ai pas assisté à Versailles. J'ai refusé poliment une présence dynastique qui m'eût engagé à d'autres présences et à d'autres adhésions personnelles et faussé ainsi ma ligne politique. Mais tout ce qu'on en raconte est merveilleux, et l'effet à Paris est *sérieux*. La partie haute de la société se royalise beaucoup. La partie basse, en province, à en juger par les élections municipales, marche en sens inverse. Elles sont unanimement et chaudement démagogiques et révolutionnaires. Cela me fait douter de l'efficacité des élections universelles à plusieurs degrés, auxquelles j'aurais eu quelque confiance. A Mâcon que j'ai sauvé, il y a six mois, aux applaudissements et aux sérénades du peuple, j'ai été ballotté avec un serrurier tapageur, et le serrurier a été nommé! Or je ne crois pas qu'il y ait une condition plus populaire que la mienne à Mâcon: j'ai été nommé député deux fois; deux fois membre du Conseil général, président du conseil, il y a un an. J'ai fait pour 40,000 francs de routes à mes frais, j'ai donné 2,000 francs, au choléra; j'ai donné cette année 25,000 francs de livres à la Bibliothèque de la ville, etc., etc., etc.; j'ai marché à la tête de la garde nationale, etc., etc., etc.

Dans le Nord, où la population royaliste était ou se croyait en majorité, on me mande que le même fait a eu lieu pour tout ce qui porte honneur et habit. A Bergues, à Dunkerque, c'est la démagogie sale qui a prévalu à une assez forte majorité. Ici, dans les campagnes, j'ai été élu à l'unanimité dans trois communes. Mais l'esprit de village ne prévaut jamais longtemps contre celui des villes, il ne faudrait pas s'y tromper. Je ne serai pas réélu non plus président du département : le parti jacobin y prévaudra et a voulu me faire des conditions que j'ai envoyées au diable.

De tout cela je ne m'inquiète pas beaucoup,

parce qu'avec la versatilité nationale et le jeu sincère et libre des opinions il ne faut pas trois ans pour user la démagogie et ramener une réaction honnête. Je ne crains qu'une chose, la tyrannie de quelques drôles habiles exploitant la passion populaire et mettant la main sur la liberté de la presse.

Adieu, à revoir. Tâche de venir, et je tâcherai d'aller à la première minute d'indépendance.

J'embrasse tes enfants.

LAMARTINE.

P. S. Cependant fais-moi savoir où tu es. Il est possible encore que j'aie deux jours de congé, et j'irai tout de suite te voir.

DCXLVI

A monsieur Émile Deschamps

Au château de Beausemblant.

Saint-Point, 6 juillet 1837.

Tour perfide à vous, mon cher Émile, de passer en vue de nos montagnes, de pouvoir me donner un des plus vifs plaisirs de ma vie, une de vos journées..., et de n'en rien faire et de me le dire! Vous ne serez pardonné que si vous réparez le tort à votre retour. Nous aurions entouré de l'hospitalité du cœur et des soins les plus affectueux madame Deschamps, nous vous aurions dirigés aux eaux d'Aix avec une de mes sœurs.

Je vous envie d'être poétiquement réunis à Guiraud chez M. de la Sizeranne, mais hélas! il me sera impossible d'y aller. Je suis estropié du genou. J'aurais besoin de trois semaines d'eaux, et j'y renonce, tant j'ai peu de loisirs pour beaucoup d'affaires et tant je suis écrasé d'embarras matériels et de gênes diverses ; c'est ma faute et je la paye.

Écrivez-moi donc qu'au retour vous descendrez du bateau tel jour et telle heure à Mâcon. J'irai y prendre madame Deschamps et vous, et vous vous reposerez quelques moments dans ma masure : tout est palais quand on y trouve des amis... Vous n'en aurez pas de meilleur que moi.

Mille respects à votre bonne et aimable compagne, et mille regrets à nos amis de Saint-Vallier.

Adieu, à revoir.

LAMARTINE.

DCXLVII

Au comte Monnier de la Sizeranne

Saint-Point, 10 juillet 1837.

Monsieur,

Émile Deschamps m'avait prévenu de votre obligeante invitation et, avant de recevoir votre lettre si aimable, j'avais déjà retourné dans ma tête tous les moyens d'aller me donner ce délicieux moment de congé au milieu d'hommes si rares à rencontrer, plus rares à réunir. Mais des impossibilités invincibles s'opposent à mon désir. Il serait trop long de vous les raconter: vous pouvez les croire sur parole, car mes regrets sont la mesure de mon impuissance. Je ne serai donc malheureusement qu'en esprit dans votre charmante réunion poétique, et j'y serai de cœur aussi puisque votre instance pour m'y amener me prouve que j'y serais avec des amis. Je vous exprimerai mieux toute ma reconnaissance à Paris, et j'y chercherai les occasions de vous y rencontrer mieux et plus intimement.

Je viens de recevoir et de lire ce matin *Les voix intérieures* de Victor Hugo. Je pense qu'on vous a porté ce beau volume où il y a des pages supérieures à l'homme même. J'espère aussi que les flots du Rhône, votre beau ciel, vos âpres montagnes, ne laisseront pas Émile Deschamps muet : les rencontres de la nature et du génie sont toujours fécondes. Je ne doute pas que nous n'ayons l'hiver prochain les échos de Beausemblant à Paris.

Agréez, Monsieur, avec mes tristes excuses, l'assurance de mes sentiments les plus distingués.

AL. DE LAMARTINE.

DCXLVIII

A monsieur le comte de Virieu.

A Fontaine.

Monceau, août 1837.

Je suis désolé que tu ne viennes pas. Je ne puis aller, car le Conseil général du département s'ouvre demain.

J'ai été non étonné mais frappé et désolé de la fin de notre ami (1). Il en avait assez, lui, d'après toutes ses lettres. Dieu l'avait préparé par le dégoût à renverser le calice. Il est heureux. C'est triste pour nous, surtout pour sa femme et ses pauvres enfants. Je ne sais rien de plus que sa mort. Toute cette famille n'était pas très-bien pour moi depuis 1830, comme si j'avais fait 1830 et n'y avais pas au contraire assez dignement sacrifié carrière, fortune et ambition. Mais notre pauvre ami est dans la région où ces misères et ces mensonges paraissent bien misérables.

(1) Le baron Louis de Vignet.

Voici quelques vers à toi, sur sa mort, que je fis avant-hier dans mon bois. Tâche de les déchiffrer et de les récrire, je ne puis le faire.

Je suis fort malade, fièvre nerveuse, horrible toutes les nuits, incapacité le jour. Je joue mal mon rôle, mais *qu'y puis-je?* c'est la devise des humains.

Je viens d'écrire cependant ce matin trois cents vers qui, selon moi, sont beaux. Cela est intitulé *Utopie* et montre le monde comme il sera quand il sera bien.

Maintenant je me prépare à ma rude session de quinze jours. Adieu les vers! j'aime mieux parler, cela m'anime, m'échauffe, me dramatise davantage, et puis les paroles crachées coûtent moins que les stances fondues en bronze.

Adieu, repens-toi.

LAMARTINE.

Ma femme va à Lyon demain.

DCXLIX

A monsieur le comte de Virieu

A Fontaine.

Mâcon, 3 septembre 1837.

Je t'écris, mon cher ami, au milieu de séances de dix heures, et accablé en tout genre. J'ai été encore président et de plus orateur quatre à cinq fois par jour.

Comment! tu n'as pas reçu ma lettre et mes stances adressées à toi sur la mort de notre pauvre ami Vignet? Il y a huit jours que cela est parti pour toi. Mais où diable es-tu? tu ne me le dis jamais.

Je ne connais pas cet homme dont tu me parles, mais j'en connais tant que je puis l'oublier.

Ma femme est à Monceau fort malade; moi ici malade et surchargé d'affaires, viens donc nous voir.

Adieu.

LAMARTINE.

DCL

A monsieur le comte de Virieu

Monceau, 10 septembre 1837.

Il paraît, mon cher ami, qu'une ou deux lettres de moi se sont perdues en chemin, car évidemment il t'en manque, entre autres, une contenant des vers sur la mort de notre pauvre camarade Vignet. Depuis lors je t'ai écrit deux fois encore. Mais où diable es-tu? As-tu encore un logement à Lyon, place Bellecourt? Es-tu à Lemps? à Pupetières? à Fontaine? Qui le sait! Écris-moi donc où te prendre.

La perte de Vignet m'a vivement affligé, quoiqu'il ne fût plus pour nous que le souvenir de lui-même. Il nous manquera un million de fois dans la vie. Je ne sais rien de sa femme, sœur, enfants, depuis la nouvelle de sa mort. Sa famille me traite comme un réprouvé parce que je respire l'air de la France. Les de Maistre les ont fanatisés jusqu'à l'absurde. Ils ont pris tous les paradoxes à la lettre. Lui-même, à mon sens, dans ces dernières années, prenait trop au sérieux les courtes et sottes opinions de telle ou telle coterie humaine. Il ne faut jamais s'embourber trop avant dans tout cela. A quoi sert d'avoir du génie, comme il en avait, si ce n'est à s'élever plus haut et à tout voir de l'œil philosophique! Je désire bien connaître les détails de sa fin et ce que devient sa famille. Je crois que sa femme est enceinte et qu'elle a deux filles. Qu'en sais-tu? Je voudrais bien te voir pour causer de tout cela et de mille autres choses.

J'entends dire que tes affaires industrielles vont enfin merveilleusement et que tu recouvres plus que tes capitaux aventurés. Qu'en est-il? Moi je n'exploite décidément que mes vignes, qui me promettent une ample récompense quand elles seront en produit complet, c'est-à-dire dans deux ans. J'ai aussi augmenté Saint-Point, j'y bâtis deux fermes en ce moment pour diviser ensuite le domaine. Tout cela marche extrêmement bien. Monceau s'est accru depuis toi de cinq vignerons et d'un domaine magnifique à ma porte. Dans deux ans il sera de 25,000 fr. de rentes tout au moins et bientôt de 28,000 ; mais je dois immensément de rentes et d'intérêts, et Paris me ruine, quoique je m'y tienne serré maintenant.

Je viens de présider le Conseil général de mon pays. Je suis parvenu, je crois, à peu près à mon maximum comme parole dans cette session. J'improvise autant et comme toute affaire le comporte. J'ai confondu d'étonnement les avocats, députés et pairs, avec qui j'ai eu à lutter. Cela m'amuse comme un écolier qui apprend une langue : il s'aperçoit tout à coup qu'il la sait à peu près, après avoir longtemps cru que ses progrès étaient nuls. Tu devrais faire cette étude tout seul pour le moment à venir. En trois ans je suis, moi distrait par les vers, parvenu à pouvoir parfaitement être ministre répondant à qui que ce soit. Je pense que la Providence qui m'a permis d'acquérir l'instrument me donnera un jour l'ouvrage ; mais quand, comment, à quelle heure, pour quelle idée? je ne l'entrevois pas. Tu sais que j'ai refusé deux fois cette année des avances décisives à ce sujet.

L'avenir politique, tel que tu aimes à te le figurer, me paraît à moi depuis longtemps radicalement impossible à des conditions de durée. Je ne vois aucune porte que l'anarchie pour faire rentrer une restauration, du moment que les royalistes, au lieu de se faire conservateurs et de reconquérir le gouvernement moral par la solidarité d'ordre et d'intérêts, se sont posés en *grands agitateurs* et comme une menace aux intérêts d'ordre. Ceci est un fait d'où mille autres découlent, tous contre leur règne futur. S'ils parviennent à faire anarchie, ils y périront en grande majorité, et nous honnêtes gens avec eux, et l'anarchie ne finira pas par eux, mais par la dictature soldatesque ou par l'invasion étrangère. Si par chance ils reviennent après avoir bouleversé le pays, comment gouverneront-ils deux ans, en face des démentis éclatants qu'ils donnent aujourd'hui à leur principe et qu'on leur jettera sans cesse au visage? Leur marche, depuis le 1er août 1830 où nous en raisonnions à Fontaine, est pour moi un mystère d'absurdité. Il n'y avait qu'un rôle : ne pas accepter la solidarité des ordonnances de juillet, rester soi, c'est-à-dire grand parti de la propriété et de l'ordre, se nationaliser toujours, s'abstenir seulement du gouvernement, mais jamais du pays. Au bout de sept ans d'une pareille route ils étaient arrivés ; mais ils tournent le dos au but et en sont, à mon sens, à mille lieues de plus que le 29 juillet 1830. Cela accoutumera ce qui a intelligence, moralité, jeunesse, avenir, dans la nation, à se passer d'eux. Il se fera deux œuvres parallèles : une œuvre de démoralisation par le républicanisme, une œuvre de consolidation par les intérêts matériels et les hommes sociaux. Les hommes de restauration feront en dehors une petite œuvre posthume qui ne pourra trouver place nulle part entre ces deux grandes réalités. Je te dis tout ceci pour tes enfants. Place-les plus haut que ce gâchis où barbottent leurs pères, et qu'ils soient plus heureux que nous!

Adieu.

DCLI

A monsieur le comte de Virieu

Monceau, 29 septembre 1837.

Mon cher ami, ta lettre m'est arrivée hier pendant que j'ai chez moi l'abbé Cœur, et que nous parlons de toi tous les soirs. Nous n'avons pas pu parler sur ta lettre de ta philosophie et de ta politique, attendu qu'elle ne contient que des détails de fortune intéressants pour moi et toi, nuls pour lui. Nous en attendons donc une autre que tu promets. Ah! combien je comprends ce délicieux recueillement de la vie qui se retrouve elle-même dans les lieux témoins de ses premières années heureuses et qui croit se ranimer en ranimant les mille souvenirs dont ces lieux sont pleins! C'est mon histoire bien plus qu'à toi, car plus que toi je me livre aux vagues de ce monde, et je sens le charme de retrouver parfois le bord! Tu es pour moi un de ces bords, et voilà pourquoi les années qui éteignent tout alimentent mon vieux foyer d'amitié.

Je mène une vie du diable : ma maison est une auberge où je puis à peine me retirer de cinq heures du matin à neuf heures dans mon poêle pour travailler ou penser ; le reste est dilapidé par les étrangers, les visites, les ouvriers, les solliciteurs, les correspondances et les chevaux. Les chevaux ! autre bénédiction de la vie, qui me soulage un peu. J'en ai de charmants et en bon nombre. Tous les jours je m'enfuis sur leur dos. Ils m'aiment comme des chiens, et je les caresse comme des colombes. J'en élève un digne de Franconi ou du désert.

Mais les affaires, les affaires ! les tiennes vont merveilleusement, c'est évident ; tu bâtis une fortune où s'abritera ta génération. Seulement je comprends très-bien que tu ne peux pas t'y loger toi-même à ton aise encore : hélas ! j'en suis là, mais aurai-je une génération à y abriter ? J'ai trop acheté, trop conservé des biens de ma famille ; j'y ai mis en préparation des capitaux énormes, et, maintenant que je vais recueillir, je serais insensé de vendre. J'espère que je n'y serai pas obligé : je vois le jour; voici mes vignobles dans dix-huit mois en plein rapport et qui cette année déjà me rendront de 40 à 50,000 francs. J'élève aussi Saint-Point, en y bâtissant deux fermes nouvelles, à sa puissance de revenu, mais j'ai cinq ou six ans très-étroits à traverser, plus d'argent, et des charges viagères énormes !

Je me suis remis à la poésie depuis quinze jours, mais je ne publierai rien avant avril 1838. Je voudrais en être débarrassé, car je me sens plus de verve d'affaires et de politique. Quel dommage que Juillet soit encore entre les hautes affaires et moi ! On m'y appelle de tous côtés. Le Nord me nommera, Mâcon veut me nommer, Cluny et Louhans me proposent de me nommer, Dunkerque veut me prendre aussi et me dispute à Bergues. De tout cela je n'aurai que Bergues parce que je ne puis accepter officiellement une autre candidature sans me perdre là-bas et manquer à la reconnaissance. Dans une heure de liberté je vais écrire deux pages aux électeurs du Nord. Je te les enverrai. Je veux leur dire qu'ils ne savent pas ce qu'ils veulent, ni la France non plus. Je veux exhaler mon mépris pour la vieille bête enragée qu'on appelle l'opposition de quinze ans. Les vieux partis sont morts, et rien ne ressuscite ici-bas. L'avenir appartient à l'avenir. Dieu ne l'a inféodé à personne.

Viens donc me voir, toi qui as du temps, toi qui n'es pas obligé d'aller faire tes 400 lieues en quinze jours et recevoir des sérénades et des banquets dans les brumes glacées de la mer de Flandre. Hélas! cela me menace. Écris-moi souvent, et réponds-moi vite.

Adieu. En voilà assez entre deux fois cinquante fiers vers et pendant que Corcelles, l'abbé Cœur et un de ses amis m'attendent en bas pour déjeuner. J'ai cinq vendanges aujourd'hui très-belles et très-abondantes. Je vais ce soir rejoindre ma femme à Saint-Point. J'ai cinq malades là-bas qui ne peuvent venir ici, nous sommes donc séparés, moi à Monceau, ma femme à Saint-Point, et Milly entre deux. Mille tendres respects à ta femme que j'aime malgré son courroux contre moi et à ta sœur, si elle se souvient encore de moi. Ton adresse? ton adresse? où t'écrire? là-bas et à Lyon?

DCLII

A monsieur le comte de Virieu

Monceau, octobre 1837.

J'ai reçu ta longue, bonne et belle lettre. Je n'ai qu'un moment pour y répondre au milieu des angoisses électorales. Je suis dans une diabolique complication, porté ici dans les deux colléges par des gens qui ne me demandent que de dire que j'accepterai, voulant accepter, et ne pouvant dire : J'accepte, à cause du Nord où l'on me porte aussi, prêt à manquer par conséquent de trois côtés. Je passerais alors un hiver délicieux à Monceau *verseggiando*, et nous nous verrions, cela m'indemniserait des ennuis du moment.

Nous venons de perdre une femme de chambre anglaise de trente ans, notre compagne de voyages et de vie et de douleurs, que nous aimions comme notre enfant, enlevée après trente-deux jours de fièvre pernicieuse dans nos bras.

Nous avons quatre autres domestiques malades de même. Tout est chagrin.

Tu te trompes quand tu crois que je ne comprends pas et ne sympathise pas avec cette aristocratie du cœur qui attache les vieilles et grandes familles à leur manoir traditionnel. Eh! c'est là la famille entière avec ses souvenirs qui sont ses vertus! Seulement comme je considère ces attachements séculaires aux souvenirs matériels de la propriété comme un grand bien moral et social, je le veux pour tous et ne veux pas qu'un petit nombre, possédant la terre par privilége inaliénable, empêche les autres d'arriver légitimement à la possession et à la conservation séculaire comme nous, et j'ai raison, et c'est toi qui n'as pas examiné assez profondément la question. Aristocratie des sentiments, des idées, des traditions, certes oui! Aristocratie des lois et des propriétés excluant inévitablement les autres, jamais!

Égalité et Justice sont un seul mot; or Justice et Dieu, c'est un seul mot encore. Donc démocratie libre de la propriété. Mais *basta*!

Dépêche-toi de bâtir et de bien bâtir sans lésiner avec l'espace : on jouit ou l'on souffre éternellement du pouce d'abri qu'on s'est donné ou refusé. Les arbres et les vignes poussent, l'argent vient, mais les murs ne s'élargissent pas. Si je ne suis pas nommé, et en conscience je le désirerais sauf le devoir, j'irai te voir bientôt, autrement je resterai ici jusqu'au 15 décembre. J'écris des vers tous les matins à la bougie pour gagner mon pain quotidien.

Adieu. A revoir, après le 3 novembre, élections.

L.

DCLIII

A monsieur Dubois

A Saint-Laurent, près Cluny.

Monceau, 22 octobre 1837.

Monsieur et cher voisin,

J'ai vu hier à Mâcon M. Charmont et plusieurs électeurs de Tournus, Lugny, qui m'ont dit que j'aurais, *le premier jour* et indépendamment du gouvernement, vingt-six voix personnelles à Lugny et douze ou seize à Tournus, total de ce côté quarante-deux voix. Si donc j'en avais autant à Cluny, Tramayes, etc., cela ferait quatre-vingts, et c'est à peu près autant que chacun des deux autres candidats. J'ai pensé qu'il était utile de vous en informer.

Un conseiller de préfecture est venu aussi me dire que l'opinion croissante du conciliabule gouvernemental était que le gouvernement échouerait probablement en portant le premier jour M. Lacharme, et qu'en conséquence il semblait s'arrêter à l'idée d'ajourner son candidat et de se porter en masse sur moi dès le premier moment pour lutter avec succès contre le candidat d'opposition extrême. Pour tout cela on me demande là, comme à gauche, un engagement que l'honneur et la politique me défendent de prendre, mais je commence à croire qu'on se passera d'engagement. Nous vous attendons tous les jours ici, sauf jeudi matin où je vais déjeuner à Fleurville. Je serai revenu pour dîner à Monceau. Je vais ce soir à La Chapelle et à Chenas.

Mille affectueux sentiments.

LAMARTINE.

DCLIV

A monsieur Dubois

A Saint-Laurent, près Cluny.

26, matin.

Monsieur et cher ami,

Je suis blasé aux calomnies comme Mithridate au poison. C'est l'aliment de tout homme public, littéraire ou politique, aliment sain pour l'âme qui apprend les deux secrets de la vie : résignation et patience. Je ne m'étonne donc pas de M. B..., encore moins de M. D..., saturnales d'élection que tout cela! Après vient le jubilé des Juifs, et tout est oublié, excepté le zèle des excellents amis comme vous.

La présidence me répugne extrêmement : tâchez d'éloigner ce calice. J'aurais l'air ou de me mettre en évidence pour mon compte quand je dois m'effacer, ou de me poser contre M. Mathieu, mon collègue de Mâcon, avec un acharnement nuisible dans l'esprit de notre pays commun. De plus c'est physiquement odieux, et c'est bien la plus vraie raison. Deux jours de misère après tant de jours de fatigue, c'est trop. Faites entendre tout cela à nos amis de Cluny, et demandez-leur de m'éviter cette corvée. Bruys des Gardes est ici et au fond ne demande qu'à être pressé d'accepter la présidence. Il est venu chez moi hier.

Rien de nouveau depuis vous qu'une nouvelle lettre des chefs de Tournus, voulant me porter malgré moi. Je leur réponds non. Je vais ce soir voir M. Charmont et recruter pour Lacharme. Mais son absence et son inertie nous tuent inévitablement.

Adieu et tout à vous.

Je pars dans un instant.

LAMARTINE.

Ajoutez à cela que je ne saurais pas présider légalement, ignorant entièrement la loi électorale. Il me faudrait un souffleur, et je n'ai pas le temps d'étudier la loi.

DCLV

A mademoiselle Olympe de Vignet

Saint-Point, 27 octobre 1837.

J'ai voulu laisser passer un long temps avant de vous parler de notre douleur commune. Je sentais trop que dans les premiers moments il n'y avait pour sa sœur, sa femme, ses amis, que Dieu et le silence.

Maintenant je puis et je dois vous dire combien ce coup nous a frappés et combien nous avons suivi avec anxiété le contre-coup de désespoir et d'angoisses dont vous êtes tous atteints.

La maladie, la mort, vos maladies à vous-mêmes au même moment, votre isolement, les enfants exposés forcément à cette peste avant votre départ de Naples, enfin votre long et pénible retour en France, et à présent votre tristesse et votre éloignement de votre famille et de votre pays, sans avoir comme autrefois ce frère chéri pour occupation, consolation, orgueil, tout cela est non-seulement compris, mais senti et souffert par moi en pensant à vous.

Je n'ose, à peine connu d'elle, l'écrire à sa femme; mais soyez mon interprète, dites-lui que Louis avait un ami pour lequel il s'est souvent dévoué avec la générosité d'un frère, et que cet ami se dévouera à son tour, toutes les fois que l'occasion s'en présentera, à sa mémoire, à sa femme, à sa sœur, à ses enfants. Je ne puis prouver ma reconnaissance qu'à ceux qu'il aimait comme lui-même : ils n'en ont pas besoin, mais j'ai besoin de la leur exprimer.

Si vous passez votre hiver à Paris, soyez assez bonne pour m'en informer. J'irai vous porter l'expression de tous ces sentiments que les distances n'étouffent pas et que les grands malheurs raniment. Vous savez combien nous avons souffert nous-mêmes, et par conséquent combien la langue des chagrins inconsolables nous est familière.

Nous sommes dans notre solitude de Saint-Point, où j'avais tant espéré qu'il viendrait un jour s'arrêter avec vous en passant, mais où il n'a laissé de trace que dans mon éternelle douleur.

Adieu, ces sentiments d'autrefois ne s'éteignent jamais dans mon cœur. Présentez, je vous prie, mes respectueux sentiments à madame de Vignet.

AL. DE LAMARTINE.

DCLVI

A monsieur le comte de Virieu

à Fontaine.

Mâcon, 6 novembre 1837.

Mon cher ami, ce n'est qu'un mot. J'ai été nommé hier ici député de Mâcon, et, une demi-heure après, député de Cluny, par les deux colléges de l'arrondissement, et à la même heure, dans la même ville, dans le même esprit. Je le suis de plus à l'*unanimité* à Dunkerque, et j'en ai refusé deux autres parfaitement certains : Dunkerque-ville et Louhans. Tu vois que ce n'est pas mal pour un homme marchant tout seul et disant tout haut à tous les partis qu'il les dédaigne et au gouvernement qu'il n'en dépend pas. Oh! si vous aviez voulu me croire et marcher de mon pas, où seriez-vous en sept ans!

Voici la principale de mes allocutions (1), car

(1) Aux Électeurs de Bergues, 16 octobre 1837. V. *La France parlementaire*, t. II, p. 1.

dans Saône-et-Loire on m'a fait violence. J'ai été nommé en disant : Non, ne me nommez pas.

Adieu. Je suis venu deux jours ici pour la bataille. Je retourne à mes champs et à mes vers. Les légitimistes, cette fois comme les deux autres, se sont divinement comportés sous ma direction, avec politique, loyauté, sagesse et ensemble. Ils ont compris l'alliance avec les honnêtes gens et la répudiation de la gauche. J'en suis content et fier. Ils gagnent ainsi dans la faveur du vrai pays. Adieu, écris-moi.

LAMARTINE.

DCLVII

A monsieur Dubois

A Saint-Laurent, près Cluny.

Monceau, 7 novembre 183*.

Monsieur et cher ami,

Vous voyez qu'une seule pensée qui a des organes actifs et habiles devient un fait qui semblait d'abord impossible. Vous et M. Gacon, et M. Charmont d'un autre côté, vous avez fait à trois ma double élection. Je n'ai pas besoin de vous dire que je m'en souviendrai tant que j'aurai mémoire et cœur.

Maintenant, comme je veux être le député de Cluny bien qu'en optant peut-être pour Mâcon, envoyez-moi, je vous prie, une liste des vingt personnes qui, à votre connaissance, ont contribué le plus de vos côtés à notre résultat et auxquelles je dois une marque de politesse ou de sensibilité :

nous nous réunirions à un déjeuner à Monceau.
Restez libre pour ce jour que nous déterminerons
quand vous m'aurez répondu. Mille amitiés.

LAMARTINE.

DCLVIII

A madame de Girardin

à Paris.

Mâcon, 7 novembre 1837.

Un service ! un service d'amie ! Il faut que vous m'obteniez dans la *Presse* l'insertion de dix lignes, sans lesquelles je répondrais mal aux sentiments des électeurs de Dunkerque. Il ne faut pas blesser des amis politiques qui nous ont adopté et caressé quatre ans. Je veux leur ménager une transition pénible pour eux et pour moi. Vous seriez-vous doutée que le cœur avait son jeu même en élection ? Eh bien ! oui, mon abdication de Dunkerque est pour moi une affaire de cœur.

J'ai eu de vos nouvelles par le chevalier ou vicomte de Launay, qui enchante ici tout le monde pendant qu'il s'ennuie à Paris, et par madame votre mère qui m'a écrit de Versailles où je devais aller la voir. Une épidémie de fièvres pernicieuses, qui a régné à Saint-Point six semaines et nous a enlevé une jeune et adorable femme de chambre anglaise, m'a retenu. Je ne suis allé à aucune élection, et j'ai été nommé à trois ou quatre.

Qu'on dise qu'il n'y a pas de bon sens en France, quand un pauvre homme comme moi qui marche seul, qui vit en dehors des coteries, qui méprise les partis, qui ne se donne qu'à la raison et au pays, a trois élections dont deux impossibles et une unanime. Il ne faut jamais désespérer d'une idée quand elle est juste.

Nous vous revenons bientôt, vers le 15 décembre; plus tôt, si je vois que les élections ont donné dans mon sens quelques éléments nouveaux qu'on puisse grouper pour s'asseoir ensemble près de la tribune. J'ai fait d'immenses progrès en *avocasserie*. J'ai improvisé une soixantaine de harangues aux conseils généraux et aux électeurs, vraiment dignes, par le pathos sonore et le vide plein de mots, des orateurs-avocats qui nous illustrent à la Chambre. Nous sommes des gens de bonne compagnie apprenant péniblement le patois.

Adieu. Je fais en secret des vers par milliers

depuis six semaines, entre quatre heures du matin et le jour. Si les électeurs le savaient!...

Adieu encore. Je vous aime bien et je crois que cela durera, car il y a longtemps, et je n'aperçois pas de déclin.

DCLIX

A monsieur le marquis de la Grange

Député de la Gironde.

Monceau, 14 novembre 1837.

Mon cher ami, je savais votre beau triomphe. Nul n'en jouit plus. Nous allons nous retrouver dans une même carrière et avec un même but. Les journaux disent que nous y marcherons ensemble; en tous cas nous nous y donnerons souvent la main.

J'arriverai à Paris le 12 décembre, et mon premier soin, en allant féliciter madame de la Grange, sera d'aller vous offrir les directions matérielles dont on a besoin pour entrer dans un salon, cela se borne là. Si vous avez assez de votre arrondissement, jugez de moi qui en ai cinq et pas de secrétaire. Je succombe, et cependant je griffonne cinquante vers par jour avant que le soleil ait réveillé les solliciteurs.

Amitiés et dévouement.

LAMARTINE.

DCLX

A monsieur Émile Deschamps

Paris, 15 novembre 1837.

Oui, mon cher ami, la triple élection est flatteuse et consolante pour un homme qui marche seul, mais l'élection générale me paraît désespérante pour les idées que nous voulons apporter. Pas un ami! au contraire, tous démissionnaires par découragement ou renvoyés faute d'être compris et soutenus! Que vais-je faire? Je voudrais avoir été éconduit comme eux! — Merci de votre souvenir qui arrive toujours comme un rayon d'en haut dans mes circonstances heureuses ou tristes pour les embellir ou les adoucir. Mon cœur vous le rend bien et mon esprit aussi.

La strophe des *Alpes fumantes* est, à mon avis, une des strophes du siècle, *comme dirait Lemierre*. Sérieusement, *Jocelyn* n'a pas le langage si haut. C'est superbe.... Je la sais par cœur.

Mes amitiés à votre admirable curé ; il en coûte de se brouiller avec les braves gens, mais il faut obéir à Dieu.

A revoir.

LAMARTINE.

DCLXI

A monsieur Guichard de Bienassis

à Bienassis.

Mâcon, 29 novembre 1837.

Mon cher ami, ton écriture me fait du bien à voir. Je me hâte d'écrire à M. Parent et au garde des sceaux pour toi. Mais, si tu n'es pas demandé par le procureur général, malheur à nous! Je serai à Paris dans trois semaines. Écris-moi. Cette place te va à merveille. C'est de la bienfaisance légale et de la charité officielle. Cela occupe du bien seul. Pourquoi m'as-tu informé si tard?

Nous t'avons espéré tous les jours de cet été. Je n'ai pas pu écrire, toujours accablé, voyageant, sans secrétaire et surchargé, mais le cœur toujours libre et une bonne part à toi. Ne nous oublie pas au printemps. Quelques gouttes d'ancienne amitié relèvent seules ce fade océan de vie publique ou poétique où je suis noyé. Ma femme et mes nièces parlent sans cesse de toi. Une d'elles va copier mon épître au garde des sceaux.

Adieu et amitiés. Respect et souvenirs affectueux à la mère et à la femme.

LAMARTINE.

DCLXII

A monsieur Dubois

à Saint-Laurent, près Cluny.

Monceau, 3 décembre 1837.

Je vous remercie de penser à me faire partager votre joie. Le *Croissez et multipliez* n'aurait dû s'appliquer qu'aux bons cœurs et aux bons esprits. Ne vous tourmentez pas des tristes préliminaires de sa naissance, nous sommes tous enfantés dans la douleur et pour la douleur. Le secret de la vie n'est que celui de supporter héroïquement ses peines. Vous le lui enseignerez, avec bien d'autres meilleures choses encore.

Je suis à la veille du départ, et la multitude de soucis d'affaires et de correspondances m'enlève le jour que je voulais vous consacrer en automne. Je le prendrai au printemps, et il sera plus long.

La bécasse a été un excellent prétexte à la lettre. Nous allons la manger en votre honneur et aux auspices du nouveau venu. Présentez mes respectueuses félicitations à madame Dubois et croyez à mon inaltérable attachement.

LAMARTINE.

DCLXIII

A monsieur le comte de Virieu

A Lyon.

Paris, 28 décembre 1837.

Sais-tu que je commence à m'inquiéter de ton long silence? Serais-tu malade, ou la truelle préoccupe-t-elle tant un homme que sa main ne puisse plus manier une plume pour ses amis? J'ai dîné hier avec madame de Beufvier qui m'a donné des nouvelles de ta sœur, mais de toi on ne sait rien. Plus ours que jamais, quittant même sa chambre à Lyon, ne venant plus à Paris, est-ce la peine de vivre? ou as-tu deux vies, une à perdre, une à employer? Je réponds *amen*. Vraiment tu devrais sortir trois mois par an de ta coquille, ne fût-ce que pour faire les cornes à cet ennuyeux monde. Mais on y a été jeté apparemment pour y vivre et s'y mêler.

J'ai été interrompu. Je recommence. Viendras-tu cet hiver ou ce printemps ici? J'irai moi à Mâcon pour les élections au mois de mars. Tu ne sais peut-être pas que j'en ai eu trois et refusé deux, ce qui fait cinq. Pas mal pour un homme systématiquement isolé et combattant tous les partis. Hier j'ai eu à la Chambre vingt-neuf voix pour la présidence, autant que Dupont de l'Eure, représentant de la gauche. Il va sans dire que Berryer et son monde ont voté pour Dupont de l'Eure. C'est conséquent pour des gens qui nomment à Toulouse Laffitte, l'homme des trois journées et le démolisseur de Saint-Germain l'Auxerrois, comme représentant et candidat de la monarchie et de la religion ! J'ai donc trente hommes à moi à présent dans la Chambre des *socialistes*. Et dans quatre ans j'en aurai soixante, c'est-à-dire le nombre qui, en se portant où il veut, y porte des majorités.

Je vais travailler beaucoup, mais parler peu, parce que ma position veut que je sois sur les seconds et troisièmes plans. La Chambre est une Babel. Les royalistes purs sont perdus ; ils s'adressent à moi pour les recevoir, je m'y refuse énergiquement : leur couleur absorberait ma nuance. Quand on a marché sept ans en ligne divergente, on ne peut se rencontrer sans dévier.

J'ai apporté à Paris un épisode de douze mille vers à publier quand on voudra. Entre nous, cela ne vaut pas grand'chose, mais ce qui vient après, épisode du peuple et de l'ouvrier, est bon. Tu vois que je trime, comme nous disions jadis. Trimer, c'est vivre. Pourquoi n'es-tu pas là pour causer et me consoler ! Ma vie est pleine, mais creuse et triste, rien de personnel ne la remplit. C'est tout philosophie, religion, politique, poésie, affaires, tactique, vent et parole. Elle est ainsi faite, il faut l'accepter.

Je m'occupe aussi péniblement de vivre. Je cherche un marché nouveau de librairie qui me donne cent vingt mille francs et m'aide à subsister quatre nouvelles années. Je refuse ministère et ambassades, dont on me prodigue souvent les amorces, pour rester fidèle à mon indépendance et à notre passé; cela me fait travailler pour vivre.

Adieu, écris-moi donc. Je n'ai pas l'habitude d'être deux mois sans lettres de toi.

Mille respectueux sentiments à ta femme.

LAMARTINE.

ANNÉE 1838

ANNÉE 1838

DCLXIV

A monsieur le comte de Virieu

Paris, 13 janvier 1838.

Mon cher ami, j'ai reçu tes douze pages. Bravo ! cela m'a donné une heure de bonne odeur du passé. Hélas ! elles sont rares ; la vie s'affadit chez moi comme chez toi. Seulement chez moi ce n'est pas par défaut d'activité interne et de feu des passions, mais par la faute de destinée. La mienne, je te l'ai toujours dit, était l'action ; les événements me la refusent et j'en sèche, car je la veux grande et à des conditions honorables. Je ne la trouve pas possible malgré ma persévérance à l'attendre. Je voudrais bien que le bon Dieu m'éclairât et me fît dire ce qu'il faut faire.

J'ai lu tes controverses sociales. Tout le monde a raison dans sa nature, c'est vrai. Cependant j'en reviens à ceci toujours : nous ne vivons qu'une fois ; pendant cette vie il se passe un drame de choses et d'idées quelconque qui a son dessein providentiel et dont nous sommes parties intégrantes; devons-nous, pouvons-nous nous mettre de côté et dire : Jouez la farce sans nous, le sujet ne nous convient pas ! Mais le sujet est donné de Dieu, nous ne pouvons pas le décliner par des désirs ou des dégoûts. La vie est un rôle obligé. Quitter son habit avant la fin de la pièce, c'est manquer à l'auteur, voilà.

Si tu me dis que tu joues ta part en élevant tes enfants, aimant ta femme et bâtissant tes murs, je te répondrai : C'est de la vie privée et non de la vie de devoir public, c'est de l'instinct et non de la vertu; or tout homme a deux actions parallèles, l'action domestique et l'action sociale. Où est ton rôle d'acteur social?

Allons, passons. Tu me donnes une seule bonne raison, la santé. Je t'en donnerai bientôt une autre, l'*impossibilité* pour mon propre compte. Je me retirerai de la vie politique parce qu'il commence à me paraître démontré que je n'y suis pas dans la proportion de mes forces réelles, et qu'il ne faut pas consommer des forces inutilement. Je ferai autre chose, car je *ferai* jusqu'à mon dernier jour. Je ferai de la haute philosophie religieuse et politique.

La moyenne d'intelligence des Chambres est un milieu qu'on ne peut vaincre. J'ai beau travailler, comprendre, me former à une parole qui intérieurement me semble au niveau et fort au-dessus même de beaucoup d'autres, je ne suis pas entendu ni compris par la masse et je n'exerce pas l'ascendant naturel et proportionné à mon effort. Mais il y a en moi quelque chose de si invincible en impulsion que je vais toujours et me brise souvent. C'est un état pénible : c'est celui d'un homme qui parle une langue étrangère dans un groupe d'hommes étrangers et qui se consume sans se faire comprendre. J'ai connu cela en un autre ordre de choses, au commencement de notre vie, quand je me sentais poëte plus que Fontanes et Baour et que Baour et Fontanes régnaient.

Passons à toi encore. Tu bâtis donc ton nid définitif; j'ai eu aussi ce temps, il est passé. Un nid sans œufs n'est plus qu'un tombeau, mais je partage ton plaisir par la pensée. J'irai te voir cet été et demander à ta source et à tes beaux arbres s'ils se souviennent de moi. Pourquoi Pupetières est-il si loin? J'aimerais bien mieux Fontaine.

Je suis bien aise que tu viennes à Paris, non que je sache ce que c'est maintenant que ton Paris. Le mien est un collége avec le dimanche de vacance pour galoper trois heures seul dans les sables du bois de Boulogne. Mais enfin tu reverras un monde tel quel, tu respireras des idées, et tu en feras respirer à tes enfants. Ce qui manque à ta vie, c'est la circulation de l'air; cela ne vaut rien. Il y a méphitisme moral à ne pas le changer de temps en temps dans sa pensée; et puis tes enfants en auront besoin : tu auras beau faire, il faudra bien qu'ils vivent de l'air du temps, et, si tu ne les y prépares pas, cet air où ils seront jetés tout à coup un jour sera trop fort pour leur poitrine.

Olympe de Vignet est ici avec sa sœur. Je vais les voir ce matin, cela me fait peine.

Cazalès est ici, il me voit souvent. M. Mounier travaille comme moi. La Chambre est extrêmement bonne et s'assied ferme comme un seul homme dans le centre droit des idées et des sentiments antirévolutionnaires, malgré les intrigues, la presse et le feu qu'on lui met sous les pieds. Tu peux planter et bâtir tant que le pays aura cette Chambre. Personne ne veut plus de révolution, pas même tes amis qui font de l'opposition gracieuse dans leurs journaux et de la conservation le matin dans le tête-à-tête. Entre la république et ceci il y a un fossé ; entre la restauration et ceci il y a la république et un abîme. On commence à le comprendre, et personne n'a l'envie sérieuse d'y jeter sa fortune, ses enfants et sa tête. Les plus honorables se bornent à faire comme moi, à donner des gages de respect et de regrets au passé, à ne pas entrer dans le gouvernement, mais à se plonger au cœur du pays pour le disputer à l'anarchie et à l'impossible.

Adieu donc. Voilà huit pages contre douze, mais je suis député. Voilà aussi mon improvisation d'hier à la Chambre contre ton opinion (1).

LAMARTINE.

(1) Sur la Conversion des Rentes. Séance du 14 janvier 1838. V. *La France parlementaire*, t. II, p. 8.

DCLXV

A monsieur Ronot

Avoué à Mâcon.

Paris, 16 janvier 1838.

Mon cher ami,

Il faut accepter et les défendre énergiquement : c'est ce que je ferais à votre place. Je vais en parler au ministre.

On écrase le pauvre, il n'est pas étonnant que l'injustice le soulève quelquefois. C'est déplorable, mais il faut, en le déplorant, l'expliquer, l'excuser, et conjurer les conseils municipaux d'avoir une politique plus généreuse et plus libérale. Un emprunt et quelques centimes de plus sur les riches propriétaires de maisons permettraient d'alléger tout cela.

J'ai opté pour vous hier soir. Vous allez recevoir un mot de moi aux électeurs (1). J'y touche

(1) Aux Électeurs du Premier Collège de Mâcon, 15 janvier 1838. V. *La France parlementaire*, t. II, p. 6.

justement la question du peuple, qui est avant tout la mienne. Ce sera de l'à-propos sans le savoir.

J'ai parlé hier sur la conversion. Lisez cela au *Moniteur*. J'ai été le seul. Paris m'en sait gré. Je suis inondé de lettres de remercîments.

Je m'ennuie. Nous n'aurons pas de session politique. J'ai envie de me retirer dans la vie privée. Je suis trop solitaire dans cette Chambre. Son intelligence est bonne, mais *au-dessous* des deux autres. Tout à vous.

LAMARTINE.

Ne craignez pas de dire à vos clients que je vous ai engagé à les défendre, tout en réprouvant l'émeute, mais en m'indignant de la malheureuse cause de l'émeute, et que je ferai d'ici ce que je pourrai pour adoucir la sévérité de la répression.

DCLXVI

A monsieur Ronot

Avoué à Mâcon.

Paris, 16 janvier 1838.

Mon cher ami, je vous adresse ci-inclus un billet de 500 francs pour faire faire immédiatement une distribution de stères de bois aux familles indigentes pendant cette horrible rigueur de saison. Je vous demande pardon de l'ennui, mais je sais que vous ne vous plaignez jamais que lorsque vous voyez des souffrances sans pouvoir les soulager.

Voici comment cela se fait : on consulte la liste des indigents au bureau de charité, les pauvres honteux aussi (ceux-là ne sont pas inscrits), le nombre des individus par famille; on fait des *bons* en conséquence et en proportion. On achète tant de stères de bois commun et court, et, à un jour et une heure indiqués, chacun des indigents va armé de son bon prendre son quart ou demi-quart ou moitié de stère sur le quai, près du bateau, où vous placez un homme pour vérifier la fourniture. J'ai fait cela souvent quand j'y étais. Soyez assez bon pour me remplacer.

Tout à vous.

LAMARTINE.

Ce qui m'y fait penser, c'est treize degrés de froid que nous avons ici et les misères dont vous me parlez là-bas. Nous recommencerons si la rigueur du temps continue.

DCLXVII

A monsieur Ronot

A Mâcon.

Paris.

Vers charmants et touchants! Merci, mon cher ami. Vous récompensez en poète ce qui ne doit pas être récompensé, car ce n'est que devoir.

Je soigne votre affaire de l'émeute de manière à la tempérer.

Rien de nouveau ici. Je m'ennuie et me fatigue de vivre politiquement si seul. Le découragement qui n'est pas dans ma nature me prend un peu. Cependant j'ai dehors une légion d'amis. Mon discours sur la rente a ici un *retentissement* qu'aucune de mes discussions ne m'a jamais valu. On est bien étonné qu'une intelligence qui a rimaillé quelques vers plus ou moins bons puisse s'élever jusqu'à comprendre que deux et deux ne font pas six. Plaisante race que la race médiocre! elle se croit inaccessible. Sérieusement, cela m'a donné ici une immense popularité financière. J'en ris tout bas.

Je fais copier mes douze mille vers, ces jours-ci, puis je les corrigerai, et on les imprimera. Je vous les enverrai.

Adieu, tout à vous.

LAMARTINE.

DCLXVIII

A monsieur Ronot

Avoué à Mâcon.

Paris, 26 janvier 1838.

Mon cher ami,

J'ai le plaisir de vous annoncer que, d'après mes démarches auprès du ministre et du directeur général de la police du royaume, M. de Jussieu, un de mes amis particuliers, le gouvernement ne donnera pas suite à l'affaire de Mâcon et qu'il n'y aura d'autre conclusion que celle de la police correctionnelle. Nous tâcherons de l'adoucir encore. Je m'y emploierai de mon mieux. Communiquez ceci confidentiellement à vos clients, et engagez-les à être dans leur défense aussi modérés et aussi calmes qu'ils l'ont été peu dans leur réclamation. Le reste au conseil municipal.

Tout à vous de cœur.

LAMARTINE.

DCLXIX

A monsieur le comte de Virieu

Paris, février 1838.

J'ai reçu tes dix-huit pages, mais j'aime mieux les intérêts que le capital en fait de correspondance avec toi.

Je ne réponds rien. J'ai du travail depuis huit heures du matin jusqu'à minuit. Nous causerons quand tu viendras. Hier nous causâmes beaucoup de toi chez M. de Brézé. Tout le monde t'accuse, et je ne te défends pas. Tu quittes la colonne, tu restes en arrière, tu seras un traînard. Tout le monde agit, parle, écrit, lit, travaille; tu t'assieds sur le bord du chemin, et tu te bornes à critiquer l'armée humaine. Il n'y a qu'une raison bonne, la santé. Mais, si 1830 n'eût pas eu lieu, aurais-tu trouvé ta santé trop mauvaise pour être podestat de Lyon et pair de France? J'en doute.

Je te chercherai ton petit libraire, mais ceux

que je connais ne feraient rien de cela ; d'ailleurs je n'en connais plus.

Comment peux-tu t'imaginer que je sois assez simple pour accepter un rôle dans les pièces parlementaires que nous jouons? J'en ai pris un excellent, et que tout le monde commence à confesser fort et grand dans l'avenir, c'est celui de ministre de la haute opinion philosophique, libérale, honnête et gouvernementale, dans un certain ordre de la pensée publique. Cela vaut mieux que d'être ministre de je ne sais quelle pauvre administration, même des affaires étrangères. Tous les mois il y a une insurrection d'opinions contre mon désintéressement. On dit : Il veut être ministre, il va l'être, le voilà. Puis le jour d'ensuite ces bêtises tombent, et l'on dit : Non c'est un homme qui ne sait ce qu'il dit, mais c'est un homme indépendant. Mais toi, tu sais bien ma pensée : une expectative grandement, lentement, largement, rationnellement dessinée; créer une force, et attendre le jour où les affaires viendront la chercher par une nécessité évidente et invincible sans contestation ni avec soi-même ni avec les autres, voilà mon rôle.

Je suis très-aimé dans la Chambre. Comme talent on ne conteste plus que la moitié, comme honnêteté rien du tout, comme opinion libre je suis admis. J'ai des offres et des offres toutes les semaines. En vérité j'ai parlé soixante fois cette année dans les bureaux, tribunes ou commissions, avec un étonnant progrès d'improvisation, qui a atterré les ennemis des poëtes. Mais je confesse que c'est difficile. Avant hier, et sur l'émancipation (1) et sur la conversion, j'ai été seul entendu avec un religieux respect. Voilà où j'en suis, et je travaille, travaille, travaille comme au collége. C'est ainsi seulement qu'on peut vaincre les innombrables difficultés que la situation délicate et les préjugés et les haines accumulent contre mon système et contre moi. Réussirai-je? Dieu le sait. En tout cas il est le maître. Tout sera bien s'il le veut. *Alla kerim!* c'est ma religion.

Je t'envoie un mauvais numéro d'un journal où tu verras moitié de ma réponse à M. Parès sur la peine de mort (2), et je te quitte pour aller combat-

(1) Sur l'Émancipation des esclaves. Séance du 15 février 1838. V. *La France parlementaire*, t. II, p. 33.
(2) Sur l'Abolition de la peine de mort. Séance du 18 mars 1838. *Ibid.*, t. II, p. 47.

tre Salvandy, à la commission du budget, qui veut absolument nous faire enseigner la théologie par l'État et que la religion libre devienne une fonction publique. Je mourrais pour qu'elle reste une liberté absolue de la conscience. Organiser la pensée dogmatique quelconque dans un gouvernement humain, c'est emprisonner la vérité à venir.

Viendras-tu enfin? On t'attend, et moi surtout, car tes amis t'oublient à la fin. On dit : Oui, c'était un homme de bien des facultés, est-il donc mort? Non, mais c'est bien pis, il vit enseveli.

Parlerons-nous politique générale? Non, tu es sur des données trop en arrière : tu crois au *Réparateur* et à la *Gazette*, hélas ! MM. de Brezé, de Noailles eux-mêmes, et Genoude qui écrit la *Gazette*, n'en sont plus là. S'il y a quelque chance, et Berryer me le disait hier, elle n'est plus à vue d'homme, elle est à un horizon inconnu. Ces gens ont tout perdu par la détestable ligne qu'ils ont suivie depuis 1830, et aujourd'hui ils en conviennent, mais il est trop tard.

Au reste qu'importe ! la question n'est pas là. Elle est dans le progrès de l'esprit humain. Toutes voies lui sont bonnes; il fait de beaux pas depuis huit ans malgré les innombrables malédictions dont on essaye d'arrêter tous ses essors, de tous les côtés.

Tu te tiens trop en dehors de tous ces mouvements intellectuels. Je te le répète, sois au moins spectateur : lis tout ce qui paraît, observe pour juger, abonne-toi à cinq ou six journaux et revues de Paris et de l'étranger, converse avec tes ennemis; sans quoi, l'âge amenant tes fils au monde, tu les y laisseras entrer dans une mer trop inconnue.

Adieu. Écris-moi surtout, car rien ne me charme comme les disputes avec ce que j'aime.

L.

DCLXX

A monsieur le comte de Virieu

A Fontaine.

Paris, 2 avril 1838.

Mon cher ami,

J'ai remis ton mémoire au ministre avec recommandation. Mais je n'ai pu y donner un coup d'œil, j'ai deux cents articles à préparer pour discussion dedans ou dehors la Chambre et une pensée trop absorbée pour se distraire utilement sur d'autres détails; mais j'ai fait comme si je l'avais tout lu, et l'attention y sera portée. Quant à ton petit libraire, j'ai cherché en vain jusqu'ici. Je t'en trouve bien, mais ce ne sont que de grands libraires, et je ne te répondrais pas de l'économie de leurs petites transactions. Donne toutefois ton ordre définitif, et je te mettrai en relation directe; mais tous sont juifs comme des libraires, même envers moi.

Je suis à étudier pour la quatrième fois la stupide question de la réduction forcée des rentes, question où nous différons parce que tu ne l'as pas étudiée, question immense, profonde, de finance et de politique. Suis-moi bien ces jours-ci lors de la discussion. Sauzet sera mon antagoniste.

Je ne me répèterai en rien, j'en aurais pour parler six heures. Le mensonge est sans fond et la vérité en a. J'ai longtemps pensé comme toi avant d'avoir vu, connu, étudié le Grand Livre et ses effets. Il m'est arrivé ce qui arrive dans toute question économique, c'est que le premier mouvement est faux, parce que ces matières ne sont pas régies par une seule loi, mais par un ensemble de lois et de faits dont il faut découvrir et apprécier la moyenne ; ce n'est plus instinct, c'est *science*.

J'ai eu un maître d'armes ici qui me disait : Défiez-vous de vos premiers mouvements, en fait d'escrime ils sont toujours mortels pour celui qui s'y livre. L'économie est comme l'escrime. Au reste mon premier discours dans l'Adresse (1), que tu

(1) Sur la Conversion des Rentes. Séance du 14 janvier 1838.

n'as pas lu, a produit une révolution réelle dans l'opinion ici, et bien des conversions se sont faites. On agira encore, mais sans foi et sans espérance. On ne s'est jamais joué d'un pays à ce point.

Il y a là de quoi travailler trois mois sans relâche. Je m'occuperai ensuite des chemins de fer sur lesquels mes études sont à faire ; puis d'Alger où j'ai mes convictions. J'ai parlé sur Alger deux heures au bureau l'autre jour sans pouvoir me faire nommer, mais en me faisant fort applaudir.

Tout va bien au reste en politique générale. Il n'y a plus de passions d'aucun côté. Tes amis même sont devenus tout bas les miens et confessent que leur situation n'était que passion. J'ai passé la soirée avec M. de la Rochejacquelin hier, il me disait : Je ne diffère pas d'un iota d'avec vous ; vous avez pris la seule voie menant à quelque chose ou à tout.

M. de Sade est venu hier. Nous avons parlé de toi, il déplore ton sommeil. Madame de Beufvier va enfin perdre son maudit mari ; elle n'affecte pas la douleur, et elle a bien raison.

Adieu.

L.

Procure-toi donc mon premier discours sur la rente en janvier, et je t'enverrai les autres. Je publie ces jours-ci un épisode de douze mille vers, *la Chute d'un Ange*. C'est *détestable*, mais indispensable à mon œuvre future. Mille choses à ta femme, etc.

Pour la vingtième fois, envoie-moi donc ton adresse normale.

DCLXXI

A monsieur le comte Léon de Pierreclos

A Mâcon.

Paris, avril 1838.

Mon cher Léon,

Je jouis bien de votre bonheur à tous deux, et je prie Dieu qu'il continue. Je n'en doute guère : votre destinée conjugale était écrite puisqu'elle s'est réalisée toute seule et par force d'attraction. J'ai su tous les détails de votre mariage qui a été splendide. Maintenant je conçois que le travail vous ennuie un peu. Mais vous finirez par être au-dessus de vos occupations, et un bon loisir en rentrant repose du travail du jour.

Nous espérons pouvoir retourner dans six semaines à Mâcon, et vous viendrez quelquefois passer de ces jours de repos à Monceau.

Je travaille moi-même au-dessus des forces ordinaires. Je parle ou j'écris du matin au soir, et de plus je publie dans huit jours mon épisode. Chute affreuse, mais qui ne me fera aucun mal, car je m'y attends.

Demain, je vais plaider pour les rentiers à la Chambre contre Sauzet qui reprend courage et talent. Mon rôle est ingrat, mais bon pour l'avenir.

Tous les journaux me font ministre des cultes. N'en croyez rien. Je suis très-ministériel pour M. Molé, mais je lui ai déclaré que, depuis une épingle jusqu'à un ministère, je n'accepterais rien. Dites bien cela à mon père pour qu'il ne croie pas à ces bruits que la Chambre croit tout à fait.

Je resterai ici jusqu'après les chemins de fer, et, cela passé, je m'en irai. J'ai soutenu mon ministre des affaires étrangères, il y a quatre jours, devant la commission du budget, et j'ai tout fait passer, malgré la coalition que j'enfonce de plus en plus.

Adieu et amitiés, embrassez votre femme pour nous.

LAMARTINE.

DCLXXII

A monsieur le comte de Virieu

Paris, 12 avril 1838.

Cette fois-ci je conviens que tu ne m'as jamais écrit une lettre plus spirituelle. Malheureusement je n'ai ni force ni temps pour y répondre qu'en deux mots griffonnés entre deux chiffres de la rente. Je viens de réétudier cette question avec une profondeur qui m'y a fait découvrir cent fois plus d'absurdités. Autre chose est le monde à sa surface, autre chose dans ses entrailles : ainsi des idées économiques et politiques.

Je parlerai lundi ou mardi (1). Je veux parler comme politique cette fois, car pour le droit, bien que la source du mal soit là, la Chambre est passionnée contre le rentier comme le paysan de nos villages est passionné contre le château.

---

(1) Sur la Conversion des Rentes. Ce discours fut prononcé le 17 avril. V. *La France parlementaire*, t. II, p. 56.

C'est le même sentiment, la même bêtise. Il n'y a rien à faire qu'à lever les épaules. Je t'enverrai mes principales paroles.

Tu me demandes ce que je ferai, tels événements survenants. Je prendrais conseil de ces événements, et, s'il m'était en conscience démontré que je puis servir mon pays et mon idée, et que *seul* je puis le servir, je n'hésiterais pas, j'entrerais dans l'action gouvernementale, sous quelque drapeau que ce fût. Mais il faut pour cela devant Dieu et devant les hommes évidence irrésistible et nécessité. Or je ne crois pas que ce cas se présente une fois ou deux par vie humaine, autrement je resterais homme du pays en dehors, et non hostile, de tout gouvernement du pays.

S'en séparer en se séparant de son temps et des faits donnés par Dieu, ce n'est pas vivre, c'est ajourner sa vie, et l'homme n'en a pas deux.

Je travaille immensément. J'ai parlé dix fois hier devant la grande Commission du budget, et j'ai emporté toutes les questions d'affaires étrangères quoique l'opposition y fût en majorité ; mais cela fatigue rudement. Si tu voulais, comme moi, vaincre le temps et la nature et devenir un avocat à quarante-six ans, je te dirais non : tu aurais trop de peine, et ta santé ne le comporterait pas. Mais t'asseoir noblement comme Royer-Collard et M. de Fitz-James, et faire entendre une fois par session une voix philosophique et grave, sur tout à ton pays, c'eût été ton rôle. Il serait superbe, utile et grand. Le général a plus de gloire que le soldat, et il ne brûle pas tant de poudre.

Adieu. Je te quitte pour préparer mes paroles de lundi, qui ne seront peut-être pas même écoutées, en me promenant dans mon cabinet et en pindarisant. *La Chute d'un Ange* paraît dans quelques jours. Ici je n'ai pas à la lettre le temps de la lire. Je te l'enverrai. Adieu.

L.

DCLXXIII

A monsieur le comte de Virieu

Paris, 25 avril 1838.

J'ai tes belles pages. Nous sommes ces deux fois d'accord sur tout, car ce que tu me proposes sur le 5 p. 100, je l'ai dit cinquante fois à la Chambre, bureaux, commissions : immobilisez. Mais je m'en dédis, car ce serait dénaturer la rente et attacher du plomb à une feuille de monnaie, elle ne circulerait plus. Non : déclarez seulement le non-remboursement forcé en principe. Tout s'accomplit par ce seul fait. Maintenant avez-vous la manie de secouer votre fortune publique absolument ?

Voici mon plan :

Réduire l'amortissement de 1816 à 1 p. 100, dorénavant : cela produit 25 millions ;

Remboursez les cautionnements, et ordonnez qu'on vous les dépose en rentes existantes : 9 millions ;

Ouvrez un registre *facultatif* où s'inscriront les rentiers qui voudront accepter du 4 1/2 à la condition de 25 ans d'irremboursabilité ; cela produira, je crois, 15 millions.

Total certain : trente millions.

Total probable : quarante-cinq millions d'économie aux contribuables, pas une lésion, pas un mode, pas un cri.

Le reste n'a pas le sens commun.

Je ne m'en mêlerai plus *par politique*. La Chambre, depuis mes cinq dernières discussions et les vingt ou trente que tu ne vois pas dans son intérieur, est *passionnée* pour moi, tout me vient, tout se groupe, tout me presse. *Je ne veux pas.* Mais, après des coups très-éclatants, les anciens me disent qu'il faut se taire. Or tous me disent que, depuis les beaux discours de la Restauration, et y compris et depuis Berryer sur l'Amérique, il n'y a pas eu d'effets de tribune si merveilleux. Le reste est petit, il ne faut pas s'y mêler. Mon plan était de soutenir M. Molé le surlendemain ; j'avais un discours, chiffres et politique, très-beau pour monter à son secours. Il a tout abandonné au moment où il était vainqueur. On va se débattre sur des modes. Je ne puis pas défendre un mode ou préférer un mode dans mon opposition à tous les modes. Je ne dirai rien.

J'attends les chemins de fer pour plaider puissamment ma centralisation, notre antagonisme. Je suis plus convaincu que sur la rente. Mais je viens de voir que je n'aurai pas moyen peut-être d'aborder la tribune, tout le monde est inscrit.

Je fais, à l'Hôtel-de-Ville, lundi, un *superbe* discours, comme on dit, contre les horreurs de l'administration actuelle relative aux enfants trouvés (1). Je veux sonner ce tocsin. C'est affreux, c'est du meurtre en théorie et en pratique, c'est la lutte de l'école matérialiste et de l'école chrétienne. Je te l'enverrai.

Je lis ce soir mon rapport des Affaires Étrangères (2). J'étudie vingt volumes de chemins de fer; je parais en deux volumes de poésie dans sept jours; j'ai quarante lettres et deux ou trois séances par matinée; je monte à cheval au bois de Bou-

---

(1) Ce discours fut prononcé à la séance publique de la Société de Morale chrétienne, le 30 avril 1838. V. *La France parlementaire*, t. II, p. 88.

(2) Rapport sur le budget du Ministère des Affaires Étrangères. Séance du 27 avril 1838. *Ibid.*, t. II, p. 76.

logne deux heures; je ne dîne pas chez moi un jour par semaine; j'ai cent vingt personnes le soir, deux fois par semaine; je suis malade et triste. Je me console en t'écrivant entre vingt lettres encore non ouvertes.

Tu te trompes quant au rôle de Royer Collard: c'est le plus beau de ce temps-ci comme spéculation active; c'est le rocher, et nous sommes les vagues. Je ne te plaçais pas mal, et certes tu es haut dans ma pensée.

DCLXXIV

A monsieur le comte Léon de Pierreclos

A Mâcon.

Paris, mai 1838.

Je vous remercie de vos bonnes nouvelles, mon cher Léon. Faites-en mes compliments à Alix. Nous irons dans un mois vous les faire à tous les deux.

Je suis d'ici là bien occupé ; mon poëme paraît demain. Le ministre vient de m'envoyer trois messages pour me faire parler ce matin en faveur du gouvernement dans les chemins de fer où ils craignent encore d'être battus, et j'ai les Affaires Étrangères à étudier sur tous les points. Il ne me reste pas une minute pour mes amis.

Je vous envoie le poëme. Lisez aussi un discours des *Enfants trouvés*. Rien n'a jamais eu de moi ce succès fou ici. Cela renverse l'administration départementale. Quatre mille cinq cents exemplaires ont été dévorés en huit jours ; j'en fais imprimer encore deux mille, et cela ne suffit pas.

Nous avons un monde fou à la maison tout le jour. L'opinion me fait ministre chaque matin. Je suis décidé à rester dans les rangs du pays indéfiniment, et vraisemblablement dix ans; aussi ne comptez pas sur mon crédit.

Adieu. Je vous prie de présenter mes hommages à tout le monde.

Mes amitiés à Ronot.

LAMARTINE.

DCLXXV

A madame de Girardin

A Paris.

Monceau, 16 juin 1838.

Et d'abord merci d'un article charmant et profond de la *Presse* d'avant-hier. Voici un petit mot à son auteur inconnu, que je recommande à votre patronage, car il y a un reflet de votre amitié dans ce morceau.

Quant aux lettres de madame Malibran, je vous promets de les chercher ; mais j'ai cinq maisons et dix ou douze cabinets où s'enfouissent au hasard de leur arrivée mes lettres et papiers : je suis en ce moment à Monceau. Saint-Point est plein d'ouvriers. Je n'irai que dans dix jours : j'y chercherai toute une matinée pour vous, et, si je trouve, je vous enverrai.

Votre lettre m'accuse à tort. Je vous ai moins vue par un sentiment que vous auriez compris à ma place. Il faut laisser à la main de Dieu ce qui serait blessé par la main des hommes. La solitude et la pensée vous rendront sérénité triste et courage ferme. C'est à ces deux points qu'il faut borner son ambition morale, quand on a vécu le tiers de sa vie.

Le travail, qui est la loi suprême, vous soulagera aussi. Entreprenez, comme moi, quelque œuvre magnanime, bien qu'avec la certitude de ne rien mener à terme. Qu'importe le but, pourvu qu'on marche ! Et le but n'est-il pas toujours là où la Providence vous arrête ?

Pour moi je ne fais rien du tout que rester au lit, à côté d'une fenêtre, au soleil, trois lévriers sur mes pieds chauds et un livre quelconque dans ma main distraite ; puis déjeuner, monter à cheval, ressortir, effleurer des journaux : voilà une délicieuse vie, pourvu que cela ne dure que quinze jours. J'en jouis très-sensuellement. J'ai déposé le fardeau des cent mille pensées qu'on porte à Paris. Je me sens les épaules bien légères, et je me moque des critiques qui m'injurient de toutes parts. Dans quelques jours je ferai des vers pour moi, puisqu'ils n'en veulent pas pour eux. Souvenez-vous de toute ma poétique : Être amoureux de son sujet, et songer à se plaire à soi-même.

Une seule chose me tourmente, c'est la gêne extrême dans laquelle sont mes finances. S'il me fallait vendre une terre, je me sentirais déraciné. Ce serait comme vendre mon père et ma mère et moi-même dans tout mon passé. Cela me rend triste quelquefois, et j'embrasse mes arbres pour qu'on ne nous sépare pas.

Viendrez-vous nous voir quand vous aurez appris par expérience de trois mois ce que c'est qu'une vie de paysanne des montagnes de Guéret?

Adieu, et mes amitiés à votre mari.

LAMARTINE.

DCLXXVI

A monsieur le marquis de la Grange

député.

Monceau, 19 juin 1838.

Mon cher ami,

J'ai reçu votre discours sur Alger. J'en ai été bien content, cela est parfaitement saisi et exprimé. Néanmoins je me félicite que vous n'ayez pas fait vos débuts dans une conversation sans conclusion comme cette pauvre et posthume discussion. Il n'y avait pas de combat.

Je vois quelque chose de plus nul, c'est la discussion sur les chemins de fer, d'hier. Allez-vous-en, faites comme moi : il n'y a de bon que la campagne, même grêlée comme la vôtre, même gelée comme la mienne; il y a au moins silence, coin de feu, rayon de soleil, et audience donnée aux pensées.

Ce que vous me dites des doubles tentatives des

deux éléments ministériels m'afflige. Ils sont trop faibles pour se diviser. M. Molé seul peut résister quelques mois en manœuvrant, mais cela en vaut-il bien la peine?

Je vous remercie de m'avoir écrit ces bonnes lignes. J'avais, du reste, de vos nouvelles par la main de madame de la Grange, mais j'aime mieux en avoir des deux mains.

Ne pensons plus à la politique pendant six mois. Je ne pense, quant à moi, à rien du tout qu'à boire de l'eau de mes sources, plus pures que la Seine, à manger des fraises, et à rester au lit jusqu'à dix heures avec ma fenêtre ouverte au soleil et un livre à la main; puis à cheval, puis à table. Véritable vie de Salomon après sa chute, aux cinq cents femmes près. Je donne aujourd'hui un festin de vingt couverts, et ainsi de suite jusqu'à Saint-Point où je vais dans huit jours. Que la Providence nous gouverne en attendant! Quoiqu'on me dise panthéiste, personne ne croit plus ferme qu'il y a un Dieu, et que nous sommes des cirons qu'il daigne aimer et régir comme des enfants.

Adieu. Je voudrais bien que vous fussiez mon

voisin comme notre aimable et capable voisin Morangiès. Faites-lui mes amitiés ainsi qu'à MM. Pagès, Staplande et autres bons voisins de nos tristes bancs.

Tout à vous.

LAMARTINE.

DCLXXVII

A monsieur le comte de Virieu.

A Fontaine.

Monceau, 21 juin, jeudi, 1838.

Mon cher ami, tu peux venir quand tu voudras, si tu ne me vois pas arriver d'ici lundi prochain. Je serais parti ce soir sans l'arrivée inopinée du baron et de la baronne de Stürmer, ambassadeur d'Autriche à Constantinople, qui viennent de nous tomber à leur départ. Si ma femme peut me laisser trois jours, j'irais les passer à l'ombre de tes arbres de Fontaine. Je présume que ce serait *samedi* par le bateau à vapeur. Adieu.

LAMARTINE.

DCLXXVIII

A monsieur le baron Carre de Vaux

A Paris.

Saint-Point, 15 juillet 1858.

J'ai reçu ta lettre, mon cher Alexandre, et je t'en remercie, non-seulement comme cousin mais comme philosophe et comme poëte, sans compliment. C'est un bon et beau morceau digne de la raison la plus mûre et du talent le plus exercé. Je voudrais l'avoir écrite, et j'attends avec empressement celle où tu traiteras de la partie artistique.

Quant au fond de la question, je te dirai que je rougirais de le traiter à propos de quelques médiocres vers jetés dans un petit épisode. Je n'ai eu nulle intention dans ce morceau de professer quoi que ce soit en matière dogmatique, mais de formuler seulement le culte rationnel tel qu'il apparaît devoir être à un œil philosophique en dehors des faits existants. Ne pas dire autre chose que ma pensée en matière religieuse, là se borne, comme poète, toute ma tendance.

Peut-être plus tard écrirai-je sérieusement de la religion et de la philosophie pure, mais ce sera en prose et en chiffres, si je pouvais.

Tu partages donc à tort l'erreur commune qui m'attribue l'intention d'hostilité envers le christianisme dans ceci ou dans *Jocelyn*. Je suis chrétien à peu d'interprétation près. Le peu de bien qui est en nous vient de là, et je vénérerai toujours la source où nos âmes ont tout puisé.

Maintenant le christianisme à la lettre est-il le christianisme en esprit? le christianisme qui a traversé, en s'en imprégnant, les ténèbres des âges les plus honteux de l'esprit humain est-il le christianisme de ses âges de développement et de lumière? là est la question. Là nous différerons sans doute, mais toujours en glorifiant la même doctrine.

Au reste mon poëme futur n'a nullement cela pour objet. Je veux le laisser soigneusement en dehors des dogmes; c'est précisément pour cela que mon homme est, sans exception, un ange tombé.

Adieu. Je n'ai que le temps de te dire que j'ai été charmé et non offensé; je ne verrai jamais qu'affection dans des conseils qui ont l'éternité pour objet.

Nous sommes seuls ici, et j'y jouis en paix d'un loisir qui me repose. Je ne m'occuperai de nouvelle poésie qu'en septembre, et celle-là ne touche qu'au cœur.

Mille respectueux hommages à ta femme.

LAMARTINE.

DCLXXX

A monsieur le comte de Virieu
A Fontaine.

Saint-Point, 28 juillet 1838.

Je t'ai attendu aussi de mon côté, mon cher ami; voilà pourquoi je ne t'ai pas écrit pour remercier madame de Virieu de son excellente hospitalité. Je n'ai pas pu aller te la demander de nouveau parce que j'étais entre une affaire et l'autre. Si tu ne viens pas, j'irai à mon retour; mais il vaut mieux que tu viennes.

Quant à mon dernier épisode, je ne te l'ai pas envoyé parce que j'en préparais une cinquième édition avec *deux mille* et tant de corrections de style. Autant valait-il que tu eusses la moins mauvaise. Bien corrigé, encore te paraîtra-t-il pitoyable; mais n'importe, tu l'auras dès qu'il me reviendra de Paris. J'ai trouvé à mon retour une trentaine d'articles fulminants contre moi dans mon paquet, et j'y suis maintenant fait. Néanmoins, bien que je conçoive la véhémence des colères d'opinion qu'il excite, je ne puis pas rester bien convaincu que, dans la place et dans le rôle que je lui destine dans mon œuvre générale, il n'ait pas une certaine valeur de conception relative et de poésie absolue. S'il n'en est pas ainsi, *basta cosi!* Je n'y pense plus, je m'essuie, et je fais autre chose qui certes te plaira, ou je ne m'y connais plus : c'est l'épopée populaire de la chaumière et du grenier ; puis viendront *les Pêcheurs* que j'ajourne.

Je suis absolument seul avec ma femme à Saint-Point, souffrant, baguenaudant, lisant, rêvant, priant, n'écrivant pas encore. J'attends la fin de la politique qui ne sera finie pour moi qu'après le Conseil général. Je t'enverrai un discours que je n'improvise pas, mais que j'ai écrit tout à l'heure pour une séance de l'Académie, à Mâcon, que je préside devant le Conseil et le public, à la fin d'août (1). Demain j'envoie une circulaire relative aux Enfants trouvés à tous les conseils des hospices du royaume. Je ne ferai des vers qu'après tout cela. Dans mon poëme de *l'Ouvrier* il n'y aura controverse ni religieuse ni politique, sentiment tout

(1) Discours prononcé à l'Académie de Mâcon (25 août 1838). V. *La France parlementaire*, t. II, p. 126.

pur et pathétique élémentaire par le pain et le sel. Homère et la Bible, et un peu les Anglais, ont seuls touché ces cordes les plus résonnantes de la destinée misérable de l'homme.

Pourquoi diable es-tu si loin et ne nous voyons-nous que tous les ans un jour! Si tu étais derrière la colline de Saint-Point, nous aurions bien à deviser de choses légères ou graves. Te revoilà dans la philosophie, tant mieux ! Et moi aussi je vis depuis dix ans dans la philosophie. Mais la philosophie indienne m'éclipse toutes les autres : c'est l'Océan, nous ne sommes que ses nuages. A propos de philosophie allemande, voici Edgar Quinet qui débarque chez moi de Heidelberg et qui vient passer huit jours à parler de Herder et de Strauss, du panthéisme et du symbolisme. Je te quitte pour aller le rejoindre dans mon bois où je l'ai laissé pour te répondre.

Mais il n'y a qu'une philosophie de bonne : Dieu dans le ciel et la conscience en nous. Cela seul est incontroversable, et tout ce qui est controversable n'est plus assez vrai pour moi. Adieu donc, à revoir.

LAMARTINE.

DCLXXXI

A monsieur Antoni Deschamps

A Montmartre

Saint-Point, 1er août 1838.

Je viens de recevoir enfin, monsieur et cher poëte, votre adresse longtemps attendue, vainement demandée à Émile. J'en profite à l'instant pour vous dire bien mal tout ce que j'ai éprouvé en lisant, il y a un mois, dans *la Charte*, l'article admirable de sentiment et de pensée que vous avez consacré à mon dernier ouvrage si mal accueilli. Cet accueil est jusqu'à un certain point mérité. Vous ne pouviez me défendre qu'à force de bonne volonté et de partialité poétique; mais qui se plaindra de cette partialité d'un poëte qui ose seul en défendre un autre contre l'injustice ou contre l'inintelligence d'un public? A coup sûr ce ne sera pas moi. Vous savez combien j'admirais votre talent original et antique à la fois, vous ne savez pas combien d'affection ce beau trait de famille ajoute à un sentiment déjà fort et déjà vieux.

J'apprends aussi que dans vos prochaines poésies il y en a une qui m'est dédiée. Je l'attends avec impatience, bien sûr du genre d'impression que j'en recevrai, et j'y répondrai, j'espère, à une heure d'inspiration, vide de bruit et d'affaires.

On me dit que votre santé va complétement mieux. Je n'ai jamais douté que votre maladie ne fût nerveuse et nullement organique. A mesure que les années soutireront ce fluide trop actif qui fait la vitalité surabondante à ceux qui doivent vivre deux fois, vous vous sentirez plus en harmonie avec vous-même et avec ce monde.

Le travail et l'amitié, ces deux précurseurs de la gloire, achèveront votre destinée. Elle ne sera jamais aussi douce et aussi complète que vous la méritez et que je vous la souhaite.

Souvenez-vous de moi et faites-en souvenir notre excellent et admirable Émile. On voudrait être le troisième frère des deux.

LAMARTINE.

DCLXXXII

A monsieur le comte de Virieu

Mâcon, 19 août 1838.

Je ne fais que des corrections littéraires et des corrections de *chasteté* d'images et de style dans *la Chute d'un Ange*, point ou peu de corrections d'idées rationnelles : on corrige son esprit, mais non sa conscience religieuse et philosophique. Je ne professe rien du tout dans ce livre, ce n'était pas la place. Seulement je fais tenir à mon sage le langage que, dans cet état primitif du monde, il devait, selon mes idées, tenir pour rendre à Dieu le culte en esprit et en vérité, c'est-à-dire le culte d'adoration, *rationnel* et non symbolique.

Je ne partage pas ton antipathie irrationnelle contre le rationalisme. Je crois, au contraire, qu'après s'être beaucoup et vainement soulevé de soi-même pour monter plus haut que le simple bon sens, l'homme revient à sa raison sainement et consciencieusement consultée, et que ce qu'elle lui dit avec évidence c'est la vérité pour lui et pour le temps où elle parle. Le reste n'a fondement que dans nos désirs et nos imaginations avides d'ultra-vérités. La raison seule est le principe, le moyen et la fin, c'est le verbe parlant en nous. Quand j'en aurai le temps j'écrirai ce que j'en pense, mais je ne le ferai qu'en cheveux blancs. En attendant je me borne, pour ne pas mentir à Dieu, à ne pas dire autrement que je ne pense.

Me voici au milieu du mouvement d'intrigues et d'affaires du Conseil général commençant demain. Je serai à Monceau ces quinze jours, venant tous les matins et repartant tous les soirs. Je reviens à Saint-Point ensuite.

Adieu, respects bien affectueux à ta femme et amitiés à toi.

L.

DCLXXXIII

A madame de Girardin

A Bourganeuf (Creuse).

Votre lettre m'a plu par ce sentiment juste, que dans le malheur on pense à ses amis. Vous avez pensé à moi un jour de tristesse, donc vous n'êtes pas sans quelque amitié au fond du cœur pour moi. Je ne vous réponds cependant que deux mots, car je sors de mon lit où j'ai été quatre jours avec une névralgie, et je suis au coup de feu d'un Conseil général où je pérore vainement, dix fois par jour, contre des esprits plus étroits que leurs petites villes et plus arides que les pierres de leurs chemins.

Je passe, comme vous, mon été à souffrir de corps et de cœur. Si cela peut vous consoler, en vous montrant l'égalité du destin, consolons-nous ainsi. Mais je sens que le bonheur d'autrui consolerait mieux, et où est-il? Je ne vois que des figures en deuil d'un bonheur qu'elle n'ont jamais eu. Il faut penser à là-haut, et tourner son regard intérieur vers de meilleures régions où nous marchons à grands pas. Je n'ai jamais trouvé de remède à l'âme sur la terre. Prier et espérer, c'est notre foi. Cela n'a pas de dogme, et cela est d'autant plus sûr.

Vous me parlez de mes détresses de fortune. Elles sont en vérité grandes et presque extrêmes; mais je ne vois aucun moyen d'y pourvoir par le journalisme. Cela ne va pas aux idées hors des partis. L'avenir n'a pas d'abonnés chez les hommes pressés par le présent. Cela ne va pas non plus à un député qui doit parler au-dessus des têtes des hommes de partis. Je ne verrais de possible que des travaux de pure littérature, et les libraires sont des maquignons dont les poëtes sont les rosses ou les chevaux de sang. Ils gagnent ou perdent leurs paris avec nous et nous vendent ensuite à l'écorcheur. Bref, je ne vois rien qu'accepter une ambassade, et *je ne veux pas absolument*, ou donner ma démission de la Chambre et me retirer dans une montagne ou en Égypte, et j'hésite, parce que je crois que la nature est la voix de la destinée, et que la nature me pousse sans cesse à l'action politique, sans ambition pourtant. Je suis donc fort triste, fort embarrassé, et je prie Dieu, tout impie et panthéiste qu'on prétend que je sois.

Je vous vois d'ici dans vos loisirs laborieux de fermière. C'est une bonne activité, cela vaut mille fois les salons. Vous y prendrez goût, car vous avez séve et verve pour tout ce qui est vrai. Cela seul est vrai pour une femme surtout. Je voudrais que Bourganeuf fût à portée de visites. Mais je n'y puis songer. Je vais partir après-demain pour m'enterrer jusqu'à l'hiver dans une maison de paysan au fond de montagnes comme les vôtres. J'essaierai quelques vers. J'ai écrit l'autre jour les plus tristes et les plus beaux qui fussent en moi. Faites-en. Il y en a dans la source des larmes. Adieu et tendresse.

DCLXXXIV

A monsieur Guichard de Bienassis

Saint-Point, 6 octobre 1838.

Mon cher ami, voici l'heure et le moment où tu nous as promis de venir passer quelques bonnes semaines avec nous. Quand tu auras fini de vendanger les treilles de Bienassis, tâche donc d'obtenir un congé bien long, et donne-nous le plus de jours que tu pourras. Tu sais qu'aucun plaisir ne t'attend excepté ceux que tu m'apporteras : un coin de feu avec des livres, des journaux et quelques causeries, de longues courses à pied ou à cheval dans les montagnes, de courtes soirées passées presque tête à tête, voilà tout. Mais tu sais aussi mieux que personne combien il est doux de retrouver au milieu de la vie quelques doux reflets des premiers soleils. Il n'y a que nous pour nous les rendre, car la mort nous a déjà bien décimés.

Nous ne serons point à Monceau cette année

mais à Saint-Point, retraite encore plus isolée. Nous n'avons point à vendanger, par conséquent point de nécessité de séjour ailleurs, et celui-ci convient plus à la triste monotonie de nos habitudes. Depuis deux mois c'est une auberge, mais dans quinze jours le passage des voyageurs sera fini. C'est alors que tu devrais venir, si tu as sécurité et liberté. Je demande pardon à madame de Bienassis de te dérober quelques jours à elle, mais elle doit aimer, puisqu'elle est si bonne, que tu viennes de temps en temps retremper ton âme dans tes amitiés de jeunesse.

Tu me trouveras ne faisant rien du tout, fort souffrant et fort solitaire. Nous en aurons plus de loisir pour causer et remonter au passé.

Adieu. Rappelle-moi à ta bonne mère, et puis à tous les rochers, arbres, fontaines, murs et treilles de la terrasse et du bois de Bienassis. J'y ai droit puisque je ne les ai pas oubliés moi-même.

Tout à toi.

LAMARTINE.

DCLXXXV

A monsieur le comte de Virieu

A Fontaine.

Saint-Point, 18 octobre 1838.

Mon cher ami, je t'attendais avec Montherot et son fils qui sont ici. Je ne t'attends plus guère. Cependant tu dois savoir que je ne bougerai pas de Saint-Point avant le 15 novembre et de Monceau avant le 20 décembre. Ton lit et ton feu seront faits à toute heure.

Je ne fais rien. Je suis depuis toi toujours souffrant : névralgies de toutes sortes. Je lis tant que mes yeux fournissent. La politique seule a la puissance de me susciter de mon sépulcre vivant.

Rien de neuf ici. Mauvaises et nulles vendanges, pas le sou en caisse, caves pleines, temps détestable, découragement physique et non moral, voilà le bulletin, et puisse le tien être meilleur ! Si j'avais des enfants, cela me donnerait séve à la vie. Tu en as, vis donc tout entier.

Nous nous sommes de bonne heure disputés sur le rationalisme. Montaigne était ton père spirituel ; il dit : Que sais-je ? Fénelon était le mien ; il dit : Pensons et prions. De là deux écoles. En vivant je me suis découragé quelquefois de penser, et jeté dans la pensée toute faite, par désespoir. En vivant davantage et en m'améliorant un peu, j'ai rougi de ce désespoir qui dégrade la raison, et je reviens énergiquement et pieusement au rationalisme. Parce que le flambeau n'est qu'une étincelle vacillante, est-ce une raison de l'éteindre ? Non, c'est une raison pour le garder dans le creux de sa main et pour le souffler de toute son haleine. Or à cette lueur beaucoup d'ombres s'évanouissent et beaucoup d'écailles tombent des yeux de l'âme. Faut-il les pleurer ? Non encore, il faut suivre le sentier que cette raison éclaire et qui mène à une idée de Dieu et des choses plus hautes et plus grandes. Tel est mon état moral actuel : il est triste, car on est seul en apparence, mais il est bon, car il est sincère et pénible. Le feu consume avant de transformer.

J'espère dans quelques jours être assez bien

pour écrire encore quelques vers. Je t'en enverrai, tu les brûleras si tu veux.

Que tu viennes ou que tu t'en ailles à Pupetières, la paix et la lumière soient avec toi !

LAMARTINE.

DCLXXXVI

A monsieur le comte de Virieu

à Pupetières.

Monceau, 25 novembre 1838.

Mon cher ami, je ne t'ai pas écrit depuis ton départ parce que j'ai été en comptes, en monde ou en affaires sans relâche, et que de plus j'ai écrit un millier et demi de mes meilleurs vers, entre autres une *canzone* pétrarchienne sur la mort de ma vénérable et pieuse amie, la duchesse de Broglie, qu'on assure être une de mes moins faibles inspirations. Je n'ai pas temps pour te l'*écrire* et j'en suis marri. Si j'en fais faire une copie à Paris, je te l'enverrai.

Je suis à la veille de mon départ pour Paris. C'est toujours l'heure où la poésie me prend. Je coupe la maladie avec un discours de Dupin ou de mon antipathie bavarde, l'illustre M. Odilon Barrot, remède héroïque, rien n'y résiste. Nous partons samedi, 1ᵉʳ décembre. J'ai besoin d'être à

Paris douze jours avant la session pour fourbir mes armes rouillées ; mes chevaux et bagages sont déjà partis.

Le baron d'Eckstein est toujours ici jusqu'au départ. Il nous enchante par son intarissabilité, sa science énorme, son parler brillant et passionné et sa faculté de traducteur de sanscrit et d'allemand. C'est un dictionnaire qui se feuillette lui-même et qui n'a pas de sinet. Notre ami Guichard est parti, il y a huit jours : excellent garçon aussi, vrai spectateur du mouvement du monde qui le retrouve toujours à la même place.

Pour moi je m'afflige et m'ennuie de ma vie sans but à présent. La politique est si plate qu'il n'y a rien à y brasser pour qui a horreur des personnalités et des intrigues. Je donnerais ma démission si le bon Dieu me donnait parole contre les grands événements d'ici à dix ans. Je les attends, mais il sait que je ne les souhaite pas et que je mourrai pur de faiblesse même à cet égard.

Écris-moi à Paris tant que tu pourras pour me retremper et me rafraîchir. Je jouis d'ici, et surtout de là-bas, de ta vie de Pupetières : coin du feu, femme, enfants, projets, plantations, neige qui tombe ou qui fond, rayons de soleil sur le givre, promenades nonchalantes en sabots, livres retrouvés en rentrant, puis l'oiseau qui chante et qui vous dit : L'hiver est fini. Heureuse chose qu'un hiver aux champs ! Quand en aurai-je un !

Adieu. Nous t'aimons de tous nos cœurs.

LAMARTINE.

DCLXXXVII

Au marquis Raoul de Raigecourt

Au château de Germancy (Nièvre).

Monceau, 27 novembre 1838.

Mon cher Raoul, je suspends un moment les embarras de mon départ pour Paris pour vous remercier de l'envoi de votre profession de foi électorale. Elle m'a enlevé. Il n'est pas possible, selon moi, de parler un langage plus noble, plus modeste, plus convenant et plus persuasif à la fois. Vous avez ma voix. Je voudrais la transporter et la multiplier dans la Nièvre. Sérieusement vous débutez admirablement. Cela ressemble peu à toutes les pasquinades populaires où les candidats graissent la corde comme de vrais sauteurs du peuple pour retomber sur leur tête ou sur leurs pieds. C'est le style d'un gentleman Anglais qui s'honore et qui honore ses électeurs en leur disant ce qui est dans sa conscience et non ce qui est dans son rôle sifflé. Nous sommes peu habitués au ton, même par *nos amis* de l'année dernière, dont les révérences à la gauche et à la droite m'ont fait peine et pitié. Assez dit. Il faut que j'aie de l'enthousiasme pour votre circulaire puisque je griffonne entre vingt malles et cent paquets.

Je m'attends à une Chambre terrible et absurde. J'y vais plus tôt pour ce motif. Nous partons après-demain. Dites-le à M. de Champeaux qui du reste ne doit pas vous quitter dans le coup de feu de l'élection. Peu importe le succès. Je ne m'y attends pas. Mais souvenez-vous de cette vérité, c'est moi *grand électeur* qui vous le dis : Une belle candidature manquée est une élection assurée à la première occasion.

Nous avons bien regretté que madame de Raigecourt ne soit pas venue consacrer d'un rayon de ses yeux le paysage de Saint-Point et d'un rayon d'amitié l'ermitage où elle a des admirateurs aussi passionnés que celui qui vous écrit. Nous avons eu un monde immense depuis deux mois, et encore à présent nous en avons, entre autres le baron *sanscrit* d'Ekstein, homme charmant ici parce qu'il sait se suffire et lit mieux qu'on ne joue à Paris.

Adieu. Point de vœux, le bon Dieu vous fera nommer au jour et à l'heure qui lui conviendra, mais vous avez fait ce qui était de l'homme.

LAMARTINE.

ANNÉE 1839

ANNÉE 1839

DCLXXXVIII

A monsieur le comte Léon de Pierreclos

A Mâcon.

Paris, 21 janvier 1839.

Mon cher Léon,

Je vous remercie de ce que vous me dites de l'impression de mes discours. Ici et en France je vois que c'est la même. Je reçois des lettres par centaines, et la popularité même des salons et des magasins est ici immense pour moi et contre la coalition. La morale et l'intérêt se sentent blessés. Il n'y a contre nous que tous les journaux et tous les partis, ils sont hideux.

J'ai terminé hier ma tâche par deux discours dont un capital à la Chambre (1), vous ne l'aurez que dans le *Moniteur*. Il était neuf heures quand

---

(1) Sur le projet d'Adresse (troisième discours) et Réplique à M. Guizot. Séance du 19 janvier 1839. V. *La France parlementaire*, t. II, p. 156 et 170.

j'en ai eu les épreuves. J'en ai fait deux avant-hier à la réunion des députés où j'avais été prié de paraître. J'ai été constamment là couvert d'applaudissements ; mais il n'y a pas de sténographes. Les 226 députés m'ont prié d'être leur chef. J'ai répondu que je ne m'alliais à eux que dans le but provisoire et déterminé d'empêcher le triomphe de la coalition et la guerre de Belgique, et qu'après cela je retournerais à mes convictions indépendantes.

Ainsi lisez ceci à mon père et à la famille, et assurez-les tous de ma ferme résolution de ne pas accepter une place dans le cabinet en recomposition. On me tourmente de *toutes parts* pour cela ; mais j'ai mon rôle et n'en veux pas sortir jusqu'à force majeure et venant du pays.

Je ne pense pas qu'il fût opportun pour vous de témoigner si vite l'ambition d'une place en chef au parquet. Je n'en parlerai pas à M. Collin, je me bornerai à lui dire que, pour plus tard, c'est votre désir et le mien. Mais il faudra certainement aller ailleurs aux environs.

Adieu et amitiés.

LAMARTINE.

DCLXXXIX

A monsieur le comte de Virieu

Paris, février 1839.

Mon cher ami,

J'ai bien tardé à te répondre, mais j'ai eu bien des milliers d'excuses. A la lettre, j'ai été, de sept heures à minuit, déchiré en minutes. Ma main et ma langue n'y tiennent plus.

Les événements se sont accumulés. La dissolution a été prononcée contre mon avis, non pas que je voulusse faiblir et remettre la royauté et la guerre entre les mains de MM. Thiers, mais je croyais à une combinaison possible qui les eût plus et plus constitutionnellement enfoncés.

J'ai été appelé *seul* et confidentiellement au Conseil où cela a été résolu. Je n'ai pu l'emporter. J'ai ébranlé.

Une fois fait je n'y pense plus, et il faut combattre, sans quoi nous avons inévitablement la guerre révolutionnaire et le gâchis le plus irrémédiable à l'intérieur. J'espère que la Providence et le bon sens public nous sauveront. Nous aurons alors une *mer dure*, mais un horizon de deux ans devant nous.

En ce moment je reçois les offres de vingt-deux départements pour les représenter, offres certaines et enthousiastes. Depuis Thibaudeau, pendant le Directoire, on n'en a pas tant vu. Je refuse presque tous, à cause de l'incertitude de Mâcon où une acceptation publique me perdrait au détriment certain de la majorité. Je me laisserai porter seulement, à tout hasard et silencieusement, dans deux ou trois, aux deux extrémités, Nord et Gironde. Les électeurs de Sauzet m'écrivent en masse pour m'offrir sa place à Lyon. Ma table est un meeting et une pétition électorale en miniature.

J'ai continué à tenir fermes et sages les 226 dont je suis momentanément le chef. Je parle deux ou trois fois par soirée chez eux. Je leur ai dit que, jusqu'à la crise passée et à la paix sauvée, j'étais leur homme ; je les quitterai ensuite, laissant là pour l'avenir un germe de confiance et une odeur d'honnête homme bien établis. Je fonderai avec quinze ou vingt seulement un nouveau *centre droit libéral et social,* destiné à s'unir un jour à la gauche nouvelle pour la modifier. C'est là tout le secret de ma manœuvre.

Au reste, excepté Berryer et Suleau et tous les enragés de la droite, il est impossible d'être plus satisfait que je ne le suis de tes amis. Le faubourg Saint-Germain tout entier, que je vois tous les jours, est parfait, moral, conservateur, et indigné, comme toi, contre les tapageurs de la Chambre. Cela promet une *réconciliation, selon moi indispensable entre le juste milieu et la sommité sociale également menacés au jour des combats.* Voilà la seule politique; le reste est bête et malhonnête.

Je suis très-populaire dans ce monde ancien. Vois comme tout change : les duchesses et les salons m'applaudissent et m'adoptent au moment même où je fais l'acte apparent le plus énergique de gouvernement ; Royer-Collard parle de moi comme de son messie futur. Mais tout va à la diable, et Dieu seul peut nous sauver dans quelque temps. Gloire à lui ! et adieu encore.

Je vois ta sœur. Elle me déteste et me méprise,

mais elle est charmante, et je la retrouve comme à Lemps. Je dîne avec elle tout à l'heure.

P. S. Comment t'envoyer un recueil de cinq *orationes* prononcés aux 226 et fort applaudis? Je publie un volume, samedi, *vers*.

ANNÉE 1839.

DCXC

A monsieur Ronot

Mâcon.

Paris, 12 février.

Mon cher ami,

Je n'ai rien à dire et ne dirai rien à tout ce tapage, vous savez ma pensée intime : au service du pays, et trop content s'il les dédaigne ! Il est désagréable de servir les gens malgré eux.

La coalition me poursuit avec raison, j'entends par coalition *Thiers, Guizot et les intrigants*. Quant à la gauche, je ne lui fus jamais moins hostile, et elle est restée à sa place ; il n'y a rien à lui dire, si ce n'est qu'elle est la gauche ; mais elle est même une gauche qui s'améliore.

Pour les légitimistes ameutés là-bas, dites-vous, contre moi, c'est par trop plaisant pour n'en pas rire : cela me rappelle le bon temps où ils étaient pour M. Pétion contre M. de Lafayette. Ils proscrivent à Mâcon le seul homme qui à la Chambre les ait honorés par la sévérité de son indépendance, la franchise de ses regrets, et le sacrifice de sa fortune diplomatique, et ils caressent les hommes qui les ont vaincus et bafoués. Royer-Collard me le disait hier : « C'est le parti des honnêtes gens qui est le moins honnête de tous les partis. Tout le monde, même dans ses erreurs, était honnête à l'Assemblée Constituante, excepté le côté droit. » Ce sont leurs enfants.

J'irai à Mâcon vers le 20. Je n'y dirai rien, je n'y écrirai rien dans ma cause, je laisserai faire à droite, à gauche, au milieu, à Mâcon, à Cluny, puisque M. Mathieu s'y laisse porter. Il en résultera un gâchis électoral dont je vous écrirais bien d'avance le résultat.

Du reste la coalition baisse partout. J'ai à présent vingt-deux propositions plausibles d'élection : je n'en accepte aucune, j'en tolère une ou deux. Je ne demanderais pas mieux que d'aller voyager un an ou deux sur le Nil. Ce que nous bâtissons ne vaut pas les Pyramides.

Je ne puis partir avant la correction de la dernière épreuve de mon nouveau volume (1), cela finira dans deux jours.

(1) *Recueillements poétiques.*

Souvenez-vous bien, si on parlait de banquets, réception ou quoi que ce soit de semblable pour moi, de déclarer que vous êtes mon organe en vous y opposant inébranlablement. J'ai de grandes raisons futures pour cela.

Adieu et amitié.

LAMARTINE.

DCXCI

A monsieur le comte de Virieu

A Lyon.

1839.

Mon cher ami,

Je viens de faire une campagne de treize jours pendant laquelle j'ai fait un ou deux discours par jour à la tribune ou dans les réunions de deux cents personnes de la Chambre. Je suis éreinté. Je t'envoie ma dernière lutte d'hier soir contre Guizot, Thiers et Berryer, Barrot, Garnier-Pagès et compagnie. Les journaux n'ont pu le donner, je n'en avais pas les épreuves à dix heures du soir, et j'avais dîné à neuf heures.

La lutte a été violente. J'ai le résultat que je voulais : une majorité quelconque pour empêcher Thiers d'être *roi* et ces hommes de nous jeter dans la guerre en Belgique, qu'ils veulent pour remuer la révolution à leur profit au dedans.

Je me suis, avec l'approbation unanime, même

de tous les salons Saint-Germain, posé énergiquement conservateur et ministériel du point de vue du pays, bien que tous les journaux des triples coalitions soient acharnés sur moi.

DCXCII

A monsieur le comte de Virieu

A Lyon.

Saint-Point, 25 février 1839.

Ici depuis trente-six heures, et en paix quoiqu'avec une maison pleine d'électeurs. J'en jouis délicieusement. Je suis couché sur mon tapis pour entendre le vent qui rugit avec une voix connue autour de ma tour. Je viens d'écrire une préface de trente pages comme un chapitre des *Confessions* de J.-J. Rousseau; cela s'imprime dans trois jours. Tu l'auras, et je crois que cela te plaira, bien qu'écrit sans rature en deux heures et demie, entre cinquante dérangements. Pour moi, en la relisant, je déclare qu'elle me ravit. C'est le récit des heures que je passe, de cinq heures à neuf heures du matin, seul dans mon réduit quand je fais des vers. As-tu lu dans *les Débats* et dans *la Presse* les morceaux cités ces jours-ci? As-tu lu aussi là un discours de moi aux 221 députés anti-coalitionistes ? Cela fait fureur dans les départements.

On me mande de Paris que tu me demandes une naturalisation pour ton grand et honnête Allemand. Il faudra me rappeler cela et les pièces vers le 1ᵉʳ avril ; je ne retourne pas avant, j'espère.

Quant à un mot de politique que je lis de toi, j'en suis content : voilà la première fois, depuis juillet, où nous nous rencontrons. L'homme a deux chemins pour aller à un but : l'optimisme et le pessimisme. Je suis pour l'optimisme, l'autre route ne mène qu'au mal par le mal.

Je ne sais si je passerai à Mâcon. On fulmine contre moi de tous les feux coalisés du *Charivari* au *Constitutionnel*, mais *impavidum ferient*.

Je devais avoir d'autres candidatures, vingt-trois offertes et certaines, j'en laissais faire trois ou quatre; mais j'apprends que le gouvernement m'y trahit et m'y combat. N'importe! gouvernemental quand même! Je pourrai donc bien rester sur le carreau. Dunkerque (la ville) m'offre l'unanimité, comme Bergues, mais veut une promesse d'option. Je refuse.

Et toi, paresseux indigne, enveloppé de ton chaud manteau de philosophie, tu dors au bruit des orages auprès de ta femme et de tes enfants. Lis ma préface, la fin, cette partie où je méprise les nonchalances politiques, et tu auras un scrupule. Ta place serait au plus épais, au plus haut des Chambres, entre Mounier et Royer-Collard, pas ailleurs bien entendu. A propos, Royer-Collard, depuis un an, prophétise enfin immensément pour moi : « Monsieur, m'a-t-il dit solennellement le jour où j'ai quitté Paris, allez, vous avez de bien grandes destinées! les plus grandes, entendez-vous, Monsieur? Vous êtes le seul homme public et honnête de l'avenir. C'est vous qui détruirez ces gens-là; mais avant ils auront détruit bien autre chose! »

Nous sommes à merveille ensemble, et, ce qui t'étonnera, avec M. de Chateaubriand maintenant, — il tient le même langage à peu près et se repent de ses bêtises de brochures de 1830 à 1832: jamais la passion n'est de la politique durable — et, ce qui t'étonnera bien plus, avec *Cormenin* qui écrivait des caricatures sur moi et qui est venu m'en faire amende honorable ou polie. Il revient à mes idées, aussi populaires mais plus applicables que leurs rêvasseries républicaines.

Adieu. Cela m'a délassé de t'écrire. Hélas ! tout m'est indifférent, excepté *nous*. Je vais rester encore trente-six heures en paix ici, puis j'irai aux élections ; mais je n'y dis ni n'écris rien. Je veux rester libre d'envoyer Mâcon au diable : c'est le pays des ingratitudes, j'y suis un paria, et je les ai comblés de trois ou quatre millions de bienfaits cette année. Adieu encore.

DCXCIII

A monsieur le comte de Virieu

A Lyon.

Mâcon, 5 mars 1839.

Je suis nommé à Mâcon *intra muros* à une majorité de soixante-dix voix et trente à moi non présentes, faisant bien cent voix, augmentation de confiance de quatre-vingt-quinze voix, car, à la dernière élection, je ne passai là qu'à cinq voix.

A Mâcon *extra-muros*, Cluny, Tournus, etc., je me suis refusé, et j'ai porté toutes mes voix sur un honnête garçon qui n'a manqué que d'une voix son élection. J'aurais passé moi à cent voix au moins de majorité. Jamais je n'ai vu les campagnes plus dévouées à moi. Je suis maître désormais de ces deux colléges, quel que soit celui où il me convienne de me présenter. J'ai laissé tomber toutes mes candidatures ailleurs, même Dunkerque, pour ne pas choquer Mâcon. J'ai gardé seulement pour un autre une ombre de candidature à Dunkerque. Voilà les nouvelles.

Quant aux doctrines :

Ta dernière lettre jure tellement avec toutes tes dernières que je me suis demandé si je rêvais. J'ai relu face à face seulement les trois dernières renvoyées ici de Paris ; c'est deux hommes, l'un voulant l'ordre, l'autre le désordre pour revenir à un meilleur ordre. Décidément il n'y a pas moyen de s'entendre. Le principe de l'alliance de la partie aristocratique avec la partie honnête et conservatrice du pays, sur lequel nous semblions d'accord, le principe que tout *mal mène au pire* comme tout *bien mène au mieux*, tout cela est enfoncé dans ta dernière épître politique. C'est une lettre d'un directeur du comité royaliste de Lyon. Il faudrait un volume pour la réfuter. Je me contente de dire : Non, ce n'est pas cela. C'est le rajeunissement de la mauvaise politique que tes amis suivent depuis neuf années, à leur ruine et à celle de la France. Tu leur prêtes ta pensée et les couleurs habiles de ta logique ; mais la logique c'est de sauver et de faire vivre les sociétés. Celle qui les trouble et les compromet n'en est que l'apparence, c'est-à-dire un spirituel sophisme. Hélas! le sophisme des *légitimistes-gauche* est bien vieux. Je le lis tous les jours dans les Mémoires de l'Angleterre.

Voici ce que je lisais dans *Burnet* ce matin :

« Les Cavaliers vaincus se firent les plus logiques des républicains. Personne ne poussait aussi loin qu'eux les conséquences de la révolution, et, quand on leur demandait pourquoi ils proclamaient d'une façon si absolue des principes contradictoires à leur ancienne nature, ils répondaient : Nous avions une logique pour la monarchie, nous en avons une pour la république ; elle est sincère, nous voulons l'extension indéfinie des principes que le pays a adoptés. La restauration ayant eu lieu, ils revinrent à leurs anciens principes, mais ils avaient perdu toute autorité pour les faire de nouveau prévaloir. On leur opposait leurs paroles récentes, et de là vint le *discrédit où ils tombèrent justement et la chute définitive de la dynastie.* »

Pardon de la citation, mais j'en trouve cent autres. Remarque de plus qu'ici il ne s'agit pas seulement de dynastie mais de *société*, ô *imitatores!*

Adieu. Je suis, depuis quatre jours, furieux contre toi et ta lettre.

Je suis ici encore pour dix jours. Je vais les passer à Saint-Point avec Dieu et ses œuvres.

LAMARTINE.

DCXCIV

A monsieur le comte de Virieu

Saint-Point, 13 mars 1833.

Mon cher ami, j'ai lu ta lettre d'hier. Ce qu'il y a à en conclure c'est ce qui est déjà conclu depuis les siècles. Le raisonnement n'a pas de puissance, le sentiment seul en a, et le sentiment ne se raisonne pas. Tu veux renverser ceci par ses vices, malgré tout ce qui se trouvera écrasé dessous; je veux conserver tout ce qui serait bouleversé par la chute de l'édifice que je n'ai pas élevé, comme dit Royer-Collard, mais qui se trouve, par un fait providentiel au-dessus de ma volonté, couvrir les trois quarts des intérêts de mon pays et de l'Europe. Voilà décidément entre nous la différence. Marchons donc chacun ainsi dans nos pensées, et *Dieu sait le meilleur!* comme disent mes amis les Turcs. Quant à moi je n'en doute pas, et un jour viendra où vous n'en douterez plus vous-mêmes.

Comment! tu me dis que je prends ceci un

peu chaudement pour une question entre Louis-Philippe et ses agents, et, vingt lignes plus haut, tu me dis : Si la guerre en Belgique avait dû s'en suivre, j'aurais fait comme toi. — Et c'est précisément là la question ; il s'en suit non-seulement la guerre de Belgique mais la guerre avec et entre toute l'Europe. *C'est moi seul,* j'ose le dire, qui ai empêché la guerre de Belgique. Si je l'avais pris mollement, elle avait lieu inévitablement. Eh bien ! de la conservation de l'autorité du roi dans ses conseils, de la sincérité de la majorité du sens du pays dans la Chambre, dépend une série de faits, visibles à l'œil nu, qui sont l'appel au sentiment révolutionnaire dans les masses, la surexcitation du patriotisme soldatesque qui emportera cent gouvernements de cette nature et toi, et nous, avec les gouvernements, et tu peux dire : Qu'importe ! et il n'y a pas là de quoi exciter l'intérêt d'un honnête homme ? Ah ! que tu vis dans un faux milieu des choses pour avoir des impressions si peu justes des conséquences !

J'admets qu'après un cataclysme terrible nous nous retrouvions sur nos pieds, nous, nos amis, nos enfants, nos maisons, nos familles, nos biens, toujours est-il que des milliers de malheureux seront restés sur le champ de bataille! *Rêver le passage de ceci à Henri V, entouré d'institutions libérales, monarchiques et religieuses, c'est un million de fois rêver.* Ce qui pourra arriver de mieux, c'est qu'après cinq ans de massacres, d'anarchie populaire, de guerres civiles atroces, d'invasions immenses de l'Europe en France, vous retrouviez Henri V à Paris sur un trône abaissé de cent coudées, en tutelle de l'Europe, avec des amis insensés dans son palais et un peuple exécrable dehors, n'aspirant qu'à le renverser par des explosions nouvelles. Un misérable règne de trois ou quatre ans à ces conditions, c'est le seul avenir que ses amis lui préparent ainsi. Et après!... Non, non, non, alliance des honnêtes gens avec la partie honnête et conservatrice du peuple, fusion ainsi, action ainsi, préparation ainsi aux grandes secousses qu'on aura même ainsi assez de peines à supporter : voilà l'honnête, l'habile, voilà la conscience et la politique ; le reste, machiavélisme de vieille femme qui se tue elle-même pour faire une malice à ce qui lui déplaît. Cela commence à être compris ainsi, et je te déclare que Paris à cet égard ne sent ni ne pense comme la province légitimiste. Le faubourg Saint-Germain, excepté vingt intrigants du comité Berryer, est admirable de raison maintenant.

Mais adieu. Je pars dans une demi-heure pour Mâcon et après-demain pour Paris. J'y resterai peu, seulement pour une bataille politique. Je reviens après.

Adieu encore, et mille choses à ta femme. Mais ne parlons plus politique, tant pis !

LAMARTINE.

DCXCV

A monsieur le comte de Virieu

A Lyon.

Mâcon, 18 mars 1839.

Mon cher camarade,

Ne te fâche pas, et ne m'écris plus à Mâcon mais à Paris. Je pars ce soir après avoir reçu un banquet municipal et électoral monstre de deux cents couverts, avec accompagnement de harangues, musique et ovations. Je vais y haranguer moi-même, malgré la migraine et les palpitations.

Je ne réponds pas à tes huit pages. Ton esprit est beau et brillant, mais tu aimes, sans t'en douter, le sophisme. Cela est plus difficile que la vérité, il y a de l'invention, cela te flatte à ton insu. La vérité est grosse comme le bras. Où est le mal, où est le bien? Non futur contingent hypothétique, systématique, mais immédiat: empêcher l'un, faire l'autre, voilà mon affaire et celle du bon sens et du bon Dieu.

La révolution est un mal, dis-tu? Eh bien ! faut-il donc s'opposer à ce mal, ou le favoriser ? voilà la question de ces dix ans. Nous la résolvons autrement.

Il n'y a rien à faire à ces dissentiments, ils sont radicaux : s'aimer malgré ces nuances d'esprit et s'en rapporter au jugement du seul sage.

Adieu, je n'ai qu'une minute pour me préparer à parler. A revoir, de Paris.

L.

DCXCVI

A monsieur le comte Léon de Pierreclos

à Mâcon.

Paris, 2 avril 1839.

Je ne dis pas non, mon cher Léon, pour le voyage de Pau...

Je suis, en effet, en ce moment l'homme de résistance, et j'ai ici une force de confiance de deux cent cinquante voix dévouées dans la Chambre et de vibrations bien fortes dans le pays : vous jugez si je suis fatigué. La tribune n'est que le délassement de mes journées ; on ne cesse de parler et d'agir.

Je vois en noir. Le coup d'État du despotisme démocratique est fait en M. Thiers. La révolution, cachée aux yeux vulgaires, est *faite* pour moi. Qui pourra la faire dévier ? Dieu seul. Nous approchons des grandes luttes que j'ai toujours vues dans le lointain. M. Thiers n'est plus un ministre ; il ne se possède plus lui-même : c'est un tribun, instrument de ruine, et bientôt lui-même ruine.

Il faudra combattre et peut-être mourir avec honneur et vertu : voilà l'avenir, je le crains. La coalition était un germe de mort. Deux misérables peuvent mettre le feu à assez de poudre pour faire sauter l'Europe.

Adieu. La Providence veille toujours et ne meurt pas : voilà l'espoir. Quant au choix il n'y en a pas.

J'espère que le printemps va vous fortifier. Quant à moi je suis mal presque toujours.

Mille amitiés. A revoir.

LAMARTINE.

DCXCVII

A monsieur Dubois

A Saint-Laurent, près Cluny.

Paris, 23 avril 1839.

Mon cher voisin,

J'ai eu ce matin une entrevue sérieuse au sujet de M. de *** avec le ministre. Il est difficile de le *sauver*. Entre nous, cependant, j'espère y avoir réussi. Sans vous il était perdu.

Je vous écris tout tremblant. Je descends de la tribune où je viens d'avoir une lutte corps à corps avec M. Guizot et avec mon propre parti (1). Il m'a fallu déchirer avec éclat l'étoffe des 221 qui acceptaient la honte du patronage et l'amnistie des doctrinaires. J'ai été couvert d'applaudissements et de colères.

Vous lirez cela bien mal dans les journaux. Je vous l'enverrai plus tard. Tout à vous.

LAMARTINE.

(1) Interpellations ministérielles. Séance du 23 avril 1839. V. *La France parlementaire*, t. II, p. 187.

DCXCVIII

A monsieur le comte de Virieu

Paris, 12 mai 1839.

Mon cher ami,

Et d'abord je suis, comme toi, profondément triste et malade depuis trois mois. Je passe mon temps en migraine sur mon canapé : ainsi pas de meilleure humeur que toi. Est-ce que tu n'as pas reçu les *Recueillements poétiques*, que tu ne m'en dis rien ? ou t'ont-ils semblé mauvais ? Lis *La Cloche*, l'*Epître à Dumas*, les *vers sur Julia*.

J'ai vu ton neveu, et je le recevrai en amour de toi et en mémoire de sa mère. Il paraît bien et bon. Ta sœur me ravit comme à Lemps : esprit, bonté, naïveté.

Je viens de passer une demi-semaine agitée et laborieuse : huit discours aux 221, et deux à la Chambre, sans compter que je vais ce matin parler aux bureaux. Je sens le progrès oratoire. Sur les huit il y a eu deux d'improvisations complètes et subites aux 221, avec l'ordre, exorde, péroraison, etc., qui m'ont confondu moi-même et vivement frappé mes auditeurs. Je te fais envoyer par Mâcon mon grand discours à la Chambre (1). Cela fait grand effet là et dans Paris. La séance n'a pas été reprise de trois quarts d'heure, c'est le thermomètre. Royer-Collard me disait hier : « Monsieur, respectez-vous ! Vous avez la plus belle parole du pays et la destinée la plus haute du gouvernement représentatif. Encore une fois, respectez-vous ! Votre passé poétique a été beau, mais je crois votre avenir politique aussi beau et plus utile. » Tu entends sa voix doctorale d'ici.

Quant au point de vue politique dont tu pars pour juger mon action actuelle et transitoire des 221, si j'écrivais à un ami *en Chine* sur la politique de l'empire des Yu, je ne me tromperais pas plus gros. Moi un ultra-monarchiste? Mais tu ne sais donc pas que toute mon action a été, ce que tout le monde sait, de séparer les indépendants et les honnêtes gens des 221 de ce qu'on appelle *cour*, et qui n'existe que très-peu ou point, et

(1) Séance du 8 mai 1839. V. *La France parlementaire*, t. II, p. 201.

d'arrêter leur symbole dans les termes plus libéraux de beaucoup que M. Barrot, pour la révocation des lois de septembre, une réforme électorale, en un mot tout le républicanisme unitaire qu'on appelle monarchie représentative. Les journaux de Thiers et Guizot et les journaux de la cour falsifient tous les matins à plaisir ma situation et mes gestes, c'est leur rôle ; et, comme tu ne peux juger qu'à travers cela, tu parles dans les ténèbres. Mais les ténèbres n'existent pas ici parmi les hommes sérieux qui jugent la scène ; et ma petite puissance est devenue au contraire tellement immense que tous les partis, depuis M. Guizot qui me caresse malgré mes coups jusqu'à M. Barrot, font les derniers efforts pour me faire pencher vers eux, et dans le pays honnête et dans les royalistes honnêtes et non pessimistes j'ai une faveur qui va à l'adoration. Tout cela pour le quart d'heure, bien entendu.

Aucun rapport avec les Tuileries : je me borne à défendre ce qu'il y a et ce qu'il doit y avoir de royauté, pour sa moitié ou son tiers dans la constitution du pays, et je fais bien mieux que vous et vos hommes qui tuent leur principe et leur honnêteté au profit d'une misérable tactique qui ne leur produira que l'anarchie parlementaire et une révolution de bas étage. Non, là-dessus nous ne nous entendrons jamais. Une femme royaliste de beaucoup d'esprit me disait hier : « Si Bonaparte n'eût pas fait de la monarchie, Louis XVIII n'eût pas régné ! » Eh bien ! si vous faites du gâchis révolutionnaire, la république règnera, c'est indubitable, autant du moins qu'elle peut régner. Trois ans de rapines et de sang, les prenne qui osera sur sa responsabilité ! De la liberté, oui ! du gâchis révolutionnaire au nom de Henri V, jamais !

Adieu. Tu es dans le faux jusqu'au cou, je le crierai jusqu'à mon dernier jour, et j'en suis plus affligé que je ne le dis, car il est pénible à deux esprits qui gravitent depuis leur origine ensemble et vers le même but moral de ne pouvoir se prêter consolation intellectuelle et appui au milieu des luttes de la vie publique et d'employer à se controverser l'un l'autre les forces énormes qu'ils se prêteraient contre leurs misérables ennemis communs. Eh ! je marcherai seul, et vive la Providence ! Salut donc et amitié quand même.

LAMARTINE.

DCXCIX

A monsieur Ronot

Mâcon.

Paris, samedi.

Mon cher ami, j'ai obtenu pour 1,600 fr. deux ouvrages magnifiques, pour votre Académie, du gouvernement.

Ces jours-ci huit à dix heures à la Chambre et malade. Je ne puis rien, je m'occuperai de vous après la révolution ministérielle ; mais ce sera difficile.

Je viens d'avoir un tel succès que je n'en ai jamais *vu de semblable depuis* 1830. Vous connaissez le mot de Royer-Collard, il m'en a dit de plus beaux encore. Je ne suffis pas, embrassements, visites, lettres de mes collègues et du dehors. La coalition, de son côté, me couvre de colère et de boue.

Lisez-moi au *Moniteur*, mais encore là il n'y a

que les mauvais deux tiers de mon improvisation furibonde.

De toutes parts on m'offre des ministères. Je veux absolument rester l'*humble député* des braves gens de village ; mais pas longtemps député de Mâcon : on s'y conduit aussi trop mal pour moi. J'aime mieux me retirer que de représenter des gens par force.

Je suis souffrant, au delà du terme, de fatigue et de rhume, voilà pourquoi je suis court, mais toujours bien affectionné.

LAMARTINE.

ANNÉE 1839.

DCC

A monsieur le comte de Virieu
A Fontaine.

Paris.

Ce n'était pas M. Isoard dont on m'avait parlé, mais pour Lyon un cardinal ne fait pas mal. J'ignore la valeur de l'homme.

Rien de nouveau. Tout est mort, et moi au grabat depuis vingt-sept jours avec des douleurs telles dans le genou que j'ai fondu de soixante livres. O rhumatisme aigu ! N'en prends jamais !

Je suis ici encore pour un bon mois afin de défendre les Enfants trouvés au ministère de l'intérieur, lors du budget.

Qu'as-tu toi-même ? est-ce fièvre ? est-ce rhumatisme ? Heureux d'être à Fontaine ! Ici nous avons vingt-six degrés, cela vaut trente à la campagne. Adieu.

LAMARTINE.

Je lirai M. Ardaillon, mais à présent rien.

DCCI

A monsieur le comte Léon de Pierreclos

Mâcon.

Paris, 9 juillet 1839.

Mon cher Léon,

Dites à *** qu'il fasse écrire le procureur du roi. J'ai été chez M. Teste pour lui. Il m'a promis, mais je sais qu'on le travaille par la gauche. Le ministère est impitoyable pour les 221 qui ont eu la sottise de l'engendrer malgré moi. Qu'il fasse écrire lettres sur lettres par tout le monde. Le préfet agit comme moi.

Je n'ai qu'un moment. Je suis accablé d'une improvisation de deux heures et demie, hier soir. Jamais je n'avais encore produit un effet comparable. Lisez mes ennemis et *le Siècle* qui l'appelle *magie*. Lisez-moi dans *le Monsieur*. Les journaux n'ont pas de place a cause du procès.

Je suis à répondre à des dizaines de billets d'enthousiasme, ce matin, et je reparlerai, je crois, un peu.

Après demain, je parlerai sur les chemins de fer, mais ce sera ennuyeux et pâle : le sujet fait l'homme.

Je ne m'en irai qu'après les Enfants trouvés, c'est-à-dire à la fin.

Tout à vous et à tous.

LAMARTINE.

DCCII

A monsieur le comte de Virieu

Paris, 6 juillet 1839.

Mon cher ami, ne m'écris plus ici qu'une fois, car j'espère partir le 20. Je n'attends que cinq minutes pour les Enfants trouvés qui me coûtent deux mois de mon temps et six mille francs de mon argent. La Chambre m'accordera-t-elle même les cinq minutes? Elle est bien fatiguée.

Je t'envoie ma discussion sur l'Orient, le *discours et la réplique à Barrot* (1). L'un et l'autre surtout ont fait une impression telle que je n'en ai jamais vu, même aux plus grands jours de Berryer.

Je ne suffis pas aux serrements de main de la Chambre entière, depuis trois jours. Le mot général est que de *dix ans*, et peut-être de *quarante ans*, la tribune n'a pas vu mieux. La gauche en cela dit comme la droite et le centre. Tu vois que

(1) Sur les Affaires d'Orient. Séance du 1er juillet 1839. V. *La France parlementaire*, t. II, p. 215 et suiv.

même à quarante ans, toi et moi, nous pouvons, si nous voulons, parvenir par du travail à égaler, non, mais à atteindre de temps en temps ces *fortunés avocats*. Je suis, depuis quinze mois, en veine et réellement l'enfant gâté de l'auditoire. Les journaux ont beau crier : *Tuons-le!* ils ne tuent rien, et je marche encore, mais je marche mal au physique.

Dis-moi ton avis, non sur les opinions de ces deux morceaux, mais sur la forme et la parole, et dis-le sévèrement. Cela me profite. Tu sais que je reconnais sa grande valeur à la critique sérieuse et surtout à la tienne, et j'étudie encore cinq ou six ans. Quant au mérite, j'irai plus haut; quant à l'effet, non, c'est impossible. Les journaux, mes ennemis les plus acharnés, le *Siècle* lui-même, disent *magie, enchaînement, une Chambre haletante aux pieds de la tribune*, et Barrot lui-même a traversé la salle pour venir me serrer avec transport la main. Je regrette vivement que tu n'aies pas été là.

Aujourd'hui je vais parler encore, mais très-certainement *hué*. Je m'y dévoue, le sachant d'avance, par amour d'une vérité : les grandes lignes de chemins de fer à l'*État*, à l'*État seul* (1). Je vais me faire jeter de la boue et de la honte sciemment et déchoir de mon haut rang pour un mois. *Vitam impendere vero.*

Après cela je ne dirai plus un mot jusqu'aux Enfants trouvés. M. Royer-Collard me répète sans cesse son mot : *Respectez-vous, respectez-vous!* paraissez rarement, vous êtes *doué* !

Adieu. J'irai certainement te voir après mon arrivée à Mâcon.

Mille tendres et respectueux compliments à ta femme et aux enfants.

LAMARTINE.

(1) Discours sur le chemin de fer de Paris à la mer. Séance du 6 juillet 1839. V. *La France parlementaire*, t. II, p. 235.

DCCIII

A monsieur le comte de Virieu

Fontaine.

Paris, 17 juillet 1839.

J'ai vu, mon cher ami, ton protégé. Nous n'avons rien obtenu. Les Fulchiron triomphent toujours des Virieu et des Lamartine. Cependant j'écris encore au ministre ce matin.

Je pars cette nuit pour Monceau, j'y serai le 6, et je ne bougerai pas de là ou de Saint-Point. Viens-y donc, si tu as plus de liberté que moi, ou bien j'irai à Fontaine. Je ne compte rien faire du tout que baguenauder ces six mois, j'ai assez travaillé depuis huit. J'ai parlé quarante-quatre fois dans l'intérieur des travaux de la Chambre et dix-huit fois en grand à la tribune. Avant-hier la Chambre a été vaincue par moi, à peu près, dans les Enfants trouvés (1). J'ai combattu contre Dupin

(1) Séance du 15 juillet 1839. V. *La France parlementaire*, t. II, p. 243.

lui-même avec un succès d'improvisation dont le *Moniteur* ne donne ni l'idée ni le texte. Aussi, à le dire vrai, depuis que je suis à Paris, je n'ai pas vu une sympathie si chaude et si nombreuse, quoique non unanime, se manifester pour un homme dans un corps politique. Je n'aurais qu'à dire *oui* pour être chef de deux cents voix ; mais je suis en secret chef de leur conscience.

J'ai, d'un autre côté, l'insuccès le plus éclatant et le plus général que puisse ambitionner un mauvais poëte. Je m'attendais à la chute et à la colère, mais pas à autant d'injures et de coups de pierres que j'en reçois des presses combinées. C'est un roulement d'insultes et de mépris que j'ai rarement vu plus complet. Cela n'est pas totalement mérité, et, sous quelques rapports, pas du tout. *Impavidum ferient*. Dans dix-huit mois ce sera la réaction, comme pour le *Voyage en Orient*, écrasé deux ans, et auquel les presses ne suffisent plus en ce moment. J'ai aussi des vengeurs nombreux.

Ta dernière lettre politique me frappe encore. C'est une des choses les plus profondes et les plus claires que tu aies jamais prononcées. Nous en causerons à fond à Monceau. Tu verras que je ne me suis nullement lancé en étourdi dans l'isolement politique très-savamment combiné par moi en 1830, et que cet isolement des passions et sottises du pays pendant dix ans est l'indispensable préliminaire à toute force pour les dix années suivantes. Cela se voit, se sent, et s'applaudit unanimement à présent, par tout ce qui a repris du sang-froid et conservé ici-bas du sens. Demande à MM. de Chateaubriand, Mounier, Noailles, Brézé, Neuville et compagnie; c'est le cri de Paris, malgré les grandes colères des journaux royalistes contre moi. Tu ne te fais pas d'idée des injures qu'ils me disent depuis deux mois. Je ne les en aime que mieux. J'ai le bonheur de n'avoir point de colère d'opinion, cela donne lumière et patience, les deux forces du champ de bataille. Mais le papier finit. Adieu.

DCCIV

A monsieur le comte de Virieu

Saint-Point, 4 août 1839.

Mon cher ami, voilà ta lettre de Toulouse, et j'y réponds. Non, je ne vais pas aux Pyrénées malgré l'extrême besoin que j'en aurais. Je suis aux derniers expédients pour servir, mois par mois, mes charges financières. Je n'ai plus un sou, et je ne puis bouger. Il faut donc rester à Saint-Point, heureux encore si l'on ne vient pas m'y tracasser. Quant à toi, puisque tu es si près, tu serais bien coupable envers toi-même de n'y pas aller : tu sais ce que c'est que de respirer l'air nouveau et tiède de l'autre côté des Alpes ; les Pyrénées sont plus balsamiques. Vas-y donc, et retrempe-toi, ta femme, tes enfants, dans ces flots de vie qui roulent autour des grands poêles naturels que Dieu a bâtis en Italie, en Syrie et aux Pyrénées. Tu as deux mois devant toi, et tu n'as pas mes soucis.

Je suis seul à Saint-Point qui ressemble assez

ces jours-ci aux Pyrénées. J'y passe le temps à lire, à écrire une tragédie moderne qui me ravit et à errer à cheval sous les châtaigniers. Mais je suis souffrant, mécontent, obéré, inquiet, et je ne prends le temps bon que goutte à goutte avec défiance.

Merci de tes leçons oratoires. Je les sens bonnes et vraies, comme jadis les leçons poétiques. L'oratoire est plus appris que la poésie, qui ne dépend que d'elle-même. La tribune veut un auditoire, et c'est la nécessité de convenir à cet auditoire qui rend l'éloquence relative et transitoire. L'heure et la disposition d'esprit passées, il n'y a plus d'orateur : c'est pourquoi c'est inférieur au fond. Cela n'est ni universel ni éternel, les deux conditions du vrai beau. Dans mes cinq ans j'ai fait des progrès, je commence à les constater, plusieurs même des plus connaisseurs me mettent hardiment au premier rang dès aujourd'hui. Cependant je sens en moi une puissance *triple* et *quadruple* de celle qu'il m'est donné de manifester en dehors. Le style vient bien, et souvent bien supérieur à ce que tu lis de moi dans les journaux, c'est quand l'auditoire est animé de la même inspiration que moi, comme aux 221 ou ailleurs. Là, tout le monde avoue que je dépasse beaucoup la tribune. Mais il ne faut pas se dissimuler deux choses : 1° que, physiquement, le métier est tuant, témoin tous les orateurs sérieux qui ne parlent que rarement et sont malades avant et après; 2° que mon rôle à moi est le plus ingrat de tous parce que je ne veux d'aucun des partis existants et que j'en construis un à moi tout seul, m'appuyant tantôt sur un instinct ici, tantôt sur une vérité là, mais n'étant l'homme de personne. Malgré cela je marche immensément dans le pays, et je m'enfonce dans le sol rebelle et dur de la Chambre. Ainsi sous ce rapport je ne me plains pas. Je déplore seulement d'être seul. Je n'ai que des admirateurs sympathiques par moment, mais point ou peu de parti lié. Pourquoi ne viens-tu pas?

Mon symbole de révolution de 1789 éclairée et vivifiée par l'expérience de cinquante ans s'expliquerait mieux que tu ne crois avec toi. Me vois-tu flatter la démocratie envieuse, irréligieuse, tracassière et destructive? Non, jamais personne ne lui dit plus sévèrement qu'elle est impuissante et honteuse, à moins qu'elle ne se fasse hiérarchie et ordre; personne ne place son principe plus haut dans le ciel, au lieu de le laisser traîner dans la boue et dans le sang de ses anarchies; personne ne lui répète davantage qu'elle n'est respectable qu'à la condition d'être morale et religieuse dans ses instincts. Je suis brouillé avec tous ses organes à cause de cela. Tu n'es pas un aristocrate autrement que de bons sentiments et d'intelligence, que suis-je autre chose? Qu'est-ce donc qui nous diviserait? Rien, car tu veux aussi la liberté religieuse absolue. De tout cela je conclus qu'il faut te baigner aux eaux des Pyrénées et revenir te faire élire dans un an en Dauphiné. Je te rendrai les leçons que tu me donnes, et, au bout de cinq ans, tu parleras mieux que nous. Ne te rabats pas sur l'âge. L'âge politique est de cinquante à soixante-dix; et même plus l'homme politique vieillit aux affaires, plus il acquiert d'autorité naturelle. C'est Dieu qui a fait cette loi. Tu as vingt ans devant toi.

Adieu. Voilà un long bavardage, rends-le-moi. Tout le reste m'ennuie. Mille respectueux sentiments à madame de Virieu.

DCCV

A monsieur Émile de Girardin

11 septembre 1839.

J'ai oublié, mon cher Girardin, de vous envoyer ces deux petits discours. Celui pour l'agriculture (1) est seul bon et pourrait être cité; l'autre (2) est pour madame de Girardin.

Rien de nouveau. Je vous attends si vous vous décidez à venir nous voir. Mais si c'est pour travailler à la *Presse* autrement que par mes vœux pour son succès, non.

Je persiste à penser sérieusement à la retraite de la Chambre.

Mille amitiés et respectueuse affection à madame de Girardin.

LAMARTINE.

(1) Discours prononcé à la séance publique de la Société d'agriculture de Mâcon (1er septembre 1839). V. *La France parlementaire*, t. II, p. 266.

(2) Discours prononcé à la distribution des prix du collége de Mâcon (28 août 1839). V. *La France parlementaire*, t. II, p. 261.

DCCVI

A monsieur Émile de Girardin

Mâcon, 20 septembre 1839.

Je vous attends un peu tous les jours. Dites-moi si vous viendrez ou non. Pagès m'écrit de Toulouse que M. de Montglave lui dit que vous voulez partir pour la Russie, pour plusieurs années, et remettre la direction de la *Presse* entre des mains étrangères pendant cette absence ; que vous voudriez surtout la remettre avec direction et indépendance absolues. Vous ne m'aviez rien dit de tout cela. J'approuve beaucoup quelques années d'expatriation : on ne connaît pas le monde quand on ne l'a vu que d'un point de vue. Vous reviendrez plus fort de tout le temps et de toute la distance que vous aurez mis entre vous et vous. J'irais moi-même aux Indes orientales demain si je pouvais. Je suis triste et ennuyé de l'impuissance bavarde de ce pays-ci.

Quant à vous affermer la *Presse* pendant cinq

ou six ans avec de bonnes conditions, je ne dis pas non. Mais cela ne pourrait être néanmoins que si un capitaliste, banquier, exploiteur quelconque, faisait simultanément le marché matériel et se chargeait de toute la partie argent et abonnés. Je pourrais, dans ce cas, me charger exclusivement de la direction morale et politique en m'associant Carné, Pagès, etc., mais une souveraineté absolue sur la rédaction.

J'ai voulu vous dire cela pour le cas où les *on dit* de Pagès seraient vrais.

Je suis occupé de mes affaires de fortune et des moyens de tenir encore à la politique pendant quelque temps. Mais ce n'est pas aisé. Cependant avant six semaines je ne désespère pas tout à fait encore de conclure un emprunt pour me faire vivre. Je m'adresse à mon vin, puisque les libraires ne peuvent que tuer leurs hommes en ce temps-ci.

J'arrive de Lyon, de Genève. Me voici en pleines vendanges pour un mois, et sans bouger d'ici.

Adieu et amitiés.

LAMARTINE.

Si un nom poétique pouvait être décemment

encadré dans des phrases d'affaires et de politique, je vous dirais de me rappeler à madame de Girardin. Si elle va en Crimée, nous perdons ce que nous avons de mieux ici, et nous attendrons le courrier d'Odessa comme nous attendons *celui de Paris.*

DCCVII

A monsieur le comte Léon de Pierreclos

Pau.

Monceau, 20 septembre 1839.

Mon cher Léon,

J'apprends avec bien du plaisir que les eaux vous ont été salutaires, et avec plus de plaisir que vous vous décidez à passer l'hiver et une partie de l'année à Pau. Vous serez tout porté pour la seconde saison qui complète les cures. Vous avez Alix — votre enfant sera soigné comme par vous-même — le plus beau pays et le premier ciel du monde. Ne vous inquiétez donc de rien, et jouissez en paix du repos et du bon air. Votre carrière n'en souffrira pas. J'aurai soin qu'on vous tienne compte de ce temps perdu comme d'un temps employé. Tout le monde ici en comprend la nécessité. Paris n'est jamais plus sévère que la localité. Si même vous pensiez qu'un changement de carrière vous fût commandé par les ménagements de voix et de poitrine, je ferais les démarches pour une sous-préfecture au Midi cet hiver. Voyez et réfléchissez, et surtout ne vous tourmentez pas de l'absence. Votre tribunal et votre procureur du roi sont admirables pour vous.

Tout va fort bien ici et suit le train-train accoutumé des choses et des personnes. Nous sommes en pleines vendanges, de ce matin. Elles paraissent assez bonnes. Je suis fort accablé d'affaires embarrassées, et je délibère sur ma démission de la Chambre; mais je crois pouvoir tenir bon encore quelques mois de cette année et remettre toute décision à 1840. Cela me permettra de vous servir, s'il y a lieu encore, plus d'un an. Je vends des chevaux, je renvoie cuisiniers et grooms, je me mets à la réforme par tous les étages, et je tâche de faire beaucoup de vins. Mais, hélas! tout cela ressemble un peu à l'enfant qui puise de l'eau avec le creux de sa main pour empêcher un navire qui fait eau d'aller à fond. Je vais me remettre aussi à ma tragédie interrompue au troisième acte, et j'espère la terminer avant Paris. Mais voilà mademoiselle Rachel condamnée au silence quand je veux la faire parler.

Nous n'avons pas M. de Champeaux avec nous, et je ne désire personne. Le coin du feu et un coin au soleil me suffiraient cette année. Si j'étais libre, j'irais à Pau. Peut-être irons-nous au mois de mai prendre les eaux en compagnie.

Je puis avoir des relations à Pau par la Chambre, voulez-vous des lettres? Indiquez-moi quelles sont les maisons? Avez-vous besoin des Etchegoyen? un des leurs est de mes amis et m'avait offert hospitalité et maison dans vos voisinages.

Adieu, mon cher Léon, faites nos amitiés à votre femme, et comptez sur toutes les nôtres.

LAMARTINE.

DCCVIII

A monsieur le comte de Virieu

Monceau, 29 septembre 1839.

Mon cher ami, je reçois ta lettre tardive de Bordeaux. L'essentiel est que tu reviennes, et assez bien portant. J'admire et j'envie ton beau voyage, les Pyrénées, la vallée d'Andorre, les oliviers, les figuiers dans les vignes, et l'esprit que tu as eu d'emmener là ton spirituel et énergique voisin, M. Cardon. Seulement je croyais que ta femme et tes enfants y étaient aussi. Sans cela j'aurais été les voir l'autre jour en faisant une course d'affaires à Lyon. J'irai avec un double plaisir quand tu me diras : J'y suis.

En ce moment je suis à Monceau et à Milly alternativement, heure par heure, à suivre mes vendanges qui sont mon pain et mon vin tout à la fois, à cheval avec le jour et à cheval avec la nuit, véritablement accablé d'affaires personnelles. Ma fortune a reçu de graves échecs, elle en est où était la tienne il y a quelques années : tes capitaux engouffrés dans les mines du Rhône, et les miens ensevelis dans les ceps du Mâconnais. Je suis à présent dans ce défilé étroit où je devais me trouver si mes charges de famille, acceptées pour en garder les terres, se prolongeaient au delà des calculs ordinaires de la vitalité humaine. Je donne quarante mille livres de rentes viagères ou non sur des terres qui les rendent à peu près ; avec cela il faut vivre de la vie d'homme public dans Paris, chose écrasante aujourd'hui. Les intérêts des dettes reviennent avec chaque mois, il faut être prêt et faire face de tous côtés. Les ressources littéraires sont taries, aucun libraire de Paris ne donnerait cent mille francs au génie collectif de l'époque. On possède pour huit ans encore mes œuvres passées. La Belgique escompte au rabais notre travail et notre gloire. Je ne puis vendre des terres parce qu'elles sont toutes engagées. Le quart d'heure est difficile. Un grand emprunt pourrait seul me soutenir sur l'eau pendant ces huit ans, je le rembourserais aisément alors, soit sur un héritage probable, soit sur la possession et la revente de mes quatorze volumes échéant à cette époque. Mais je trouve difficilement ou point à emprunter. Il s'ensuit que je songe à donner ma démission de la Chambre, à mon grand regret. Je crois sérieusement que je ne repartirai pas pour Paris, ou que je ne repartirai que pour aller vendre mes meubles et louer mon appartement. Si c'est la nécessité, c'est la voix de Dieu : il faudra se résigner et nager ici de mon mieux dans le vin et dans la boue de Saint-Point. Peut-être ainsi pourrai-je m'en tirer.

La politique ne serait pour rien dans ma retraite, car on m'offre la pairie, et je la refuse. Je n'en sortirais que contraint et forcé, faute de pain et de feu à Paris. Un mandat du gouvernement ? je n'en veux pas.

Veux-tu savoir pourquoi nous ne nous entendons pas en politique dans la région inférieure des applications et du temps ? c'est que par ton état tu vis dans l'idéal, et que par le mien je vis dans les faits. Les idées sont toujours d'accord dans deux têtes bien faites, mais l'application de ces idées crée les dissentiments aussitôt qu'on veut les faire toucher à la terre. Le droit comme base de toute société, qui est-ce qui le conteste ? Mais où est le droit dans l'année 1839? est-ce dans un petit pays ingouvernable, appelé la France? Là commence la dispute. Tu dis qu'il est dans le passé, moi je dis qu'il est dans l'avenir. Tu le vois sacré et incorporé à jamais dans une famille que j'aime, que je respecte; mais moi je dis qu'il est dans l'impérissable famille du genre humain et dans la conformité du gouvernement aux intérêts moraux et matériels de l'époque et du peuple. Tu dis : Je voudrais bien concilier ces deux droits; je dis comme toi, mais concilier ces deux droits n'est pas le fait d'un vain désir, c'est le fait d'une laborieuse intervention dans les affaires et dans les opinions de son temps et de son pays. Les faits politiques, les possibilités, les circonstances, les sympathies, les répulsions, les préjugés d'une nation sont des éléments de conduite politique, qu'on ne peut nier ni écarter à moins d'être purement un philosophe spéculatif ne tenant compte que des idées. C'est ce que tu es, il me semble, depuis dix ans. Tu te ranges de côté et tu dis : Ceci ne me convient pas. Moi je me jette dans la mêlée faite par la Providence, et je dis : Combattons pour le mieux possible dans un état de choses donné et que toutes les négations du monde n'empêcheront pas d'être. Une nation ne vit pas d'une idée bonne ou mauvaise, d'un gémissement ou d'un regret, elle vit de la coopération vertueuse de tous ses enfants, dans tous les temps, à ce qui est nécessaire à son existence. Tu es malade? tu ne te tues pas, tu ne commandes pas à ton sang de cesser de circuler : tu continues à respirer, à te nourrir, à t'exercer ; et tu fais bien, car autrement tu serais *suicide* par amour platonique pour un état de santé théorique. C'est ce que sont tes amis relativement à la santé morale et politique de leur pays. Là-dessus nous différons eux et moi de tout le *bon sens* que Dieu a mis dans mon organisation.

Adieu et à revoir.

LAMARTINE.

DCCIX

A monsieur Martin Doisy

Septembre 1839.

Monsieur,

Vous ne vous tromperez jamais en pressentant un ressentiment de joie et d'amitié là où vous aurez fait retentir un succès. J'avais lu votre nom dans la commission, et je m'étais félicité comme je me féliciterai de tout ce qui vous mettra en évidence. Il y a des esprits qui n'ont besoin que d'être placés haut pour briller de leur vraie lumière; l'air méphitique des bas-fonds éteint au moral comme au physique. Que d'intelligences et de forces qui meurent faute d'atmosphère! Hélas! je sens que j'en suis une, quoi que vous en disiez; je sens des forces intérieures que je ne puis exercer. Il faut ce que les anciens appelaient la fortune d'un homme, l'homme ne suffit pas.

J'ai lu l'article, et j'en ai même remercié l'auteur, sauf restriction. Vous savez que je ne suis pas difficile, quoique vos magnifiques commentaires de *Jocelyn* m'eussent donné le droit de le devenir. On a toujours assez d'amour-propre.

Je n'écris rien que quelques scènes de drame. Je vois que mademoiselle Rachel tombe malade, et je m'arrête.

Je suis occupé d'ennuyeuses affaires d'intérêt. Gravement atteint dans ma fortune, peut-être serai-je contraint de quitter la Chambre. J'en gémirai, mais je me résignerai : il ne faut jamais perdre de temps et de force à lutter avec les forces fatales et supérieures. Il faut dire comme les Turcs : Dieu le veut! et penser à autre chose. Pour la poésie, ce n'est pas l'année pour moi. Si je me retire forcément de la politique, à mon grand désespoir, ce n'est pas même de la poésie que je ferai, mais de la philosophie religieuse.

Je ne partage pas votre sentiment sur les religions d'accommodement et de circonstance. Je crois qu'il ne faut rien frapper de ce qui est dans le cœur d'autrui, mais qu'il faut confesser ce qui est dans le nôtre. L'homme est une petite vérité vivante et relative, il faut qu'il dise qui il est.

Adieu, monsieur. Je vous remercie de cette aimable distraction, et je rentre parmi mes vendangeurs en reprenant mes sabots, comme Machiavel à San Miniato, sauf respect.

LAMARTINE.

ANNÉE 1839.

DCCX

A monsieur Guichard de Bienassis

Au château de Bienassis.

Monceau, 8 octobre 1839.

Mon cher ami,

Nous t'attendons vainement depuis un mois, car c'est le temps où les amis et les hirondelles voyagent. Les tours de Saint-Point ont un nid pour toi comme pour elles, et tu réjouirais le cœur de ceux qui les habitent. Ne viendras-tu donc pas cette année? As-tu quelque embarras domestique ou quelque chagrin qui te retienne cloué à Bienassis? Dis-le-moi.

J'ai été à Lyon, il y a huit jours, avec la ferme intention de pousser jusqu'à Crémieu. Une journée de pluie épouvantable, la seule dont j'avais à disposer, m'a retenu à l'auberge de Lyon. J'ai tant d'affaires publiques et personnelles que j'ai été obligé de revenir bien vite sans avoir accompli l'objet de mon pèlerinage. Toi qui es plus libre, dédommage-nous.

Je serai encore ici, Monceau ou Saint-Point, très-longtemps, et peut-être toujours, car j'ai eu des revers, et j'éprouve des gênes de fortune telles que je suis à hésiter si je ne me retirerai pas de la vie publique. En ce moment il me serait de toute impossibilité même d'aller passer trois mois à Paris. Je me remue pour arranger tout cela; mais, si je ne réussis pas, mon parti est pris, je me retire. Il n'y a rien à dire contre l'impossible, c'est la voix de Dieu. Il m'en coûtera beaucoup.

Monceau et Saint-Point sont encore charmants à cette époque de l'année. Ton lit est fait dans l'un et dans l'autre. Nous passons la vie à courir à cheval depuis le matin jusqu'au soir pour suivre mes affaires et mes vendanges; le soir, un coin de feu, des journaux vides et des lectures plus substantielles. Nous n'avons personne ou rarement du monde. Cependant je finis ma courte épître pour aller recevoir dix-huit électeurs qui dînent chez moi aujourd'hui.

Adieu. Un mot. Rappelle-moi à la mémoire de ta mère si elle a gardé le nom d'un enfant où les souvenirs de Bienassis ont grandi et vieilli sans s'obscurcir et sans perdre de leur fraîcheur et de leurs charmes. Dis à ta charmante femme combien je désirerais enfin lui être présenté par la main d'un ami comme toi. J'espère que ce jour viendra, surtout si je recouvre un peu de liberté de mouvement. Il y aura bien de mon loisir pour Bienassis, car il y a beaucoup de mon cœur. Adieu encore, et pense à nous.

AL. DE LAMARTINE.

DCCXI

A madame la vicomtesse de Marcellus

Au château d'Andour.

Monceau, 14 octobre 1839.

Madame la vicomtesse,

Un plaisir dans une bonne œuvre, c'est accordé, et, quand cela est sollicité par vous, c'est nous qui devons de la reconnaissance. Nous allons à Saint-Point demain, et là nous verrons comment arranger cette petite affaire.

Je suis bien désolé de n'avoir pas été chez moi quand le général Oudinot est venu visiter notre vallée. Les vieux murs de Saint-Point ont dû tressaillir, car ils aiment les noms glorieux.

Nous ne serons qu'un moment à Saint-Point, nous sommes absorbés dans un déluge d'ennuis et d'affaires, qui nous retiendra longtemps à Monceau, et par-dessus tout cela je suis malade d'une névralgie dans la tête, qui m'enlève toute faculté de causer et de m'asseoir. Je ne suis bien qu'à cheval, aussi j'y passe ma vie.

J'irai bien vite à Andour, mais pour quelques minutes seulement. Parlez de ma reconnaissance à ses habitants et de mon amitié à M. de Marcellus. Son livre fait date. J'en suis fier, comme les prophètes des événements qu'ils ont pressentis. Cela doit l'encourager à écrire. Quant à moi j'y renonce, et je me fais exclusivement laboureur et vigneron.

Mille affectueux et respectueux sentiments.

LAMARTINE.

DCCXII

A monsieur Émile de Girardin

Monceau, 20 novembre 1839.

Mon cher ami, je ne suis ni *gravement malade ni mort*, mais c'est tout comme. Ainsi cela ne vaut guère la peine d'être démenti. Le fait est que je suis depuis six mois possédé d'une névralgie de la tête qui me rend semblable à ceux qui ne sont plus ; par-dessus cela, accablé de difficultés et d'affaires dont je ne vois pas une bonne solution. Je n'ai pas pu réaliser en entier l'emprunt nécessaire au rétablissement de mes affaires. Je n'ai trouvé que peu et mal. Cependant j'essayerai d'aller encore à la Chambre un an, si la névralgie s'atténue. A présent je ne serais capable de rien, pas même d'assister aux débats.

Je vous ai fait envoyer l'autre jour un article d'un journal obscur (1), que j'ai inspiré et dicté en

(1) *De la Reconstitution des* 221 (premier article, 16 novembre 1839, inséré dans le *Journal de Saône-et-Loire*). V. *La France parlementaire*, t. II, p. 271.

me promenant avec le rédacteur à Saint-Point. Qu'en pensez-vous?

Je ne sais rien. Je lis à peine. Je ne puis lire tout un journal ni écrire plus de dix lignes, et quelles lignes!

Adieu et merci de votre bon intérêt. Ma femme y est bien sensible. J'ai voulu répondre moi-même pour vous mieux rassurer. Cependant si vous apprenez que je suis mort, un jour, ne soyez pas trop surpris, et surtout ne vous affligez pas pour moi : la vie est trop bête pour des hommes de sens. Et la politique, qu'en dites-vous? Je ne vois plus la *Presse*. Abonnez-moi donc, et je vous porterai mon denier à Paris. Je ne sais à qui m'adresser ici.

Tout à vous.

LAMARTINE.

Mille affectueux souvenirs et regrets à madame de Girardin. Je lis *Hortense Mancini*, j'en suis très-content; mais il me faut un jour pour dix pages.

DCCXIII

A monsieur Émile de Girardin

Mâcon, 30 novembre.

Mon cher Émile,

L'auteur du premier article sur les 221 dans le *Journal de Saône-et-Loire* vient d'en faire un second (1) et en fera un troisième dans peu de jours sur la même question. Il vous prie de le reproduire en entier aussitôt qu'il vous arrivera et vous remercie bien vivement de la publicité que vous avez donnée à ce document qui retentit bien loin. Il espère que ses conclusions, à la portée des esprits élevés, seront approuvées par vos amis.

Tout à vous.

LAMARTINE.

On vous l'enverra en épreuve de manière à ce qu'il vous arrive mercredi soir à Paris. Gardez place dans la *Presse* de jeudi.

(1) De la Reconstitution des 221 (deuxième article, 4 décembre 1839). V. *La France parlementaire*, t. II, p. 280.

ANNÉE 1839.

DCCXIV

A monsieur Émile de Girardin

Mâcon, 3 décembre 1839.

Mon cher Girardin,

L'auteur des articles du *Journal de Saône-et-Loire* vous a envoyé le second, il vous enverra le troisième (1) vendredi 6, de manière à ce que vous puissiez lui donner place lundi dans vos colonnes.

Il est hardi, et je le trouve plus fort de vues que les précédents. Osez l'insérer malgré les 221. Rapportez-vous-en à ce qu'ils en diront plus tard.

Celui-ci sera le dernier, et l'auteur vous remercie de la brillante hospitalité donnée par vous à ses pensées.

LAMARTINE.

(1) De la Reconstitution des 221 (troisième article, 7 décembre 1839). V. *La France parlementaire*, t. II, p. 287.

DCCXV

A monsieur le marquis de la Grange

Député.

Château de Monceau, 5 décembre 1839.

Mon cher ami,

Merci du bon souvenir : il n'y a pas une de vos lignes qui ne soit comme dictée par ma propre pensée. Nous avons le même sensorium, par conséquent la même impression sur les choses.

Je ne puis ni écrire, ni arriver ni savoir au juste quand je pourrai partir. Je suis malade, depuis six mois, d'une gastralgie nerveuse sur l'estomac, la tête anéantie, perclus de la pensée et de l'action ; de plus ruiné à ne pas avoir de quoi faire le voyage et vivre là-bas. J'espère encore que tout cela s'arrangera avant la session, que le rhumatisme s'adoucira, que nos vins se vendront, que les prêteurs me prêteront, et que je vous verrai le

22 décembre ou le 1er janvier. Mais Dieu est le maître! En mon absence voyez et agglomérez nos amis, c'est le moment de faire corps ou nous serons foulés aux pieds par tout le monde dans la poussière générale. Écrivez dans ce sens dans quelques journaux. Les 221, les 221, les 221 debout, et en observation! Peu importent cent défections, elles reviendront, soyez-en sûr.

Voici mon deuxième article, anonyme toujours. Je ne veux pas passer officiellement pour faire du journalisme, mais qu'on me devine, cela m'est égal. Lundi je vous enverrai le troisième et dernier article. Au nom du ciel, tâchez de le faire insérer en entier dans un journal quelconque.

Oubliez vos travaux littéraires, et venez au secours du pays. La patrie est en danger : les honnêtes gens en permanence !

Moi, je ne peux rien que servir en volontaire dévoué dans le régiment. Je vous dirai pourquoi. Prenez la présidence des 221, ou place au bureau importante. Arrivez vite à Paris, commencez à vous réunir, ne fût-ce que cinq à six, et nous irons vous grossir. Donnez ma parole qu'aussitôt arrivé, je me réunis à vous.

Bonsoir. Ma force ne va pas au delà de dix lignes, mais je dicte tant qu'on veut ; en trois heures j'ai dicté ces trois articles. A revoir.

LAMARTINE.

DCCXVI

A monsieur Guichard de Bienassis

à Crémieu (Isère).

Paris, 18 décembre 1839.

Mon cher ami,

J'ai reçu le billet de 300 fr. J'ai vu M. Marion. Je vais ce matin chez M. Manet, directeur du personnel. J'ai pressé M. Marion, admirablement disposé du reste et très-dévoué à toi. Tu seras nommé, je l'espère.

Je suis très-souffrant encore, ma femme aussi. Nos articles de Monceau ont fait frémir l'esprit public. Mais l'égoïsme est au comble, et les conservateurs eux-mêmes travaillent avec leurs chefs à empêcher toute manifestation forte. Rien à faire donc qu'à se guérir et à se chauffer en gémissant sur un pays pareil.

Adieu. Mille tendres retours de vieille et bonne amitié.

LAMARTINE.

DCCXVII

A monsieur Dubois

A Saint-Laurent, près Cluny.

Paris, 18 décembre 1839.

Mon cher voisin et ami,

...Rien de nouveau ici que la lâcheté et la corruption générale. Je voulais au moins reconstituer quelque chose de stable et d'indépendant dans la Chambre, un petit caillou au milieu de ce lac de terre et d'eau. Grand retentissement, grand applaudissement dehors, mais ceux-là mêmes que je voulais dignifier et sauver conspirent les premiers contre moi : les 221. M. Molé, plus haut, plus bas, partout, conjurent contre leur réunion. Il n'y a rien à faire d'un pays sans caractère civil. Il faut être patient comme le bon Dieu, si l'on veut espérer quelque chose pour la vraie liberté.

Quant à mon ambition, j'en ris ici comme à Saint-Point. Je serais bien fâché que le pouvoir me vînt avec de tels instruments, qu'en ferais-je ? Je n'en ai qu'une seule, c'est de me tenir à l'écart de tout pouvoir dans un temps où on ne peut l'emprunter qu'à des complaisances honteuses et l'employer qu'à des nullités. Si jamais je le désire, c'est quand il y aura un grand usage à en faire. Mais quand ?...

Adieu et amitié.

LAMARTINE.

DCCXVIII

A monsieur Émile de Girardin

29 décembre 1839.

Mon cher Girardin,
On m'assure que la *Presse* s'en va financièrement et sera à vendre incessamment. Dites-moi ce qui en est. Jamais je ne fus plus disposé à chercher un organe d'opinions neuves et indépendantes. Quand voulez-vous que nous en parlions?
Tout à vous.

LAMARTINE.

ANNÉE 1840

ANNÉE 1840

DCCXIX

A monsieur le comte de Virieu

Lyon.

Paris, 13 janvier 1840.

Je viens de lire tes douze pages. Merci. Ma foi ! cette fois-ci tu dis d'or. Tu n'as jamais parlé si juste et si profond dans le sens réel des choses. Ton opinion sur le fond de la question, c'est-à-dire sur la marche logique des événements, est vraie. Les choses mauvaises portent en elles leur conséquence, voilà ta pensée ; rectifier le plus possible ces mauvaises conséquences, c'est l'œuvre des hommes de bien, voilà la mienne : elles s'associent à merveille.

Quant à ta tactique, les faits étant admis, et à ton coup d'œil sur la situation parlementaire immédiat et le rôle latéral que je veux y prendre, nous sommes cent fois plus d'accord que tu ne le crois. Tiens, prends et lis, voilà mon troisième article aux Corinthiens (1). Tu y verras poindre ta pensée autant que je puis la dire. Elle a fait un effet énorme et un grand ravage ici. Crois-tu que je pense aux 221 ? Ah ! pas le moins du monde. J'y prends un point d'appui et un point de départ, voilà tout, c'est le rivage sur lequel on met le pied pour pousser le navire au courant. Ils n'ont en masse ni vues, ni courage d'esprit, ni indépendance suffisante, bien que parmi eux il y ait beaucoup de tout cela et beaucoup de probité et de vertu, probité surtout.

Tout est confusion dans la Chambre maintenant, et nous n'en sommes plus là. Le roi et ses aboutissants ont peur d'une majorité spontanée et indépendante et me décomposent ce corps d'armée à qui mieux mieux. M. Molé lui-même, qui sort d'ici il y a un quart d'heure, n'est rien moins que bien. M. Guizot cabale. M. Thiers se repent et a eu une entrevue secrète avec moi, chez moi, un soir (ceci pour toi seul). Rien ne serait si aisé que de faire un gouvernement un peu propre de trois ans. Cela ne se fera pas. Pour moi personnellement tu connais ma pensée : *on ne doit jamais*

(1) *De la Reconstitution des 221.*

être ministre sans une absolue nécessité de son pays.

Si jamais, dans un avenir inconnu, je le suis, ce ne sera qu'à cette condition trois fois constatée. Il n'y a honneur que là, et il n'y a *force d'action* que là. Sans cela à quoi sert d'être ministre? MM. Sauzet, Salvandy, Dufaure, Cunin, Teste, ne le sont-ils pas?

Tiens, voilà aussi une assez bonne *improvisation* de moi, faite hier à mon corps défendant, sur l'Orient (1). La Chambre, qui abomine ma pensée énergique sur ce sujet, m'a écouté avec répugnance, mais enfin m'a écouté par force de fermeté, d'élocution et de volonté, jusqu'au bout. Maintenant elle est très en colère contre moi. Mais cela passe, et, en gardant le silence longtemps, ce qui convient aux névralgies, sa sympathie revient. Elle m'aime quand je m'abaisse, et me prend en grippe et en colère quand je monte. La moyenne n'est pas haute. Je vais remarcher seul quelques mois.

Rien de neuf au reste. Je tâche de conclure un emprunt qui me fasse nager huit ans ici. Dans

(1) Sur la question d'Orient. Séance du 11 janvier 1840. V. *La France parlementaire*, t. II, p. 294.

huit ans, de deux choses l'une : ou j'aurai hérité et vendu mes œuvres pour 5 ou 600,000 fr. en tout, ou je vendrai Monceau 800,000 fr., et je serai des deux façons debout encore.

Quant à toi, je ne comprends pas ta situation. Il faut nous voir pour en causer et nous consulter. Adieu, je vais un peu moins mal, mais bien mal encore depuis les froids, et mon âme est aussi triste que mon corps est malade. Prions Dieu et attendons de lui ! Adieu encore.

LAMARTINE.

DCCXX

A monsieur Ronot,
Avoué à Mâcon.

Paris, 3 février 1840.

Mon cher ami, il n'y a plus ni Chambre ni hommes, tout est en poussière ; qu'en sortira-t-il ? Dieu le sait ! mais rien de longtemps. Les systèmes vieillissent comme les hommes : le nôtre s'use, et moi-même je m'en décourage un peu. Il y a longtemps que je vous le dis, cela ne vaut rien pour agir, et l'action est la vie des peuples. Honte aux siècles critiques !

Oui je combats seul et ferme votre ennemi, le garde des sceaux. Il a dit qu'il se retirerait devant ce discours, si la Chambre ne lui en faisait réparation. Or c'est demain que nous vidons face à face le différend devant la commission des crédits supplémentaires. Je parlerai plus haut encore. L'amitié m'inspire. Adieu.

Je n'ai pu le servir, je voudrais le venger.

LAMARTINE.

DCCXXI

A monsieur Émile de Girardin

8 février 1840.

Voulez-vous, mon cher ami, me garder une bonne colonne. mardi ou mercredi, dans la *Presse*, pour un *speech* qu'on me prie de faire à la réunion des abolitionistes anglais, français et américains, dans un banquet qui leur est offert (1) ?

Je viens d'en faire le canevas. Je vous l'enverrai. Cela est tout à fait conservateur et en harmonie avec les colons sensés. Leur propriété et leur indemnité sont reconnues. Cela ne jure donc pas avec votre journal.

Tout à vous,

LAMARTINE.

(1) Ce discours sur l'abolition de l'esclavage fut prononcé le 10 février 1840. V. *La France parlementaire*, t. II, p. 307.

DCCXXII

A monsieur de Champvans

A Mâcon.

Paris, février 1840.

L'idée est bonne, voici le mot. Je vous demande pardon pour la brièveté, je suis très-malade toujours.

Vos articles m'ont ravi. Ils sont habiles, fermes et écrits. Vous avez été dans le juste en tout point, et tout seul.

Ici rien, tout est mort. Les 221, d'abord très-disposés à s'unir, en ont été empêchés par en haut et par leurs propres chefs animés de pauvres sentiments. Je me brouille insensiblement avec eux.

Le ministère tombera, je crois. Cependant, tant que nul parti n'est prêt à saisir le pouvoir, nous ne poussons pas à sa chute. Je veux pour ma part faire tomber seulement M. Teste.

Soutenez la loi des sucres telle qu'elle est, et dites que le cri poussé contre le projet n'est que la clameur des intéressés. La France perd cinquante millions par an à cette protection absurde.

Adieu et mille compliments et amitiés sincères.

LAMARTINE.

DCCXXIII

A monsieur de Champvans

Paris, 26 mars 1840.

Monsieur et cher aide de camp,

Faites insérer ces lignes du *Siècle*, cela couvrira un peu l'impopularité du moment. C'est le seul des journaux conjurés qui me traite poliment et qui me ménage. A-t-il peur déjà de cette dictature de M. Thiers, et se réserve-t-il une retraite?

Je suis accablé. J'ai parlé hier trois heures et avant-hier quatre heures contre et avec M. Thiers (1). Cela a été vif des deux parts. A la Chambre on dit que je n'ai pas encore si bien parlé. A peine cela fini, il faut reparler au comité, à la réunion, et *négocier* le cabinet, plus une

---

(1) Sur les fonds secrets (24 mars 1840) et Réplique à M. Piscatory (25 mars 1840). V. *La France parlementaire*, t. II, p. 314 et suiv.

horrible névralgie. Où en est Mâcon? Après l'article du *Siècle* ou avant, insérez le mot ci-joint.

Tout à vous.

LAMARTINE.

L'armée ralliée tient bon jusqu'ici, mais...

DCCXXIV

A monsieur Ronot

A Mâcon.

Paris, mars 1840.

Merci, mon cher ami, d'une voix amie criant courage! au milieu de la mêlée. Elle est finie. La révolution recommence, non au profit de nos grandes idées libérales, populaires, fraternelles, mais au profit du despotisme corrupteur des roués de 1830. Cela fait pitié pour une si belle nation. Mais elle est comme quelques belles femmes du même pays, elle aime trop les roués.

Merci de vos éloges exagérés par l'amitié. Vous n'avez vu que la lutte théâtrale de la tribune. Elle a été précédée d'une lutte corps à corps dedans qui a été plus vive et bien plus dramatique encore.

J'ai eu neuf discours contre M. Thiers dans cette affaire, et vingt ou trente pour tenir ferme nos amis et les diriger.

Malgré la défaite, qui ne vient d'aucune défection ni trahison de nos amis, mais du manque de cabinet, le dernier jour, et d'une prudence excessive de quelques hommes, la Chambre m'est fanatiquement sympathique en ce moment. Le second jour j'ai réellement été porté sans toucher terre dans la salle des conférences, et je n'ai pu me dégager des groupes où l'on me serrait les mains et où même on me les a plusieurs fois *baisées*.

Je n'ai cependant montré aucun talent que très-commun ; mais le ton d'honnête homme et de haute franchise plaît aussi au pays. S'il a ses vices, il a sa vertu, c'est le courage.

Adieu, à revoir. Votre ami.

LAMARTINE.

DCCXXV

A monsieur de Champvans

A Mâcon.

Paris, 1840.

On m'envoie, et je vous envoie un morceau assez remarquable sur moi de l'*Univers* de ce matin.

Voyez si cela ne peut pas être bon à insérer, en citant l'*Univers* qui a crédit sur les électeurs légitimistes, et pour les autres qui attachent toujours du prix à ce que les journaux parlent de leur député local. Ils doivent être satisfaits sous ce rapport depuis deux mois, car à Paris le bruit et la faveur publique sont grands, entre nous.

Je ne vais pas à la Chambre sans avoir des marques ardentes de fortes et très-nombreuses adhésions; c'est de la force pour les crises futures. J'y crois. La révolution est faite pour moi. Le coup d'État de la presse contre la Chambre et contre la royauté et la Chambre des pairs s'est accompli. C'est bien la faute de la dissolution Molé. Je l'ai bien senti alors. C'était le moment de remettre le pouvoir à M. Thiers et à la coalition, qui auraient succombé sous le fardeau.

Aujourd'hui une minorité de quarante voix d'ambitieux opprime à la fois la couronne, les pairs et la vraie majorité de la Chambre. M. Thiers n'est plus un ministre parlementaire, c'est une personnification de la force extra-parlementaire de la presse, c'est le dictateur de l'ultra-révolution. Il ne peut plus être un ministre, il est condamné à être une tyrannie. Cette tyrannie le poussera lui-même et ne le lâchera qu'en brisant son instrument.

Voilà comment je vois les choses, et les hommes éminents voient de même : ou avilissement de la représentation, ou trouble, ou majorité par intimidation, ou la guerre avec ses retours et ses irritations : voilà la condition inévitable des années à passer.

Je suis si occupé et si souffrant que je ne puis rien écrire encore; plus tard ! En attendant broyez ceci, si vous voulez, mais en vous montrant *très-*

libéral, très-populaire, et en adoucissant extrêmement les mots, les choses, les impressions, quant à M. Thiers et à son règne.

Adieu et à revoir.

LAMARTINE.

P.-S. Dites-bien à M. Dejussieu imprimeur à Mâcon de faire attention à ce qu'on ne nous enlève pas le *Journal*, notre seule force là-bas avant peu. On fera tout pour cela. Nous nous arrangerons pour le prendre, s'il le fallait.

DCCXXVI

A monsieur de Champvans

Mâcon.

Paris, 1840.

La panique s'est mise en effet dans l'armée de l'opposition, hier matin, malgré mes efforts; et le résultat pitoyable d'une Chambre et d'une gauche surtout qui se livrent au pouvoir quand même a eu lieu.

J'ai essayé, sans succès, de dire encore quelques mots à la tribune, et, quoique je sois ce qu'on appelle le *favori actuel* de la Chambre, j'ai échoué. Je n'ai pas pu, comme je l'espérais, avoir un coup d'éclat dans un discours pour l'amendement, à la fin. Il n'a pas été discuté. On a fait silence, et la réunion de tous les transfuges nous a tués. Le château a voté et travaillé contre nous.

Cependant sur 180 (221) présents à Paris, 130 sont restés fermes et résolus jusqu'au bout. Ce n'est pas mal, et, pour dire le vrai, les autres n'ont pas fait défection par intérêt personnel, mais par peur d'une manœuvre politique trop énergique et trop périlleuse pour leur organisation.

M. Barrot et la gauche sont disparus honteusement et ralliés au ministérialisme sans condition. Il n'y a plus de gauche.

La droite a voté pour Thiers. Berryer, son ami, lui a fait une position dans son discours d'avant-hier.

Maintenant il n'y a rien à faire qu'à se licencier et à attendre des forces et des occasions du temps.

Si nous avions vaincu, je vous appelais à Paris sur-le-champ. La situation était trouvée dans une presse plus sonore que celle de Mâcon. Je trouve cependant que votre journal se signale très-bien.

Dites à Dejussieu que je lui griffonnerai la situation dans deux colonnes quand on y verra clair.

Moi personnellement je n'ai rien perdu dans ce combat de trois semaines. Le mot de la Chambre hier était : Nous sommes tous vaincus, excepté M. de L.

Ne donnez pas mon petit mot d'hier *à M. Jau-*

bert (1) imprimé aux électeurs, mais simplement dans le journal, surtout la partie libérale et la fin.

Bâclez un article avec tous ces éléments, si vous voulez.

Mille amitiés.

LAMARTINE.

(1) Réplique à MM. Odilon-Barrot et Jaubert. Séance du 26 mars 1840. — V. *La France parlementaire*, t. II, p. 333.

ANNÉE 1840. 429

DCCXXVII

A monsieur le comte de Virieu

A Lyon.

Paris, mardi, 1ᵉʳ avril 1840.

Je t'écris peu, je suis trop malade et trop surmené d'affaires. Je n'ai pas eu, depuis trois semaines, moins de dix heures par jour de réunions, paroles et actions.

Je voudrais causer avec toi, impossible; je t'envoie seulement les choses de tribune, c'est la moindre de mes peines.

Voici de plus quelques vers improvisés hier.

Nous allons mal, et, selon moi, au plus mal. Le coup d'État de la révolution ou de l'ultra-révolution de juillet est fait dans la personne de M. Thiers. Il n'y a plus ni Chambre des Pairs, ni royauté, ni même Chambre des députés, opprimée à droite et à gauche par une minorité de tribuns de la presse, qui l'intimident et la subjuguent. Je ne crois pas que nous soyons bien loin du *sauve qui peut*, et je crains que tout ne finisse par le démembrement. C'est la pensée de Mounier et de tous les hommes dont la tête dépasse la foule et voit plus loin que le jour. L'avilissement seul peut retarder cela, et n'est-ce pas encore la plus vile des fins de l'homme?

Je viens d'être fanatiquement réadopté pour chef par toutes les parties honnêtes et saines de l'opinion.

Ma faveur publique ici est plus immense en ce moment que tu ne peux te la figurer de loin. Cela grandira encore quelques années, puis j'aurai à faire usage de cette force que Dieu donne, pour essayer d'une réaction vers le salut public.

Adieu. Je suis bien triste, bien ennuyé, bien souffrant, bien seul de cœur. Mais je t'aime bien. Écris et console-moi.

LAMARTINE.

DCCXXVIII

A monsieur le comte Léon de Pierreclos

à Pau.

Paris, 7 avril 1840.

Mon cher Léon,

Je suis heureux de voir que vous allez mieux. J'espère encore plus du printemps. Restez là-bas tant que vous pourrez. Ménagez-vous une large année de plus au Midi. Il est à croire que dans deux mois nous partirons pour les Pyrénées et les eaux, et il nous sera bien agréable de vous prendre à Pau en passant et d'aller à quelques eaux ensemble.

A Paris tout est comme mort depuis la dernière grande bataille. Je suis vaincu, mais non sans honneur, et, comme vous dites, je reste à la tête de trois oppositions qui se retrouveront peut-être à jour donné. Mais je crains que cela ne soit trop tard, et que le char ne soit lancé sur une pente où nulle main ne peut plus l'arrêter.

Je suis toujours très-souffrant et très-occupé. Mille amitiés à vous et à Alix.

LAMARTINE.

DCCXXIX

A monsieur de Champvans

Mâcon.

Paris, 1840.

Je vous envoie un *Siècle* de ce matin, où il y a un mot sur vous et sur moi, sur vous mauvais, sur moi tel que j'aurais pu le dicter. Je n'y connais personne, et la faveur soutenue de ce côté de l'opinion tient à une manœuvre que j'entrevois et qui nous rallierait un jour la gauche honnête. Ne lui dites pas d'injure, au contraire caressez ce côté, dites qu'il se formera une jeune gauche, qu'elle commence à poindre, qu'elle a encore la moitié inférieure du corps dans l'ombre des préjugés révolutionnaires qui s'en vont, mais qu'elle a déjà la tête dans la lumière de l'avenir; c'est là que nous l'attendons. Quelque chose comme cela.

J'ai parlé hier, avec plus de succès que je n'en ai jamais eu dans les bureaux, sur les chemins de fer. Cela a fait une impression telle que tous me ennemis qui disaient que j'étais trop élevé pour les affaires sont venus me faire amende honorable et me dire que jamais question épineuse de cinq lois à la fois n'avait été mieux débrouillée. Nous ne vous nommons pas, m'ont-ils dit, parce que vous entraîneriez la commission.

Ma situation dans la Chambre et dans Paris devient importante. Je n'ai plus qu'à attendre les grands événements, en maintenant ma situation.

Donnez ma lettre au *Courrier*, elle me rallie immensément d'esprits jeunes. Avec toutes les forces que nous créons, un jour nous ferons la guerre.

Je suis fort souffrant, surtout quand je parle, et j'ai parlé hier *quatre heures*. Voilà pourquoi je n'écris plus.

On est *unanimement* frappé de votre article et de votre rédaction. Continuez, lisez du bon, écrivez beaucoup, vous finirez avec votre faculté par aller très-bien et très-haut. Point d'impatience; le temps ne laisse en chemin que ce qui ne vaut pas la peine d'être ramassé, mais rien de ce qui a de la valeur.

Allez, je vous prie, lire cette lettre à mon père,

pour lui donner de mes nouvelles. Elles sont bonnes au fond, je n'ai que les nerfs fatigués.

Mes amitiés à Dejussieu. Il ne se doute pas combien son journal a d'importance ici, tout le monde m'en parle.

LAMARTINE.

DCCXXX

A monsieur de Champvans

Mâcon.

Paris, 24 avril 1840.

On m'apporte, à l'honneur de votre journal, le morceau suivant ; je vous l'envoie pour votre satisfaction.

« Le journal trimestriel anglais *Quarterly Review* contient sur le journalisme français un article où on lit le passage suivant, nous le citons avec un juste orgueil, non pour nous, mais pour notre pays :

« Il n'y a pas longtemps encore que, dans le
« journal de sa province (Mâcon), M. de Lamar-
« tine a produit par la voie du journalisme dé-
« partemental une grande sensation par toute la
« France et en Europe. L'élévation des senti-
« ments, la nature éminemment pratique quoi-
« que enthousiaste de sa philosophie, les bases

« solides de logique et la droiture des inten-
« tions, ont donné à cet écrivain et à ses opi-
« nions un poids immense, bien que, n'aspirant
« pas au pouvoir, il ait contre lui l'esprit de parti
« de toute couleur. »

DCCXXXI

A monsieur le comte Léon de Pierreclos

Pau.

Paris, 12 mai 1840.

Mon cher Léon,

Nous espérons toujours aller à Pau vers le milieu ou la fin juin, mais il ne faut pas vous déranger des Eaux-Bonnes. Nous n'irons à Pau que pour vous voir, et nous vous verrons aussi bien aux Eaux-Bonnes, et ensuite en courant les montagnes. Nous vous écrirons d'avance. Envoyez-moi un itinéraire de Mâcon à Pau, avec le nom des villes et des auberges pour coucher toutes les nuits.

Rien de nouveau ici que la dictature révolutionnaire de M. Thiers et de ses scorpions, qui fait baisser la tête à tout le monde, excepté à Villemain, à moi et à bien peu d'autres. Il est impossible que cela ne finisse pas par une catastrophe. Thiers lui-même est entre les mains des passions dont il s'est fait l'allumeur et le serviteur. Cela mènera très-loin.

Les cendres de Napoléon ne sont pas éteintes, et il en souffle les étincelles.

Que Dieu nous sauve! car il n'y a plus de roi et point de peuple.

Adieu, à revoir.

LAMARTINE.

DCCXXXII

A monsieur Émile de Girardin

31 mai 1840.

Mon cher ami, je vous ai manqué hier. Je voulais vous dire adieu et succès, et vous remercier d'une amitié qui ne se dément pas depuis tant d'années (1). Je le fais avec un sentiment sincère et vrai. Je m'en souviendrai toujours.

Je désire, pour édifier mes amis politiques et dérouter mes correspondants, que vous disiez dans la *Presse* :

M. de L... est parti de Paris pour Mâcon, soudainement rappelé par son père, vieillard de quatre-vingt-huit ans. Il doit repartir incessam-

(1) Quelques jours avant, le 26 mai 1840, M. de Lamartine avait prononcé son discours sur la translation des restes mortels de Napoléon. V. *La France parlementaire*, t. II, p. 348.

ment de là pour les Pyrénées ou pour un voyage de quelques mois en Espagne.

LAMARTINE.

Je vous prie de m'envoyer la *Presse* à Mâcon (Saône-et-Loire), dès demain 1ᵉʳ juin.

DCCXXXIII

A monsieur le comte de Virieu

à Fontaine.

Mâcon, 2 juin 1840.

Mon cher ami, je ne t'ai pas écrit depuis longtemps parce que ma névralgie me tient toujours un peu, et que je me borne à parler beaucoup, mais ne puis pas écrire sans extrême difficulté.

Mais me voici *seul* à Monceau et Saint-Point pour quinze jours. Ma femme est restée à Paris pour des œuvres de son état charitable. Si donc tu es libre et à Fontaine, du courage! demande tes chevaux et arrive. Nous causerons, nous récupérerons en huit jours un an de silence.

Rien de nouveau que ce que tu vois ou ne vois pas dans les journaux. La France boite et le soleil marche. Les vérités s'entre-croisent, la tienne s'entre-choque avec la mienne qui en heurte beaucoup de milliers d'autres, et, comme disent les excellents musulmans, *Dieu sait le meilleur!*

Je t'avertis pour ta gouverne, ou du moins pour que ta pensée se dirige à moi comme la mienne à toi, que je reste ici occupé d'affaires rurales un mois, qu'au 1ᵉʳ juillet je pars pour les Pyrénées, que là je me promène, de la mer aux montagnes et de France en Espagne, environ *trois mois,* qu'ensuite je reviens ici faire mes vendanges.

En tout cela trouve une heure à me prêter, toi le plus libre des deux. Tu sais combien je suis heureux d'un seul bon moment avec toi, je n'en ai plus qu'ainsi.

Adieu. Respects à madame de Virieu, amitié à toi.

LAMARTINE.

DCCXXXIV

A monsieur le marquis de la Grange

Député.

Mâcon, 3 juin 1840.

Je n'ai pas douté de votre succès sur cette affaire que vous saviez si bien (1), et que vous developpiez à merveille. Elle nous appartenait. Un mot encore, et un mot court et énergique sur la *généralité* de la question des Enfants trouvés. Moquez-vous de la Chambre, je vous réponds des applaudissements de la France. C'est ainsi qu'on fait violence au Palais-Bourbon : allez et du courage! Vous avez volonté, style et talent, le reste viendra à *coup sûr*. J'ai trouvé mon pays retourné par le *thiérisme*, le *bonapartisme*, etc. Je suis *ultra-populaire* jusque dans les cabarets des villages, qui cette fois s'avisent d'avoir le *sens commun* et d'être indignés des jongleries napoléoniennes. Décidément le niveau des sentiments s'élève.

(1) La question des subsides demandés pour Buenos-Ayres.

Je pars ce matin pour les champs. Adieu. Écrivez-moi, et soyez sûr qu'aucune écriture ne me fait plus plaisir sur une adresse.

Mille amitiés bien respectueuses mais bien senties et bien rendues à madame de la Grange.

Pourquoi le sort vous a-t-il enracinés en Normandie et moi en Mâconnais !

Adieu et merci. Je vous lirai demain au *Moniteur*.

LAMARTINE.

DCCXXXV

A monsieur Guichard de Bienassis

à Crémieu (Isère).

Saint-Point, 11 juin 1840.

Je partage bien vivement et bien sincèrement ta douleur, mon pauvre ami. On perd ainsi la moitié de soi-même, tout son passé. Et qu'est-ce que l'avenir? Que Dieu te garde du moins l'excellente et aimable consolation qu'il t'a donnée dans ta femme! Tant que cela reste, tout est supportable et consolé.

Je te remercie de ta sollicitude pour mon père; il vieillit, mais robuste encore. Le bruit de sa maladie était sans fondement.

Je suis venu passer quelques jours près de lui, et je pars dans huit jours pour les Pyrénées et l'Espagne. J'y serai trois mois. Ne viendras-tu pas après?

Reçois mes félicitations sur la justice de paix. J'y ai peu contribué cette fois, M. Marion a tout fait avec un zèle et une amitié persévérante. Fais-lui mes compliments, je l'ai beaucoup goûté.

Adieu, adieu. Je t'écris du milieu du tumulte, mais au repos. Mon souvenir est bien habituellement à Bienassis. Il y sera plus encore depuis qu'on y est moins heureux.

LAMARTINE.

DCCXXXVI

A monsieur le comte de Virieu

à Fontaine.

Monceau, 20 juin 1840.

Je vais, comme toi, fort mal de l'estomac et de la tête, névralgie partout. Je pars *précisément* pour Ussat et les Pyrénées, drôle de conformité et triste! Je serai là trois mois et un peu en Espagne, Valence, Grenade, Barcelone, Séville. Je ne te verrai à Lyon que si tu peux venir dîner avec moi à l'hôtel de Provence, le jour que je t'indiquerai.

Ta lettre, qu'on me renvoie de Paris, me fait un extrême plaisir : tu me nommes au rang de l'homme qui est mon idéal depuis vingt ans, le *grand* Chatam ; c'est l'orateur moderne par excellence. Arriver là pour moi un jour, en ce genre, c'est le pic du mont Blanc. Je m'en sens *aisément* la force, mais l'occasion et le temps, Dieu sait seul!

Quant à mon opinion sur Bonaparte, je ne suis pas si sage que tu crois. Je n'ai pas d'opinion sur cet homme qui *incarna le matérialisme dans un chiffre armé :* je n'ai que haine, horreur, et, le dirai-je? mépris! oui mépris, et mépris pour ceux qui l'admirent ! Ainsi ne raisonnons pas, nous sommes d'accord.

Je voulais bien être plus sévère et plus véhément (1), mais, arrivé à la tribune contre les conseils et les supplications de mon parti même qui courbait la tête et me disait : Vous allez vous perdre, j'ai fléchi, et, voyant la gauche sur laquelle je comptais m'abandonner au début et paraissant s'entendre avec Thiers pour m'écraser, j'ai fait de la diplomatie à la tribune au lieu d'éloquence et de raison, et j'ai changé instantanément ce que je voulais dire en douceurs pour la mémoire du grand homme. J'ai ainsi coupé le terrain à la coalition napoléonienne, et cela m'a réussi, car jamais tu n'as vu changement en vingt-quatre heures pareil à celui que j'ai opéré à Paris et dans la Chambre. Mais voilà pourquoi j'ai été doux.

(1) Discours sur la translation des restes mortels de Napoléon.

Ah Dieu! quel discours je ferais, quelle appréciation j'écrirais de cet homme, si j'avais l'auditoire libre!

N'importe, je suis content, et, en tout, ces deux dernières années, j'ai acquis, entre nous, plus que qui que soit jamais faveur et *passion* dans la Chambre. Je pourrais me jeter à mon choix aux trois partis qui me supplient de les guider. Ce n'est pas mal. Qu'en résultera-t-il au jour des liquidations? Dieu le sait. Rien peut-être.

Mais adieu. Je t'écrirai la veille du départ, et ensuite des Pyrénées.

LAMARTINE.

DCCXXXVII

A madame de Girardin

Paris.

Hyères, 10 août 1840.

Je suis depuis longtemps si souffrant que je n'ose écrire à quelqu'un qui se porte bien. Voilà l'excuse de mon silence. Or vous vous portez divinement, j'en juge par votre dernier *courrier* qui est un chef-d'œuvre de bon sens, de haute politique et de grâce sévère de l'esprit. Nous l'avons lu, relu et fait lire à tout le pays. On vous y adore.

Merci du mot sur moi. Il est bien aimable, mais il me fera des ennemis de tous les bossus et de toutes les mauvaises tournures ou physionomies de France. Ce n'est pas politique. La démocratie là comme ailleurs! Respect à elle!

Nous voici donc à la guerre. Si ce n'est pas aujourd'hui, ce sera demain, peu importe. Ne vous ai-je pas dit : La révolution est faite le 1ᵉʳ mars ? M. Thiers, c'est la guerre; M. Thiers, c'est la fin du monde; il faut qu'il tombe ou que nous y restions tous, pas de milieu.

Votre mari combat à merveille depuis huit jours. Bon terrain, bonnes armes, bons coups. Il a grandi de toute l'importance de la cause. Nous sommes ravis. Les *Débats* ont fait le plongeon le plus bourbeux. Où diable ressortiront-ils ? Je suis indigné.

Je pars demain, je vais à Saint-Point. J'écrirai de là deux jours après, dans le *Journal de Saône-et-Loire* pour prétexte, deux ou trois articles tels que la France en tremblera, j'espère. Ceci entre nous, et avertissez Girardin que je les lui enverrai le jour même où ils s'imprimeront à Mâcon. S'il peut les insérer en un ou deux jours, ou trois jours de suite, nous sauverons le pays, comme cela se fait si souvent. J'ai griffonné cela hier ici. Je le recopierai à Mâcon, en l'abrégeant. Je crois que c'est mon chef-d'œuvre politique didactique. C'est évident d'un bout à l'autre. N'en dites rien avant qu'à Girardin.

Point de vers cette année. Névralgie persévérante et affreuse. J'ai vu les Pyrénées et les mers en vain.

A propos, on m'a reçu partout, comme député et comme poëte, avec un enthousiasme de politesse et de bon augure inouï. L'autre jour, à Arles, à peine étais-je arrivé, le peuple se presse sur la place et m'appelle au balcon pour me faire discours et sérénades. En arrivant à Hyères, à l'improviste, même accueil deux heures après. Que serait-ce donc si vous voyagiez, vous poëte, plus belle que la poésie même!

Mais adieu. Ceci passe mes forces, c'est la seule lettre écrite en deux mois. Mille regrets et affections à vous et autour.

LAMARTINE.

DCCXXXVIII

A monsieur Émile de Girardin

Paris.

Le 19 août 1840.

Je ferai comme vous me dites pour l'envoi de l'article. Vous l'aurez vingt-quatre heures avant tout le monde. Vous mettrez toujours un mot indiquant qu'il vient du *Journal de Saône-et-Loire* et qu'on me l'attribue d'autant plus légitimement que je me désigne de mille manières. Je pense comme vous sur la guerre. C'est l'ennemi de la liberté et de la démocratie, comme de l'humanité. Quel peuple de dupes volontaires que cette grande nation!..... Dites à Mme de Girardin que j'ai perdu en route, mais très-réellement perdu, deux actes de ma tragédie. Il y a un mois que je les cherche en vain. Je n'ai plus d'espoir. Je suis désolé, car j'avais reçu le prix, et j'ai à le rendre. Pour la gloriole ou les sifflets, peu importe, tout est bien. Qu'elle n'en parle pas dans le journal.

LAMARTINE.

DCCXXXIX

A monsieur le marquis de la Grange

député.

Saint-Point, 20 août 1840.

Mon cher la Grange,

Il y a un siècle que je veux vous écrire, mais, depuis deux mois que je voyage sans avoir été deux jours sous le même toit, je n'aurais pu indiquer d'adresse pour avoir une réponse. Or, en fait de correspondance, le monologue est une bêtise; donc je me suis tu. Maintenant je vous dis deux mots par la main de Mme de Lamartine, car je suis plus souffrant de mon rhumatisme nerveux que je ne l'étais avant mon voyage, je ne puis ni lire, ni écrire, je n'ai plus de facultés, je n'ai que des passions : vous savez que mon amitié pour vous deux en est une, et que ma haine contre ce ministère de démolition en est une autre. Je suis donc de plus en plus votre ami et de plus en plus son ennemi. Vous le verrez après-demain dans deux articles très-sérieux et très-irrités que je viens de dicter au *Journal de Saône-et-Loire* (1), pour passer de là avec un passe-port départemental à la presse de Paris, et, j'espère, dans celle de l'Europe. Je désire que vous en soyez content et que ce cri d'alarme, que je ne crains pas de pousser tout haut, trouve un écho secret dans la conscience et dans la terreur publiques. J'ai été obligé d'être réservé, poli, parce que je suis député, mais la draperie laisse percer les muscles, et l'on doit voir clairement que je regarde ce ministère comme l'étourderie du crime.

Me voici chez moi à la campagne, seul et triste pour moi-même, encore plus triste pour mon pays. Je ne suis pas dans le cas d'assister à mon Conseil général, je n'y paraîtrai qu'un jour ou deux. Je présume que nous serons convoqués incessamment. Aurons-nous alors assez d'énergie pour secouer ce ministère sinistre et remettre l'Europe d'aplomb? Fléchirions-nous sous un Danton? Nous avilirons-nous sous un Walpole?

(1) *La Question d'Orient, la Guerre, le Ministère*, quatre articles qui ont paru successivement dans le *Journal de Saône-et-Loire*, 28 août 1840 et jours suivants. V. La *France parlementaire*, t. II, pages 357 et suiv.

Dieu le sait! Quant à moi, je crois beaucoup à la sagesse et beaucoup à la faiblesse de mon pays; je n'ose donc à cet égard rien prophétiser. Cependant les colossales étourderies de M. Thiers et le fabuleux ébranlement que trois mois de son gouvernement ont donné aux intérêts et aux esprits l'engloutiront, je l'espère, dans la tempête même qu'il a si malheureusement soulevée.

Écrivez-moi, tenez-moi au courant de vos propres pensées. J'aimerais à les voir semblables aux miennes, cela m'y confirmerait. Ces six mois-ci nous avancent de douze ans. L'heure des grandes crises, et par conséquent des hommes courageux, s'approche.

Adieu. Tâchez donc de venir nous voir, et dites donc à Mme de la Grange, qui est si puissante sur la Providence, de faire quelque bonne prière, aumône, pèlerinage, je ne sais quoi, pour obtenir du bon Dieu, dont j'aimerais tant être un bon soldat et même un martyr, qu'il me guérisse deux ou trois fibres de la tête et de l'estomac, qui paralysent toute ma vaillance, et qui me rendent, l'année du combat, incapable d'autre chose que de gémissements et de résignation. Si jamais je guéris de cette névralgie, je le lui rendrai quand elle aura la sienne. Maintenant je vous dis adieu, et je remercie Mme de la Grange de m'avoir fait causer cinq minutes avec ce que j'aime le mieux dans la Chambre et dans le salon.

A revoir.

LAMARTINE.

P.-S. J'ai eu le malheur de perdre en route deux actes de ma tragédie que j'avais portée pour la finir. Je suis désolé, car je n'ai point de brouillon, selon mon habitude, et obligé de rendre au Théâtre-Français ce que j'en avais reçu. Je ne sais comment je vivrai honorablement l'année prochaine.

DCCXL

A monsieur de Champvans

Mâcon.

Mâcon, août 1840.

Voici les journaux, rendez-les-moi ce soir ou demain.

J'ai une vingtaine de lettres de très-haut, toutes à l'enthousiasme et à la terreur. Nous ne glissons plus, nous roulons au précipice.

Voici un article de l'*Univers* si platement ministériel il y a huit jours et qui tourne à nous. Citez-en un morceau.

Voici le *National*, quolibets usés; — le *Constitutionnel*, id.; — le *Courrier*, décent; — le *Siècle*, embarrassé; — la *Presse*, hostile sourdement. M. Molé se repent de son *transport*.

Mon père est bien mal encore et moi bien tourmenté. J'y suis pour vous tout le jour.

LAMARTINE.

DCCXLI

A monsieur Émile Deschamps

Mâcon, 28 août 1840.

Mon cher Émile,

Je vous réponds du chevet de mon père mourant. Ah! oui, certes, j'accepte. Vous ne savez donc pas assez que je vous regarde comme le génie aimable du bon sens en France. Très-sérieusement vous êtes le sel et le levain de ce triste temps.

Unissez-donc de plus en plus nos deux noms : vous me rendrez fier dans l'avenir, heureux dans le présent.

J'allais mieux, la maladie de mon père me rend la mienne. Il a quatre-vingt-huit ans et son esprit plus que moi. Dernier lien qui va se rompre! Où les renouerons-nous tous? Là-haut!

Écrivez-moi.

LAMARTINE.

ANNÉE 1840.

DCCXLII

A monsieur Émile de Girardin

Mon cher ami,

J'ai perdu mon digne père. Je ne puis vous en dire plus, c'est pour moi moitié de la vie perdue.

Je dicte confidentiellement quelques lignes au *Journal de Saône-et-Loire* sur cet événement : ce sont les seules que je désire voir reproduites (1). On vous les enverra demain.

Tout à vous.

LAMARTINE.

(1) Les Éditeurs croient devoir reproduire ici cette notice nécrologique qui ne se trouve pas dans les œuvres de M. de Lamartine :

« Une famille honorable vient de perdre son chef, notre ville un juste, et la vie humaine un de ces exemples rares de ces vieillesses saines et augustes qui s'élèvent çà et là au-dessus du niveau ordinaire des générations, avec toute leur séve et toute leur majesté, comme pour nous consoler de la nécessité de vieillir et pour nous adoucir la nécessité de la fin. Cette vie comble de jours, de bonheur et de paix, ne s'est retirée qu'à près de quatre-vingt-dix ans. Ce ne fut pas un homme de bruit, n'en faisons pas sur sa tombe. Que l'expres-

DCCXLIII

A monsieur Ronot

Avoué à Mâcon.

Mâcon, 31 août 1840.

Ce mot me pénètre ; il n'y a que cela à dire. Oui, quand les affections nous échappent, il faut serrer les rangs et s'aimer davantage.

sion de nos regrets soit juste et modeste comme il le fut lui-même.

« M. de Lamartine naquit à Mâcon, au milieu du dix-huitième siècle. Sixième enfant d'une famille dont quelques membres étaient toujours voués aux armes, il entra au service, à seize ans, comme officier de cavalerie. Il servit avec distinction jusqu'en 1790. Il épousa à cette époque Marie-Alix des Roys, chanoinesse du chapitre noble de Salles, fille de M. des Roys, intendant des finances de S. A. R. Mgr le duc d'Orléans, et de Mme des Roys, sous-gouvernante des enfants de ce prince. C'est cette femme comblée de toutes les grâces de la beauté, de l'esprit et de l'âme, que nous avons longtemps connue, chez laquelle les années avaient mûri tous ces dons sans en flétrir un seul, et dont la mémoire a laissé ici, après dix ans de disparition, un parfum d'amour et de vénération qui semble immortel. De ce mariage naquirent huit enfants ; l'aîné de cette nombreuse famille fut M. Alphonse de Lamartine.

« La Révolution française commençait ; M. de Lamartine ne

Ma femme me dit que vous n'avez pas été averti.

Vous êtes le *premier nom* de Mâcon que j'aie

voulut pas émigrer. Au 10 août 1792, il alla volontairement défendre, avec la garde constitutionnelle de Louis XVI, ce qui restait de la royauté et de la Constitution, un roi, une reine et des enfants assaillis dans leur palais qui n'était déjà depuis longtemps que leur prison. Blessé dans le Jardin des Tuileries et poursuivi par les *Marseillais*, il traversa la Seine dans une barque et fut arrêté à Vaugirard. Il allait subir le sort de toutes les victimes de cette journée de massacres quand il fut reconnu, réclamé et sauvé par un officier municipal de la commune de Vaugirard, jardinier de M. Henrion de Pansey, le célèbre jurisconsulte et oncle de madame de Lamartine. Il dut la vie à ce hasard. Revenu dans sa famille, il ne tarda pas à être emprisonné de nouveau. Il sortit de prison au 9 thermidor et se retira à la campagne. Elever sa nombreuse famille, soigner une fortune médiocre mais toujours large pour l'hospitalité ou la bienfaisance, cultiver son esprit, aimer, servir, assister les pauvres habitants de la terre où il vivait, ce fut toute son existence. Il représenta pendant vingt ans son canton au Conseil général du département ; son ambition ne s'éleva jamais au-dessus des dévouements obscurs et gratuits. Très-capable des grandes choses par la facilité, la justesse et l'étendue de son esprit, sa modestie le renferma volontairement dans les plus humbles. Ses sentiments politiques participaient essentiellement de la justesse, de l'équité et de la modération de son caractère. Cette politique n'avait qu'un seul mot : *l'honnête*. Elle était le résumé de son âme. N'est-elle pas aussi la plus infaillible des théories ? N'y a-t-il pas, après tout, quelque chose de plus sûr que les opinions, et qui leur survit à toutes, la conscience ?

« Il vieillit ainsi, si l'on peut appeler vieillesse une vie si pleine, si chaleureuse, si renouvelée, et qu'on ne reconnaissait en lui qu'à la date de ses souvenirs, à la dignité impo-

désigné et écrit moi-même, et elle-même a adressé. Ainsi il y a eu erreur.

Si je tenais à une larme à côté des miennes, c'était à la vôtre.

LAMARTINE.

sante de son attitude et à la majesté de ses cheveux blancs. Peut-on, en effet, appeler vieillesse cette maturité saine qui se perfectionne sans cesse sans se corrompre d'aucun côté? Rien ne s'était usé dans cette forte nature, ni le corps, ni l'esprit, ni le cœur. Il semblait au contraire que les fibres de ce cœur s'attendrissaient sans s'amollir avec les années. Nous nous souviendrons de lui toutes les fois que nous voudrons honorer la vieillesse. C'est le plus beau et le plus mâle vieillard que nous ayons connu. C'était une de ces figures patriarcales que la Providence fait apparaître quelquefois comme un souvenir des temps bibliques; un de ces chefs de tribu qui laissent beaucoup d'enfants sous beaucoup de tentes, et qui s'en vont tard se reposer, dans le sein d'Abraham, du long et droit chemin qu'ils ont suivi sur la terre. Puissions-nous le suivre dans la même route, du même pas et au même but !

« Il est mort en homme de raison et en homme de foi, ne disputant pas avec la nature et plein de certitude dans l'éternité. On disait de lui autour de son lit, en le voyant prier et mourir, qu'il avait manifesté dans toute sa vie la vertu humaine sous ses trois plus belles formes : dans sa jeunesse, l'honneur ; dans son âge mûr, la probité ; dans sa vieillesse, la religion. »

DCCXLIV

A monsieur Émile de Girardin

Saint-Point, 6 septembre 1840.

Mon cher ami,

J'ai perdu mon père auquel j'étais attaché comme à un père et comme à un fils. Je suis retiré et recueilli à Saint-Point. Je me suis remis ce matin au travail pour me distraire. Je vous ai fait un deuxième article plus court de douze pages et plus nerveux et plus écrasant que le premier (1). Voulez-vous l'insérer? Je vous l'enverrai pour la fin de la semaine prochaine, samedi ou dimanche. J'aimerais qu'il parût le dimanche : on lit plus et mieux ce jour-là.

Merci de l'article d'hier. Il est superbe et va bien à un but précis. Votre grand article, sauf l'Égypte, était excellentissime.

Faites toutes mes amitiés à Mme de Girardin.

---

(1) *La Question d'Orient,, la Guerre , le Ministère.*

Pourquoi Saint-Point est-il si loin de la rue Laffitte? Je vais bien mieux par le seul effet du temps.

LAMARTINE.

Je me pose presque en entier sur le *statu quo*, terrain qui convient mieux à vos amis.

DCCXLV

A monsieur Martin Doisy

Saint-Point, septembre 1840.

Cher et excellent ami,

Je viens de vous lire, c'est vous dire que je suis au moins aussi ému et aussi ravi que le jour où je lus ce beau morceau sur *Jocelyn*, qui servit d'initiative à l'opinion. Vous fûtes deux fois le parrain de mes deux œuvres : vous baptisâtes l'une au berceau, vous baptisez l'autre déjà adulte, mais vous leur porterez bonheur à toutes deux. Le Dante eut des commentateurs cinquante ans après sa mort, vous faites mon commentaire moi vivant ; mais vous faites plus, vous refaites mon œuvre et vous créez en expliquant. Réellement l'article est un chef-d'œuvre de tact politique et poétique. Je voudrais bien qu'il fût reproduit dans *la Presse*, dans *l'Artiste* et dans *la Gazette*. Il faudrait pour cela le leur envoyer en retranchant toutes les citations et tout le récit.

Vous savez ma perte et mon deuil profond, un père de quatre-vingt-dix ans avec la tête et le cœur de vingt-cinq ans, cela ne se console plus.

La politique d'étourdis conspirateurs que vous voyez me donne le cauchemar. Je sais bien que cela finira par des *platitudes*, mais les platitudes avilissent plus une nation que les accès de démence. Je suis pour la politique héroïque; j'aime mieux l'échafaud pour un peuple que les simonies des fonds secrets. J'ai envoyé, il y a trois jours, un article sur l'Orient.

Je suis hors d'état d'écrire tant j'ai encore de névralgie, mais cependant je commence à me sentir moins mal au fond.

Adieu.

Mme de Lamartine est enchantée et dit : J'ai bien placé mon amitié. Elle fait de vous autant de cas que moi, c'est beaucoup dire. *Pauci quos æquum amavit.*

LAMARTINE.

DCCXLVI

A monsieur le comte de Virieu

Fontaine.

Saint-Point, 9 septembre 1840.

Tu as vu la mort de mon père, il y a quinze jours, dans les journaux ; cela t'explique mon silence. Il est expliqué surtout par mon impuissance d'écrire ; bien que j'aille névralgiquement mieux, elle redouble, le chagrin ne la diminue pas. Mon père était devenu mon fils et un saint, bon, doux, admirable ; une tête et un cœur de vingt-cinq ans. Je suis déraciné, tronqué par les rameaux et par le pied. Enfin Dieu est par-dessus tout et vit toujours, revivons en lui !

Je vais demain dans ton voisinage, chez M. de Fleurieu, pour affaires, mais pour une heure. Sans cela je pousserais jusqu'à Fontaine ; mais je ne puis laisser ma femme en ce moment, elle est aussi triste que moi. Nous sommes à Saint-Point.

Je ne sais si j'ai répondu à deux lettres *admirables* de toi en politique. En tout cas je les ai lues. Sur la première d'accord, sur la deuxième à demi. Tu t'en prends à la révolution de juillet, mais ni toi ni moi nous ne l'avons faite. Il s'agit de faire vivre un pays malade, voilà tout. Tu veux qu'on le laisse mourir, et moi non. Il meurt, et tu vas avoir raison. Ce ministère d'étourdis le jette à croix ou pile, et, comme à l'ordinaire, le pays se laisse faire. Quel pays! J'ai écrit hier un nouvel article nerveux et court pour mes collègues, je te le fais envoyer. Cela sème du doute et a beaucoup d'écho. Je suis accablé de lettres d'adhésion et d'injures et de menaces anonymes. Je m'attends à un 10 août avant peu de mois. Qui sera vainqueur? Dieu le sait. Mais si je m'appelais le maréchal Soult, je dirais : C'est moi.

On me fait beaucoup de propositions d'entrer aux affaires. Je crois que l'heure approche, mais *pas encore*. La voix de Dieu n'est en ce genre que celle de la nécessité. Nous verrons si elle se fera entendre nette ou si je resterai seul et impuissant à gémir sur mon pays.

Adieu. Écris-moi, et viens me voir en octobre si

tu as un jour. Je t'aime de plus en plus à mesure que le vide se fait autour du cœur. Mille respectueuses affections à ta femme et amitiés aux enfants.

LAMARTINE.

DCCXLVII

A monsieur de Champvans

Mâcon.

Mâcon, 10 septembre 1840.

Voici l'épreuve. Je tremble d'avoir fait quelque erreur en envoyant celle à Girardin, c'était la nuit.

Les lettres de Paris de ce matin font trembler sur ce pays. J'en ai de plusieurs députés qui tournent à nous de plus en plus.

O coalition! O Égypte! Avec cette folie dedans et cette folie dehors, où n'irons-nous pas?

M. de Lacretelle m'écrit pour se plaindre de ce que je ne lui réponds pas. Je le renvoie *amicalement* au troisième chapitre.

Tout à vous.

J'ai écrit ma préface.

LAMARTINE.

DCCLXVIII

A monsieur Émile de Girardin

Septembre 1840.

Mon cher Girardin,

Faites attention que, par erreur, on vous a envoyé deux fois la même page commençant par *arme dans le fourreau*.

J'ai votre lettre d'aujourd'hui. Je crois bien qu'on donnerait mille ambassades à *la Presse*, c'est le dernier écho qui reste à la vérité. Gardez-le lui. Vous devenez très-important. *Les temps se pressent*, les mauvaises heures menacent. Je connais M. Thiers, c'est l'audace dans le calme, mais le trouble dans le trouble. Je tremble pour ce malheureux pays qui a remis son sort au plus spirituel mais au plus étourdi des hommes. Je plains même Thiers; je suis convaincu qu'il voudrait être à cent lieues d'où il est. Il n'a plus qu'un salut, c'est de perdre tout son pays avec lui.

Adieu. Je ne puis écrire tant je suis encore souffrant.

L.

DCCXLIX

Au marquis de la Grange

Député.

12 septembre 1840.

Votre lettre me touche et me console autant qu'on peut être consolé : il est si doux de voir que quelques bonnes affections solides survivent dans ce vide fait par la mort autour du cœur. Celle que j'ai pour vous et celle que vous me témoignez est au premier rang, gardez-la-moi, mon cœur en est inépuisable et insatiable.

Je vous croyais partis pour vos cantons électoraux. C'est un mauvais moment pour les aborder, ils ne savent où ils en sont. Thiers fait les ténèbres avec les quatorze journaux; à peine peut-on leur jeter un doute. Cependant j'observe que les doutes croissent et qu'on a de ce petit homme étourdi plus de peur que d'admiration. Où en sommes-nous? En 92, ou à une veille de 10 août? On a des platitudes et des reculades qui feraient honte à M. d'Aiguillon. Je n'ai pas assez de colère et de pitié pour ce pays politique. Vous voudriez n'y plus être ! Je crois bien, et moi aussi. Mais notre rôle est d'y être jusqu'à ce qu'on nous en chasse, cela ne tardera pas. Il faut combattre jusqu'au bout. Si nous étions *dix* comme vous et moi, je garantirais la victoire. A la garde de Dieu ! Vous lirez, dimanche 16, dans *la Presse,* un second article de moi plus résumé et plus nerveux pour les masses. J'en ai écrit un troisième large et philosophique ce matin : il servira de préface à ma brochure composée de tous mes articles, discours et opinions sur ce sujet, publiés par Gossclin.

Je ne fais rien du reste, j'en suis incapable. Je vais bien mieux, mais non pour lire et écrire. O névralgie ! J'en enrage au dedans, bien plus que je n'en souffre à la peau. Si je ne l'avais pas, je serais à Paris, et je ferais feu sur le pavé soir et matin. Je lis à peine un journal, il faut qu'on me lise, comment écrire ? Je dicte un peu, je m'y reprends à trois fois pour écrire ce billet, et j'ai eu hier *vingt-huit lettres.* Plusieurs députés légitimistes m'écrivent et paraissent se jeter à nous dans le péril.

J'ai aussi beaucoup d'injures anonymes ou non.

Je m'attends *aux grandes catastrophes*, d'ici à quatre ou six mois. Le jour où les lâches nous ont abandonnés et ont donné le pouvoir à Thiers pour éviter une misérable émeute de deux heures, ils ont rendu un 10 *août* inévitable. Qui sera vainqueur? Cela dépendra du maréchal Soult, du duc d'Orléans, et surtout du bon Dieu. Notre salut n'est plus que là. Adieu donc, et aimons-nous.

Mille affectueux respects à M. le duc de la Force. Que pense-t-il? et que pensent ses amis?

LAMARTINE.

DCCL

A monsieur Émile de Girardin

18 septembre 1840.

Je vous envoie, mon cher éditeur, un article d'intermède. Prenez et lisez. Les hommes autour de moi le trouvent plus fort que tout ce qui a été dit jusqu'ici.

Tâchez de l'imprimer lundi. Mais, comme je n'ai pu l'écrire moi-même et qu'il est plein de ratures, revoyez l'épreuve de vos bons yeux, et tâchez de le faire bien littéralement rendre. Il paraît le même jour à Mâcon.

Adieu.

LAMARTINE.

P.-S. Après ceci je vous laisserai tranquille et je ferai des vers.

DCCLI

A monsieur Émile de Girardin

Saint-Point, 22 septembre 1840.

Mon cher ami,

Insérez vite, je vous prie, cette réclamation et ce désaveu du petit mot insultant que le rédacteur de *Saône-et-Loire* vous avait apparemment adressé et qu'on croit de moi. Il n'en est pas. Prenez garde de ne donner que ce que je vous envoie moi-même avec une lettre. Ne soyons pas responsables des sottises d'autrui. J'avertis le rédacteur que je désavoue ferme, et je fais bien. Adieu et amitié.

LAMARTINE.

ANNÉE 1840.

DCCLII

A monsieur Émile de Girardin

28 septembre 1840.

Je vous envoie un quatrième et dernier article sur l'Orient. Il part en manuscrit ce matin pour Mâcon. Je prie les rédacteurs de vous l'envoyer en épreuves, dès demain, aussitôt qu'ils l'auront imprimé. Après cela je vous laisse tranquille pour longtemps, et je m'enveloppe, comme dit Machiavel, de la pourpre romaine, c'est-à-dire d'une robe de chambre de coutil. Je redeviens poëte, si je peux et à mon grand regret.

Mille amitiés à vous et mille tendresses respectueuses à Mme de Girardin. Des nouvelles de Mme Gay.

LAMARTINE.

DCCLIII

A monsieur le comte de Virieu

A Fontaine.

Octobre 1840.

1° Je suis désolé de te savoir si malade et si ennuyé. Moi souffrant, mais ennuyé non, pas le temps.

Je pense un peu comme toi sur le lumignon qui fume et peut un jour se rallumer. Je vois avec bonheur qu'il est bien brillant et bien pur. Il y a longtemps que je l'ai appelé étoile dans la nuit. Il est possible, et rien de plus ; c'est assez en un temps qui tourne si vite. J'en ai des rapports fort bons et fort instruits. Il ne me juge pas comme ces imbéciles qui en perdraient un cent comme lui. Si je t'avais vu, nous en aurions causé.

Lis mon troisième article. — Philippique, Corinthienne, etc... C'est vrai et plus populaire. C'est l'avantage des lignes droites de couper quelquefois les autres. On est populaire en diable ces jours-là. Les cafés et les estaminets me feraient un buste aujourd'hui, m'auraient lapidé hier.

Quant aux chiens, admirable ! c'est ma pensée en action. Ne fais venir personne, mais envoie-moi l'homme à Paris, au printemps 1841, un jour où on ne fait rien ; donne-lui un mot en mon nom. Ton nom vaut le mien près de moi et mieux. En attendant qu'il écrive, je le patronnerai, tant qu'il voudra, en l'honneur de la nature et de son auteur qui a mis son souffle partout où il a mis son doigt.

Adieu.

DCCLIV

A madame de Cessia

à Mâcon.

Paris, 23 octobre 1840.

Ma chère Cécile,

Le ministère s'est retiré hier. Depuis ce moment je suis accablé de messages, et on me fait toutes les offres possibles, même le ministère des affaires étrangères, de la part des uns et des autres. J'ai passé la matinée chez le maréchal Soult, et je vais à un autre rendez-vous chez M. Molé. Rien ne sera décidé avant le retour de Londres de M. Guizot à qui on a expédié un courrier. Je ne crois pas que je me décide à entrer dans un cabinet où la coalition s'apercevra encore. Cependant je ne décide rien avant le retour de M. Guizot, qui me fait lui-même l'offre des affaires étrangères. J'aimerais mieux, pour mon goût et ma considération, rester en dehors et soutenir gratuitement le gouvernement nouveau.

L'arrivée de Ligonnès au moment de notre départ nous désole, nous aurions été si heureux de le voir. Dis-lui de pousser jusqu'à Paris.

Arrangez tout sans moi pour la succession comme vous voudrez, je serai content de tout.

Paris est tranquille, le renvoi du cabinet, que j'aurais voulu plus tardif et devant la Chambre seule, fait un bon effet dans le commerce et dans les esprits sensés. Cependant la masse révolutionnaire surenivrée pourra bien tenter quelque chose, mais on est prêt.

Dis tout cela à M. Guigues, qu'il parle en ce sens, mais sans parler des combinaisons que l'on m'offre personnellement.

Adieu, et mille tendresses à tous.

LAMARTINE.

DCCLV

A monsieur le comte de Virieu

Paris, octobre 1840.

Mon cher ami, merci de ta fatigue pour moi, cela me tranquillise.

J'ai commencé la lecture des *chiens*, mais cela ne me semble pas *neuf*. J'en sais plus que cela, et je ne publie pas de miracles. Dis que je suis content, mais que je n'ai pas le cœur de m'en occuper.

Je vois la gravité de la crise comme toi. Je suis au plus épais. J'ai refusé tous les cabinets secondaires comme compromettants et me diminuant sans profit pour personne. J'accepterais l'intérieur ou l'extérieur après mûre délibération, pour le moment de cette crise, si on m'y poussait par nécessité. J'en ai peur encore ce soir où la balle me revient. Je serais désespéré, mais je marcherais en avant. Il n'y a plus rien entre l'abîme et nous que le dévouement héroïque d'un bon citoyen. Prie Dieu que cela ne m'incombe pas!

Je vois le vieux maréchal à chaque instant ; mon cabinet est devenu un *centre*. Guizot me répugne et me repousse. J'espère encore rester dehors. J'ai bien de la force dans le pays, même à la Bourse, mais peu à la Chambre encore. Je n'ai pas vu le roi ; je me tiens muet et immobile, mais résolu, s'il le faut.

Je suis content du parti légitimiste honnête qui sent le péril et qui ne l'aggrave pas.

On craint des mouvements à chaque minute. On a chargé la mine partout pendant huit mois, et la mèche est encore aux mains des hommes de trouble.

Adieu.

L.

DCCLVI

A monsieur Ronot

Avoué à Mâcon.

Paris, octobre 1840.

Mon cher ami,

Rien de nouveau ici que la plus déplorable crise où jamais Catilina en frac ait jeté Rome. Il est beaucoup question de moi en effet. Je suis prêt à me dévouer, si la nécessité m'appelle à un poste politique exposé et sérieux ; je ne le désire pas, au contraire. J'ai répondu ainsi à toutes les propositions. On m'annonce, dans une heure, la visite de M. Guizot pour m'offrir l'*intérieur*. Je répondrai de même. Je rougirais de moi-même si, dans l'état où est ce débris de gouvernement qui va écraser le pays et l'Europe, je me refusais à mettre ma faible main entre la ruine et ceux qui sont dessous. Mais j'espère beaucoup encore que les défiances de ma capacité et de mon talent prévaudront, et que je resterai, ce que j'aime à être, un bon soldat sur mon banc.

Adieu. Priez du haut de la colline pour les combattants! Le courage ne me manquera pas, mais la fortune est à Dieu seul.

Tout à vous.

LAMARTINE.

Lisez ceci à Guigues, qui aime les nouvelles, et dites-lui de ne pas partir pour Paris encore et avant un avis de moi. Ce matin les nouvelles sont à la décomposition, même de ce qui se formait. J'attends M. Guizot pour en savoir plus long.

DCCLVII

A monsieur de Champvans

Paris, 28 octobre 1840.

Mon cher ami,

Voici les nouvelles et la direction. Thiers est mal tombé, c'est-à-dire bien pour lui. Cependant l'extrémité du péril rallie tout ce qui a perdu. C'est 1831 après le cabinet Laffitte.

On *sue* à recomposer un cabinet. Le personnel vieux et faible, sauf Guizot et Villemain *trop connus*, aura peine à frapper l'esprit public d'un caractère d'autorité et de prestige, qu'il aurait fallu en ce moment. Ce matin même, Villemain et deux autres de ses collègues sont venus me conjurer d'accepter un ministère, en m'affirmant que la situation entière était dans mes mains, et que, moi refusant, rien ne pouvait se faire. J'ai répondu que j'étais dévoué à mon pays de toute mon individualité, mais non pas jusqu'à l'anéantissement de mon individualité; or que l'acceptation d'un petit cabinet, où je n'aurais ni situation politique ni direction politique à contre-balancer celle de M. Guizot, m'anéantirait aux yeux de mon parti et ne ferait plus de moi en quinze jours qu'une écorce d'homme d'État, sucée avant d'être mûre et bonne à rejeter à l'impopularité finale, que par conséquent *non*; que, si j'étais indispensable, j'étais prêt à prendre un ministère gravement important et politique, c'est-à-dire l'*intérieur*; qu'on pouvait, si on doutait, comme on en doute, de mon aptitude aux détails, m'envelopper d'hommes forts et spéciaux, que j'accepterais tout le monde parce que je ne craignais personne, mais qu'encore une fois je ne savais me dévouer que pour être utile. Ils se sont en allés désespérés et répétant que tout était perdu; car l'intérieur est affecté et promis aux *doctrinaires*, et ni le roi ni eux ne veulent me le donner à aucun prix. Je consens cependant à le partager, mais je veux que mon rôle soit politique ou *rien*. Les journaux, les hommes de mon *parti qui grandit ici d'heure en heure*, expression de Genoude ce matin, sont fermes de cet avis.

M. Guizot sort d'ici à l'instant. Il m'a offert

alors de m'engager à les soutenir en me désignant pour être l'*ambassadeur extraordinaire à Londres ou à Vienne, au congrès*. J'ai dit que je n'accepterais une mission de ce genre que momentanée, et pour une crise extérieure grave et évidente aux yeux de tous, mais pas une ambassade fixe qui me *département erait* et ruinerait mon influence politique à l'intérieur, en donnant pâture aux accusations d'ambition. J'offre mon concours gratuit et héroïque aux urgences du moment, mais je ne m'engage pas dans une voie que je ne dessine pas et que je n'inspecte pas tous les jours. Il est parti. On est réuni en ce moment chez le maréchal à délibérer sur tout ceci. Je ne doute pas que l'*intérieur* ne me soit refusé et ne soit gardé aux individualités habituelles. Je voulais en faire un programme d'idées nouvelles et libérales qui auraient plu au pays.

Vous en savez autant que moi maintenant. Si j'entre, je vous appelle; si je n'entre pas, je vous cherche une place dans un cabinet et chez le maréchal surtout : elle est en vue, attendez. Mais si ce soir le cabinet ne s'accomplit pas, Thiers revient, le roi déchu abdique, et le chaos, mené par un insensé discrédité même chez ses amis, roule où Dieu veut que nous roulions. Adieu. Lisez cela à Léon et à madame de Cessia, et brûlez devant eux.

De tout ceci dites seulement : Les journaux sont pleins des combinaisons ministérielles dans lesquelles on presse de toutes parts M. de Lamartine d'entrer. Nous ignorons sa résolution, mais nous sommes convaincus qu'il n'acceptera qu'un rôle sérieusement politique et déterminé par l'urgence et les périls de la France.

DCCLVIII

A monsieur de Champvans

Paris, 29 octobre 1840.

Mon cher ami,

Consummatum est. Je n'ai rien voulu à aucun prix qu'un grand rôle politique, l'*intérieur* ; j'ai été inflexible sur les autres ministères. Je ne comprends que les dévouements utiles, mais non les suicides au profit d'autrui et au détriment des idées. Je suis donc comme avant, sans liens et sans action. Mais je m'occupe de vous : j'ai écrit ce matin au maréchal pour une place dans son cabinet. Je ne lâcherai pas que vous ne soyez quelque part. Vous pouvez donc partir quand vous voudrez, et, si vous n'avez pas vingt-cinq louis, je les ai à votre service pour attendre un appointement. Je vous ferai travailler pour moi si nous ne trouvons rien de mieux, mais nous trouverons sans doute. Gardez une position influente et un peu *rétribuée* au journal de Mâcon.

Rien de nouveau. J'ai eu hier la visite de M. Guizot, avant la formation du Conseil, et ses offres. Je n'ai rien accepté. Une position équipondérante à la sienne et influente dans la lutte était la seule qui me déterminât. Je ne dirai pas la *lâcheté*, mais la *vileté* des 221, qui seuls se sont posés contre moi comme trop libéral, a ajourné cette position. Je ne la vois plus possible du tout dans les chances de l'avenir (et vous savez que je prophétise); en conséquence je rentre dans ma tente, et, comme je ne veux pas faire éternellement de la politique sans grande action, et, comme les hommes manquent décidément à l'âme qui voudrait les animer, je ne veux pas jouer le *rôle d'une âme en peine,* comme on dit à Saint-Point, et je pense sérieusement à donner ma démission de la Chambre. Je ne le ferai que quand le défilé actuel sera passé, l'ordre rétabli, la paix conservée, c'est-à-dire dans quelques mois. Je veux avant caser Pierreclos et vous. Je le ferai avant douze semaines.

Ainsi donc lisez à Pierreclos, et brûlez ceci, et partez.

LAMARTINE.

P.-S. Je suis devenu presque populaire dans les boutiques, même de Paris, et le mot d'hier au soir était : M. de L. accepte-t-il? car il nous faut du nouveau. Voici ce qu'il y a à dire à Mâcon au journal ci-joint.

DCCLIX

A monsieur le comte de Virieu

A Fontaine.

Paris, 4 novembre 1840.

Ma foi! mon cher ami, jamais le magnétisme de l'intelligence ne fit un miracle plus complet. Pendant que tu pensais à cela à Fontaine, je le sentais et je le faisais exactement à Paris. Je me suis dit : Le moment est venu, la crise est suprême; si j'ai une force et une vie politique à jouer, jouons-la pour Dieu et pour mon pays ! On m'a offert, j'ai dit oui sans hésiter; mais seulement j'ai cru devoir, par *conscience* et non par *vanité*, me refuser à tout ministère secondaire où mon action subalternisée eût été une compromission sans résultat que de me compromettre, et un dévouement inutile, par conséquent mauvais. Or les 221, mes stupides amis, s'étant, dit-on, dans leur conciliabule opposés à ce qu'on me confiât le *dedans* ou le *dehors*, sous prétexte que je suis un homme *inapte* aux affaires et un libéral dangereux, l'affaire en est restée là. J'ai eu le mérite de l'acceptation, et je n'ai pas la charge, Dieu soit loué !

Seulement on est venu m'offrir l'ambassade de Vienne ou de Londres, pour représenter le cabinet au congrès ou à la conférence s'il y en a. Pour une mission temporaire et nationale d'ambassadeur extraordinaire à une conférence, j'ai dit : *Probablement oui ;* pour une ambassade fixe et permanente, j'ai dit : *Non ;* et bien m'en coûte, car c'est l'idéal, selon moi, d'une belle vie. Mais j'y perdrais la force de mon désintéressement dans le pays.

Tu en sais maintenant autant que moi, et je suis bien heureux que tu aies pensé juste comme et avec moi-même.

Quant aux choses en elles-mêmes, elles sont extrêmes ; le dehors a été par ces misérables enchevêtré de telle façon qu'à moins d'un homme de génie et d'une Chambre idem il n'y a qu'à choisir entre la guerre impossible et la paix honteuse.

En dedans la grosse et hideuse révolution dirigée à peine par un arlequin en habit d'empereur ou de Danton, la rue menaçante, la Chambre hébétée, la cour *inhabile*, la presse conjurée, tout contre nous, excepté Dieu qui fait lever son soleil sur les bons et sur les méchants. Prie-le donc avec tes enfants et ta femme! c'est la seule politique en ce moment.

Adieu. J'ai peu de minutes et la névralgie m'en ôte encore la moitié, mais ma pensée est avec toi. Amitiés et regrets à Montchalin.

LAMARTINE.

P. S. M. Mounier est dans mon cabinet et veut que je te serre fortement la main en son nom.

DCCLX

A monsieur Ronot

Avoué à Mâcon.

Paris, 11 novembre 1840.

Mon cher ami, j'avais prévenu vos vœux : cinquante mille francs sont alloués pour Mâcon d'urgence par le ministre (1). J'ai souscrit moi-même pour mille entre les mains du maire. Je redoublerai encore. Le roi vient de donner *deux cent mille*. La Chambre va voter six millions. J'ai engagé hier le ministre à demander de nouveau beaucoup plus et à vous donner les fortifications imbéciles de Paris, dont je travaille à dégoûter mes amis de la Chambre.

Faites savoir toutes ces consolations aux malheureuses victimes parmi les indigents ou pauvres commerçants de Mâcon. Les autres sont à plaindre, mais pas autant à soulager. Il ne faut

(1) A l'occasion des ravages causés par l'inondation de la Saône, du 2 au 6 novembre.

porter le fardeau que de ceux qui ne peuvent pas le porter eux-mêmes.

J'ai obtenu le collége, le lendemain même de la création du cabinet. Le maire me mande que le Conseil n'en veut pas dans ce moment. Mais voyez donc les membres du Conseil, et dites-leur que le collége est considéré par le ministre et par moi comme une immense indemnité, un bienfait permanent de cent mille francs consommés et de quarante mille francs donnés à la ville par an. Engagez-les à voter tout ce que l'on demande pour la forme à cet égard.

Adieu et amitié.

LAMARTINE.

DCCLXI

A monsieur le comte de Virieu

Paris, 14 novembre 1840.

Mon cher ami,

J'ai ta lettre. Nous voyons de même. J'attends ton ami et parent. Je le ferai avancer en Grèce par l'ambassadeur, qui est de mes amis, et le roi qui est de *mes clients*, comme dit Cicéron. Je suis très-lié avec son frère, le roi futur de Bavière.

Je n'ai pas une minute à moi. Mon salon et mon cabinet sont des enfers d'idées. Je me sauve à cheval, deux heures le matin, au bois de Boulogne, pour causer avec le soleil ou le vent. Si tu étais ici, nous y aurions rendez-vous. Je souffre de nouveau immensément de ma névralgie de la tête et de l'estomac. O vie! Ce soir est mon samedi: au lieu de me reposer, il me faut recevoir jusqu'à minuit. J'aurai, dit-on, tous les ministres qui proclament *mon patronage*.

La Chambre est pacifique; les choses se raffermiront si l'Europe est raisonnable et concessionniste. Si non, nous boiterons six mois et nous tomberons au bout.

Je t'envie ta paix, même au milieu des désastreux spectacles de l'inondation. Tu trouveras là matière à un grand développement de charité. Je m'occupe de mon côté de Mâcon, et j'ai déjà fait soixante mille francs.

On est en général fort juste maintenant et fort bienveillant pour ma politique, dans le monde, et le parti légitimiste lui-même, hors de la Chambre, est tout pour moi. Dans la Chambre, c'est autre chose, ils viennent de nouveau de voter pour Thiers et la guerre. Rien ne peut les corriger; c'est par faiblesse et non par perversité. Ils en sont honteux isolément. Oh! quel caractère que le caractère civil des Français!

Ne viendras-tu point? Pour moi, une fois le coup de feu des grosses affaires passé, je m'en irai, car je suis trop malade.

Adieu. Mille respects à ta femme et affection à toi.

L.

DCCLXII

Au marquis de la Grange

Député.

Novembre 1840.

Mon cher ami,

Forcez les portes, et venez *dîner* demain, nous causerons à fond.

La note Palmerston est un soufflet posthume qui est parti pour l'un et reçu par l'autre. Je ne doute pas que, si le ton et la discussion de l'adresse sont modérés en France, il ne vienne des propositions de partout.

Adieu. Bien des regrets pour ce soir.

LAMARTINE.

DCCLXIII

A monsieur le comte Léon de Pierreclos

A Mâcon.

Paris, 3 décembre 1840.

Je vous envoie, ou plutôt à M. Dejussieu, dans deux ou trois jours, *mille exemplaires* de mon discours d'avant-hier (1), imprimé ici à la demande de tant de gens que trois mille exemplaires n'ont pas suffi.

Jamais une émotion pareille n'a frappé l'opinion. Je vous enverrai les détails plus tard. Dites à M. Dejussieu de le donner d'abord dans le journal sur celui de la *Presse* d'aujourd'hui que vous recevez, et ensuite d'envoyer aux électeurs des deux arrondissements et aux cafés et cabinets et cercles de Mâcon.

(1) Sur la Question d'Orient. Séance du 1er décembre 1840. V. La *France parlementaire*, t. III, p. 1.

Je suis à la lettre submergé de billets. Il y avait hier à ma porte plus de queue de voitures que chez tous les ministres, on était un quart d'heure à entrer à la file.

Ce discours m'a immensément grandi dehors et même, comme talent, dans la Chambre aussi ; et cependant ce n'est pas du tout mon discours, qui devait durer deux heures et que je n'ai pas commencé.

Nous sommes dans la mêlée. Le ministère a une situation fausse et l'aggrave. Il tremble entre M. Thiers et moi et n'ose faire un mouvement. S'il va à M. Thiers, il est déconsidéré ; s'il se tait, il est humilié. Cependant il faut qu'il se taise. Mais le roi le pousse, et la peur le prend. C'est pitoyable. M. Guizot baisse de cent coudées dans mon esprit. Je ne le dis pas pour ne pas l'affaiblir. O conservateurs ! ils perdraient cent mille gouvernements.

M. de Lacretelle est converti. Il me disait hier, ainsi que MM. Royer-Collard et Pasquier, témoins tous trois, et j'en suis bien raffermi, que jamais, même à l'Assemblée constituante, il n'avait entendu ni lu rien d'égal. — Dites cela à ma tante et à Cécile, et brûlez ensuite, pour qu'on ne m'accuse pas d'orgueil après ma mort. Cela n'est pas, certes, mais cela me donne du courage. C'est de même dans tous les salons et même dans les rues.

LAMARTINE.

DCCLXIV

A monsieur le comte de Virieu

A Pupetières.

Paris, 6 décembre 1840.

Je m'empresse, mon cher ami, de t'annoncer que j'ai réussi dans ton affaire. Le ministre est venu me le dire hier. Ainsi fini.

Quant au cousin de madame de Virieu, je l'ai vu et conseillé. Je vais maintenant le servir ; mais en France c'est impossible, et illégal en Grèce.

Nous sommes vainqueurs dans la Chambre et dans l'opinion, et j'y suis pour plus des trois quarts. Je suis parvenu à reprendre fil par fil une majorité décousue, et, aidé par le danger et par la peur, je lui ai donné de l'aplomb. La voilà debout.

Maintenant nous aurons peut-être une journée de combat dans la place publique. Je le crains, mais pas pour le gouvernement, pour les malheurs et le sang qui en seraient l'horrible suite. M. Thiers et son parti révolutionnaire sont en déroute complète dans les esprits.

J'ai eu dans la Chambre un épisode de combat auquel j'aurais bien voulu que tu fusses présent. Jamais il ne me fallut un tel courage. M. Berryer avait été sublime de véhémence, de popularisme, et la Chambre et les tribunes étaient pulvérisées; personne n'osait affronter une telle situation des esprits et des sens. Je suis monté à la tribune sur le refus de tous les autres et des ministres, et j'ai ressaisi violemment et passionnément l'Assemblée dans une *réplique* plus longue que son discours et entièrement improvisée (1). Je te l'ai envoyée; lis-la sans penser au style, mais à la difficulté. N'en crois pas les journaux vendus tous à nos ennemis: l'effet a été immense et il s'accroît. M. de Chateaubriand qui y était et M. Royer-Collard disent que j'ai été au delà de leur pensée. Mais je suis l'homme en ce moment le plus impopulaire et le plus bafoué de France.

Adieu et amitié. *Va bene.*

P.-S. Je rouvre ma lettre en recevant ta délicieuse idylle de Pupetières. Oh! que n'y suis-je!

(1) Sur la question d'Orient (1ᵉʳ décembre 1840).

Non, elle ne m'ennuie pas. C'est dimanche, et j'ai deux heures à me reposer des deux cents personnes restées hier au soir jusqu'à minuit dans mon salon ; le samedi est mon jour de revue et de misère.

J'ai du loisir quelques jours. Je vais aller en Bretagne passer huit jours, si le temps est doux, avec un ami collègue, au bord des flots.

Chauffe-toi et fais de la philosophie de sentiment au bruit du vent dans ta tourelle, il n'y a que celle-là-de bonne; cependant l'action ferme et chaude est bonne aussi.

On a encore besoin de moi pour les fonds secrets, pour défendre la situation ; après cela j'attaquerai à mort les fortifications de Paris, *mesure barbare*. Envoie-moi vite tes idées en ce sens, et de l'histoire, vite, vite, et bon, des armes! Adieu. Je suis bien souffrant aussi, cependant moins mal peut-être que cet été.

DCCLXV

A monsieur le comte Léon de Pierreclos

Mâcon.

Paris, décembre 1840.

Mon cher Léon,

Merci de ce mot et de ce renseignement. J'avais peur qu'on ne fût trompé à Mâcon par les journaux sur l'esprit et l'effet de ce discours. L'écho a menti hors la Chambre ; dedans l'effet a été prodigieux et le combat rétabli par une réplique directe qui a duré un quart d'heure de plus que Berryer. La France ne s'en doute pas, mais la Chambre, les tribunes et les diplomates étrangers en ont été émus et m'accablent de félicitations. Répandez le discours tant et plus dans les deux arrondissements.

Je vais à onze heures ce matin pour vous chez Passy et Duchâtel. Duchâtel était, samedi, avant-hier, chez moi. Nous en avons parlé : une sous-préfecture quelque part, ce serait fait à l'instant.

Mais dans le Midi, où je la voudrais, c'est plus long. Cependant nous verrons, et, si le Midi tardait, nous prendrions ailleurs. Mais je tiens encore au Midi. Il est bien de travailler chez M. Delmas en attendant.

Je vous en dirai plus long dans la semaine. M. Ronot est nommé. Il n'y manque que la signature royale — formalité. J'en suis bien heureux.

Dites confidentiellement à M. Delmas que le marquis de Dalmatie m'a averti hier qu'il était attaqué sur ses rapports avec la gauche. Je vais ce matin le défendre au ministère, mais qu'il soit bien prudent et bien réservé.

Adieu, toujours un peu souffrant et très-éreinté de vingt discours rentrés. Nous voilà maîtres pour longtemps. De toutes parts on vient à moi, même les 50 du parti Thiers entièrement démoli, pour m'offrir concours en écartant M. Guizot. Je refuse énergiquement, et j'empêcherai de toute mon influence (immense à présent) qu'on m'ébrèche cette majorité miraculeusement retrouvée le jour de la ruine.

Rien ne peut vous donner une idée de la démonétisation de M. Thiers comme *homme d'État*. Nous l'avons ménagé, ses affaires étaient *inouïes*.

LAMARTINE.

Mille tendresses à tous. Où est ma tante de Villars?

Guigues prospère.

DCCLXVI

A monsieur Dubois

à Saint-Laurent près Cluny.

Paris, 15 décembre 1840.

Mon cher ami et voisin,

Ah ! je sais bien que j'ai un ami intellectuel en vous, et je vous compte le *premier* au premier rang des hommes qu'un grand dévouement tenterait et trouverait égal au danger.

Merci de ce mot qui m'arrive au milieu du combat, et, j'ose espérer, de la victoire. Je la crois remportée. Il s'agira de l'affermir. J'ai été sur le point d'accepter un rôle difficile, par unique sentiment de la gravité des choses.

Dieu m'en a préservé, et je lui en rends grâces. Les dangers reviendront-ils ? Je ne le pense pas, avant longtemps. Nous aurons donc loisir à Saint-Point, *les clairs de lune philosophiques ;* c'est mon plus grand bonheur à présent.

Remerciez vos amis et les miens de Cluny de ce que leur confiance si honorable en moi résiste aux dénigrements acharnés de la presse presque entière. Ici on juge par soi-même, et on m'est plus favorable. Mais où vous êtes il faut de l'amitié pour être juste.

Adieu, adieu, vous êtes le trente-deuxième griffonnage d'aujourd'hui ; mais ce mot à vous me console de bien des ennuis.

LAMARTINE.

DCCLXVII

Au marquis de la Grange

16 décembre 1840.

Mon cher ami, vos pensées sont les miennes; seulement je sens plus que vous la nécessité de s'appuyer sur un groupe de forces sans s'arrêter à en éplucher les éléments. De quoi était faite la massue d'Hercule? D'une racine de vieux bois pourri en terre.

A mardi matin donc. Venez dîner. Je vous verrai dîner sans assister, car je suis étrangement malade.

Tout à vous.

LAMARTINE.

ANNÉE 1840. 515

DCCLXVIII

A monsieur le comte Léon de Pierreclos

Mâcon.

Paris, 17 décembre 1840.

Merci des bonnes nouvelles de tout le monde, mon cher Léon. Les nôtres sont telles quelles. Celles de la politique me semblent de nature à rasséréner un peu les esprits et à raffermir les choses au moins pour quelques années. Je me félicite bien d'avoir été un des auteurs les plus énergiques de ce revirement de bord sur l'écueil, et en général ici on m'en sait très-bon gré, même dans les partis que j'ai combattus. On distingue parfaitement mon patriotisme pacifique de la lâcheté qu'on attribue à tort au cabinet. Les lâches sont les signataires du 8 octobre.

On me tourmente de nouveau pour une des deux grandes ambassades. Je persiste à refuser, à mon grand regret. C'est certainement le plus grand sacrifice que j'aurai à faire à la propagation de mes idées et de ma petite influence dans la nation.

Quant à vous, je crois, sur les avis de Duchâtel et de Passy, qu'il vaut mieux attendre quelques semaines ou quelques mois une situation dans le Midi que de saisir la première venue au Nord. Votre santé et votre agrément s'en trouveront mieux : tout est beau au soleil, tout est affreux à l'ombre. J'attendrai donc, je n'y vois aucun péril. Supposez la chute *impossible* prochainement de Duchâtel et Guizot, qui les remplacerait? Ou M. Molé ou MM. Passy et Dufaure. Si c'était M. Molé, vous auriez encore un patron; si c'est M. Passy, c'est lui qui vous nomme même aujourd'hui.

Ainsi pas de sollicitudes à cet égard. Les nuances du parti conservateur ont le pouvoir pour longtemps, au moins jusqu'à la fin de la législature, et vous serez nommé avant la fin de la session. J'ai fait nommer un certain nombre d'amis, je ne serai pas assez mal avisé pour vous oublier.

Dites à ma tante et à Mme de Cessia toutes ces conjectures, lisez-leur ma lettre et qu'elle serve pour toutes. J'ai aujourd'hui des députés à dîner, et après dîner je vais chez le maréchal où j'étais

ANNÉE 1840. 517

engagé à un festin napoléonien avec les princes, ministres et équipage de Sainte-Hélène. Adieu, je vais m'habiller.

LAMARTINE.

P. S. Assurez M. Delmas, dont je reçois un mot, que sa situation est complétement faite, qu'il n'a plus à penser à rien, que je suis tout à lui, et qu'il est au mieux au ministère. Nous n'en parlerons plus. Mes félicitations à Ronot.

Le journal est admirablement fait. Dites à Dejussieu de ne pas y toucher avant mon retour; nous lui ferons un lit de roses.

DCCLXIX

A monsieur le comte de Virieu

Paris, 30 décembre 1840.

Mon cher ami, avant tout, bonne année à toi, mon seul ami au fond, à ta femme modèle et à tes enfants !

Je viens de recevoir ta lettre de douze pages et de la lire haut devant des hommes d'esprit qui se trouvaient là : elle a eu le plus grand succès. Ton idée des forts détachés à l'*envers* est une découverte de génie. Je n'y avais pas songé, ni personne, mais c'est évident. Certes je le dirai si j'ose, et si par là je n'assure pas le succès de cette démence dont le dernier mot est révolutionnaire. Je la définirai ainsi : *La fortification de la guillotine et de la Convention assiégée.* Cela n'est inventé et soutenu que pour cela.

Je serai seul contre tous, les uns par perversité, les autres par obséquiosité pour le roi, les autres

en plus grand nombre par *lâcheté*. Tout dit *amen!*
Ego non.

Je viens de passer quinze jours à étudier à fond la question militaire, historique et stratégique, avec les généraux et les hommes d'art. Écoute-moi bien cette fois. Je veux faire deux ou trois discours des plus complets et des plus forts que comportent ma nature et ma fureur.

Je ne sais pas non plus comment il se fait que depuis deux ans nous nous rapprochons au point d'être presque ensemble sur toutes les questions. J'en suis bien heureux, et cela me fortifie bien : un seul écho intelligent m'a toujours semblé au-dessus de mille échos matériels. Au reste, je n'en manque pas, comme tu dis. Je suis réellement le ministre sans portefeuille d'une immense opinion en Europe où les *stupides conservateurs*, mes amis d'occasion, ne comptent que pour un vingtième. Je te plaindrais d'être mon secrétaire : sais-tu ce que c'est que cinquante lettres par matinée? *chiffre vrai!*

Je suis excédé, malade, évanoui de névralgie la moitié du jour, triste le reste. O vie !

Rien de neuf ici, tout se traîne. Tu as raison sur

Guizot. Il m'accable de caresses. Il m'a de nouveau tourmenté, ces jours-ci, pour accepter l'ambassade de Vienne. J'ai *refusé net ;* seulement, s'il y a un congrès pour organiser la Syrie selon mes idées, j'ai dit que j'accepterais *peut-être* l'ambassade extraordinaire pour le congrès seulement. Qu'en penses-tu? Cela est probable.

On nous accable d'ouvertures d'alliances du dehors. Mme de Nesselrode et plusieurs Russes sont souvent chez moi pour cela.

Adieu. J'ai pris un moment pour finir l'année et la commencer avec toi. Prie Dieu pour moi et aimons-nous comme toujours!

LAMARTINE.

1841

ANNÉE 1841

DCCLXX

A monsieur Ronot

Avoué à Mâcon.

Paris, 27 janvier 1841.

Mon cher ami, merci de l'encouragement (1). Heureusement il n'est pas isolé cette fois, et vous ne vous faites nulle idée de l'écho et même du délire de l'approbation ici et dehors.

Je vais recombattre un peu ce matin et demain, mais l'escarmouche après le feu.

Je suis fort fatigué. J'ai cinquante lettres par jour. Je n'écris plus qu'à vous, les secrétaires font le reste.

Tenez-moi donc compte de ces deux mots, et aimez-moi comme si je vous le disais en mille.

LAMARTINE.

(1) A propos du premier discours sur les fortifications de Paris. Séance du 21 janvier 1841. V. *La France parlementaire*, t. III, p. 22.

DCCLXXI

A monsieur Émile de Girardin

27 janvier 1841.

Je vous remercie de cette belle et naïve communication. Quelle force il y a dans une parole qui a dans un pays une telle intelligence pour la répéter !

Dites à Mme de Girardin que je crois parler ce matin, si je suis revenu à temps de l'Académie et si je ne suis pas trop malade. Mais je le suis beaucoup. Ce ne sera qu'un mot.

Pensez-vous encore à ma grande affaire de librairie? J'en ai bien besoin.

LAMARTINE.

DCCLXXII

A monsieur le comte de Virieu

A Lyon.

Paris, 6 février 1841.

Je ne t'ai pas écrit ces temps-ci, étant sur-occupé. Tu ne sais pas ce que c'est d'être à la fois aux commissions de la Chambre, parlant trois fois par jour des heures, comme ce matin, et le point de mire de tout ce qui rêve, en France ou en Europe, une idée, une chimère ou un noble sentiment. Le but est bientôt en pièces, c'est ce qui m'arrive. J'ai plus d'affaires qu'un ministre spécial, parce que je suis ministre d'une opinion, et que n'ayant pas une spécialité, tout me vient ou veut m'aborder. Je me défends *unguibus*, et, malgré cela, je suis vaincu et souffrant. Je quitterais si je l'osais.

Je t'envoie mon second discours, non préparé, sur les fortifications (1), improvisation complète et

(1) Séance du 28 janvier 1841. V. *La France parlementaire*, t. III, p. 46.

décousue comme tout ce qui n'est pas pensé ; le troisième est resté dans ma tête, c'était le plus fort en faits et en chiffres. Au moment où je demandais la parole, la Chambre votait l'article et ne voulait plus rien. Trahis par le roi, livrés par le ministère, nous avons succombé, et la France aussi. C'est un crime du cabinet. Cette dynastie le paiera trop un jour. Ici l'opinion tourne déjà à nous. Paris prend peur, on voit la révolution maîtresse de ces murs et les honnêtes gens foudroyés par les canons qu'ils ont chargés. N'en parlons plus, *habent sua fata*. J'ai été encore plus content de ta dernière lettre que des autres. Réellement à présent nous pouvons causer, nous n'avons plus qu'un fossé entre nous ; mais nous suivons la même route, cela me console et me réjouit même dans mes dégoûts.

Ma situation politique est de premier ordre à présent, ma situation au parlement très-importante aussi, ma situation d'orateur presque unique, ma situation de poëte ce que tu sais, ma situation d'honnête homme avérée, et, au milieu de tous ces rayonnements de gloriole et de force imaginaire, je suis le point noir et triste où tout s'éteint en convergeant, *tristis est anima mea.* La vie est courte, vide, n'a pas de lendemain, peu d'intérêt; on voudrait ce qu'on n'a pas, on sent le poids de ce qu'on a ramassé par terre. Je ne me console qu'en priant Dieu souvent et toujours, mais la langue directe me manque : je le prie dans la langue mystérieuse et indirecte qui s'adresse partout et à tout, mais qui ne regarde aucun point comme un aveugle qui parle à quelqu'un qu'il ne voit pas.

Tiens, à propos, je trouve vingt vers que je viens de faire pour la belle princesse Michel Galitzin qui, me sachant souffrant, m'écrivait qu'elle allait prier pour moi.

Adieu, lis et donne cela à ta femme en la priant d'en faire autant.

LAMARTINE.

DCCLXXIII

A monsieur le comte Léon de Pierreclos
Mâcon.

Paris, dimanche 22 mars 1841.

Voici, mon cher Léon, votre nomination qui m'arrive à la minute.

Vous voyez que vous débutez agréablement : vous êtes sous-préfet d'Apt, département de Vaucluse. C'est le Nice du Midi : bord de la mer, soleil, bon pays, et je suis l'ami de tous vos députés.

Voilà ce qu'il vous faut pour commencer. Quand vous aurez fait un bon noviciat là pendant un ou deux ans, nous vous mettrons encore au Midi, dans une sous-préfecture de première ligne, et ensuite préfet au Midi, si Dieu me garde en santé et en crédit.

Je verrai Duchâtel demain matin et vous écrirai ce que vous avez à faire et si vous devez venir prendre ses ordres.

Adieu, et bonne santé ! voilà ce qui peut vous la rendre ou vous la conserver, c'est pour cela que j'y ai tenu.

DCCLXXIV

A mademoiselle de Virieu

Paris, 14 avril 1841.

Hélas! je savais notre perte affreuse (1) depuis deux jours. Que puis-je vous dire que vous n'ayez présumé de moi en le sentant par vous-même! N'était-il pas aussi mon frère, et plus que bien des frères! Je perds en lui autant que vous-même, tout le passé, tout ce qui me restait d'affection, de jeunesse dans ma vie. Je n'ai plus d'ami que dans mes souvenirs et dans le ciel.

Ce que M. de Miramon et vous me dites de ses derniers moments est consolant pour ceux qui croient fermement comme nous à la réunion dans l'éternité. Mourir avec cette pensée rendue sensible et présente dans la prière et dans une foi ce n'est presque pas mourir, ce n'est que partir le premier. Il l'a eue, et j'en suis heureux

---

(1) La mort de M. le comte de Virieu.

comme vous. C'est aussi cette pensée qui nous soutiendra dans notre reste de chemin bien morne et bien solitaire.

Quand Mme de Virieu pourra entendre un mot venant du dehors, je vous prierai de lui parler de moi et de mon dévouement absolu aux souvenirs, aux désirs, aux affections que notre ami a laissés autour d'elle et en elle sur cette terre. Mon seul bonheur sera de lui témoigner en eux qu'il a un frère ici-bas.

Adieu, mademoiselle. Vous avez été longtemps le témoin d'une amitié qui ne finit pas par la mort de l'un des deux amis, soyez assez bonne pour ne pas en laisser effacer en vous toutes les traces et pour permettre que je les retrouve toujours dans le cœur et quelquefois dans le souvenir des deux personnes qu'il aima le plus, Mme de Virieu et vous.

AL. DE LAMARTINE.

DCCLXXV

A monsieur Guichard de Bienassis

Juge de paix à Crémieu.

Monceau, 2 mai 1841.

Mon cher ami, je n'ai cessé, depuis la mort de Virieu, de penser à toi comme à la seule mémoire vivante de ces temps, qui me reste, et avec ce redoublement d'amitié que n'augmente pas mais que fait mieux sentir la perte des amis communs. Comment peux-tu soupçonner une affection que tu as retrouvée fidèle et franche après vingt-cinq années de silence? Elle ne change que pour augmenter.

Je t'ai écrit trois fois depuis six mois. On perd donc tes lettres à Crémieu? Je te l'affirme.

Ne viendras-tu pas nous consoler un peu par une bonne et longue visite avec Mme de Bienassis? Je suis arrivé hier seul, et je ne bougerai pas de *huit* mois. Je ne peux guère écrire, opprimé que je suis par une névralgie de dix-huit mois à la tête, mais je cause tant qu'on veut et jamais avec tant de bonheur qu'avec toi. Adieu et amitié.

LAMARTINE.

DCCLXXVI

A madame de Girardin

à Paris.

Monceau, 17 mai 1841.

Vous ne m'avez jamais donné une preuve d'amitié si vraie qu'en écrivant ces quatre pages pleines et quelques mots débordant en marge. Il faut bien aimer quelqu'un pour lui consacrer cela, à Paris, au milieu de mille ennuis ou plaisirs de votre cabinet de toilette ou de travail! Cela me va bien plus avant au cœur que ce que vous avez jamais dit ou fait pour moi. Seulement, il y a encore trop d'esprit. Quand vous n'en aurez plus du tout, alors je croirai que vous avez non pas du génie, mais — ce qui est bien plus rare — une affection.

Voici mes réponses écrites sans y voir et d'une main tremblante, tant j'ai de migraine. Je suis plus triste que jamais, triste de cœur, d'esprit, d'âme et d'affaires, sans compter le corps, malade et ayant sous les yeux un mourant dans quelques jours, ce pauvre et charmant M. de Pierreclos. Jugez si je souris à une pareille vie ! Accompagnez cela de tous les embarras urgents d'une situation critique. Me voilà, plus ce que vous savez, et le cœur déchiré et vide. Cependant, je ne vous demande pas de pitié. Il y en a tant de plus malheureux ! Et la pitié est si pénible ! Mais je vous demande avec confiance cette fois un souvenir quelquefois d'une ligne.

Je suis seul à Monceau avec mon chien et mon cheval. Je me couche à huit heures, je me lève à cinq. Je voudrais travailler, je ne le puis pas ; je lis à peine. Pourtant le ciel est beau comme à Naples. Des vers? A vous ! Je ne vous enverrai que les plus beaux que je pourrais jamais écrire. Or ce n'est pas sous cette étoile funeste, il vous faut le rayon le plus limpide d'une nuit du mois d'août : je le demanderai au ciel pour vous le réfléchir.

Hier, j'ai reçu du poëte allemand Becker, dédiée à moi, sa marseillaise allemande : *Non, vous ne l'aurez pas, le libre Rhin allemand !* Je lui ai répondu par la *Marseillaise de la paix*, ce matin, dans mon bain. Je l'écrirai dès que le mal de tête tombera, et je vous l'enverrai après-demain. Remerciez Hugo. Nous sommes dignes d'avoir un chaînon aussi brillant que vous entre nous.

L'affaire de Chantilly est le *nec plus ultra* des bouffonneries d'un parti qui serait si beau, s'il était lui-même (1). C'est à en désespérer. Adieu.

Je suis bien touché de la pensée à la maison vide. Il y a bien souvent une pensée à votre porte. Votre feuilleton était charmant hier.

P. S. Je n'irai à Paris que quand j'aurai trouvé quelqu'un qui consente à me prêter 150,000 francs sur une hypothèque de 1,400,000. J'attends en vain.

(1) Allusion aux manifestations d'un caractère tout mondain organisées à Chantilly par des légitimistes qui opposaient au bal de la cour ce qu'on appelait un bal d'anti-cour.

DCCLXXVII

Au marquis de la Grange
Député.

Monceau, 30 mai 1841.

Mille remercîments, mon cher ami. Votre lettre me console et me touche ; elle m'amuserait si j'étais amusable, mais je suis près d'un mourant et souffrant moi-même. L'amitié ne sonne jamais mieux au cœur que quand il est vide et fêlé, le mien est écrasé.

Ne vous désolez pas, vous, de votre session ; elle a été des bonnes pour vous, croyez-moi d'ici. Vous vous faites un bon nom parlementaire en France. Ce n'est pas dans l'hémicycle de la tribune qu'il faut juger d'un député dans les premières années, c'est de loin : eh bien ! on vous juge à merveille.

J'ai lu vos débats. Je vois comme vous, mais moins en noir. Vous ne connaissez pas comme moi l'impuissance et la médiocrité du tiers parti ; ils ne peuvent ni fonder ni détruire, ils ne peuvent que taquiner. Laissez-les venir, une troisième fois, étaler leur nudité aux affaires.

Ce ministère tiendra avec eux ou sans eux. Je connais ses faiblesses, mais il est nécessaire. Le pays tourne au calme le plus parfait. Tous les électeurs tiennent à moi ici ; c'est comme en 1829. Si M. Guizot était un homme, il régnerait sept ans comme M. de Villèle. Il vaut bien plus que M. de Villèle, mais il n'a pas le tact, seconde vertu d'un homme d'État.

M. Molé s'impatiente, il a tort : on lui prépare une situation sublime dans cinq ans. Qu'importe quand, pourvu que l'histoire écrive : « Ce ministre fut grand tel jour ? » Du reste il est bien jeune, car on m'écrit qu'il est amoureux de madame de Montaut, Madeleine de Demidoff. Est-ce vrai? Faites-lui mes compliments, malgré ce qu'il dit de moi. Nous faisons ce qu'il y a à faire, donc nous faisons bien.

Ce serait joli de voir MM. de Lamartine et de la Grange faire de l'opposition, au profit du 1ᵉʳ mars, sous le nom de M. Molé, et renverser la machine qu'ils ont relevée !... Sottise !... Attendez, nous sommes un parti éminent et qui se conduit bien cette année. Mille tendres respects à Mme de la Grange. Donnez de mes nouvelles à ma femme, je ne lui écris pas.

LAMARTINE.

DCCLXXVIII

A madame de Girardin

Paris.

5 juin 1841.

Moi! avoir songé à vous faire froidement et systématiquement un chagrin? Je rougirais de moi devant mon ombre. Voulez-vous savoir la grosse bête de vérité? Au moment de vous envoyer ces vers à *la Presse*, je reçus la demande de 500 francs bien pressés d'un homme que j'aime et qui en a bien besoin. J'écrivis à Buloz : Envoyez-moi mille francs courrier par courrier si vous jugez à ce prix quelques mauvaises rimes et mon nom. Trois jours après il m'adressait un billet de mille francs dans une lettre, seul argent que j'aie jamais touché d'un journal ou d'une revue, et voilà tout. Je pensai que *la Presse*, si elle trouvait les vers bons, les reprendrait le lendemain. C'est toute ma confession. J'espère que je suis absous.

Je viens de passer la journée auprès du lit de

ce pauvre et charmant jeune homme. C'est un spectacle déchirant que la séparation lente de sa femme et de lui. Ils s'adorent. Il m'aimait bien aussi, et je m'y attachais sensiblement pour lui-même, bien plus que pour ce que l'on croit. Je n'ai plus d'espoir, mais des jours de répit de temps en temps. Je suis très-malade moi-même et très-fatigué d'un discours d'une heure et demie hier soir à un Conseil de Mâcon que j'ai converti à l'unanimité. Je ne puis jamais dormir après. L'esprit parle encore douze ou quinze heures après les lèvres.

J'attends, le 8, un capitaliste de Paris qui vient examiner de ses yeux si mes terres et mes titres lui présenteraient un gage pour 200,000 francs. Je ne pourrai savoir si je vais à Paris ou non qu'après qu'il aura feuilleté ma fortune et mes dettes. Triste occupation! Je vous dirai alors quand je pourrai partir. Mais partez donc vous-même, ne laissez pas, pour une misérable rencontre et pour une conversation tronquée, glisser ces jours de soleil et de vie que le ciel nous prodigue cette année. Il y a plus de choses dans un de ces beaux jours sur un coteau de la Creuse que dans tous les salons où vous êtes adorée et dans toutes les intimités même de Paris. Après cela pensez à Saint-Point, si les circonstances deviennent plus douces.

Adieu, on m'appelle. — La pensée de M. de Rothschild serait bien bonne. S'il voulait me prêter 200,000 francs pour sept ans à 5 0/0 et se contenter d'une hypothèque sur une terre de 600,000 francs, qui a seulement 235,000 francs d'hypothèques, il me sauverait de bien des nécessités dont ma démission est la première.

DCCLXXIX

A monsieur le marquis de la Grange

Député.

Monceau, 25 juin 1841.

Mon cher ami, je n'ai pas besoin de vous dire pourquoi je ne vous écris plus, c'est que je suis toujours au chevet d'un mourant. Rien de décidé si ce n'est une affection mortelle dans l'état de M. de Pierreclos. Nous restons tout près de Mâcon pour aller le voir tous les jours. Le reste du temps je suis absorbé dans mes affaires de fortune. Je ne puis savoir encore si je trouverai les 200,000 francs dont j'ai besoin pour vivre sept ans sans me retirer des Chambres. J'offre cependant pour hypothèque deux terres valant ensemble 1,400,000 francs et n'ayant de charges hypothéquées que 465,000 francs. Mais le monde est dur aux poëtes et aux hommes qui veulent rester indépendants. Mon parti est pris de me retirer de tout, même du conseil municipal, dans quatre mois, si je ne trouve pas à assurer mes affaires. Je vais à Genève encore pour cela sous quelques jours, mais seulement pour six jours.

Je me moque de la politique, elle est absurde ; ils fondent tous devant la question orientale. Carné, Dufaure, Thiers, Guizot, Girardin, Molé même, mettez tout cela dans un même sac et vous ne noierez pas une idée. Ils donnent tous leur coup de pioche à la mine qui fera sauter l'Europe. Cela fait pitié. Je ne doute pas le moins du monde que les cabinets, qui ont compris cette impuissance, ne se rient de nous, et n'arrangent leurs cartes sous table pour ne rien montrer que le jeu convenu. Avant trois ans vous verrez dans quelle abominable série d'impossibilités et de catastrophes diplomatiques l'absence d'idées de ces hommes nous engage.

Nous verrons-nous cet été ? Allez-vous au Midi ? Travaillez-vous ? Lisez-vous ? Croyez-vous à une dissolution ? Vous en occupez-vous ?

J'attends Denys ces jours-ci qui me dira le mot secret du ministère à cet égard, je ne suis plus au courant de rien. Le maréchal m'écrit ce matin, mais en énigmes.

Adieu. Ceci n'est que pour vous dire : Je vis ou je végète et je pense à vous. J'en dirais autant à Mme de la Grange, mais ce serait trop tendre, j'y pense sans le lui dire.

Ma femme se porte bien, elle a du monde chez elle à peu près toujours. Elle ne vient pas à Genève avec moi.

LAMARTINE.

DCCLXXX

A monsieur le marquis de la Grange
Député.

Château de Monceau, près Mâcon, 11 juillet 1841.

Mon cher ami, je n'écris qu'à vous. Nous sommes plus affligés, plus frappés que jamais. Pierreclos est au plus mal; mes affaires n'avancent pas; je n'ai pas été à Genève encore; à Paris rien ne se termine, les hommes d'argent sont des harpies. Je suis dans le double enfer du cœur et de l'esprit; j'y ajoute quelquefois celui du corps. Que faire et que dire au milieu de tout cela !

Ma femme va bien, dites-le à Mme de la Grange. Elle a du monde d'Italie et d'Angleterre en ce moment.

De politique je pense moins mal que vous. Nous avons sauvé l'Europe au 29 octobre, peu importe ce que ceux-ci feront ou ne feront pas pendant leurs deux ans de vie. Ce ministère, c'est du temps donné aux choses. Son seul rôle est de subsister, il subsistera. Après lui reviendront les platitudes d'un tiers-parti, puis les crises que les platitudes amènent, puis *nous;* nous serons appelés par la clameur publique à sauver de nouveau le monde social. Si Dieu nous aide, nous le sauverons, peut-être au prix de nos têtes. Voilà ma pensée ferme. Restez donc au poste, vous voyez les incroyables efforts de fortune et de convenance que j'essaie pour y rester. Si je ne le peux pas, ce ne sera pas ma faute, et ma conscience de citoyen sera tranquille. Mais vous, riche, bien portant, jeune, actif, indépendant, haut placé dans le monde, ce serait un égoïsme lâche et criminel que de vous retirer. Restez, je reviendrai peut-être vous trouver au jour du combat.

Nous sommes bien mécontents de ce que vous nous dites : *Nous n'irons pas en Bourgogne.* Nous nous serions plus liés en quinze jours de Saint-Point qu'en quinze ans de Paris.

Adieu. Je vous aime et vous honore bien tendrement. Quant à Mme de la Grange, je voudrais bien ne pas l'aimer car c'est elle qui vous empêche de venir. Mes respectueux compliments à M. le duc de la Force.

LAMARTINE.

DCCLXXXI

A madame de Girardin

A Paris.

Au château de Monceau, 16 juillet 1841.

Je réponds courrier par courrier comme à mes flatteurs ou à mes commettants. N'êtes-vous pas la plus flatteuse de mes flatteurs si vous êtes peut-être celui par qui j'aimerais le plus à être flatté ?

Vous êtes triste, mais vous êtes jeune. Cela passera. Moi, je mûris, si je ne vieillis pas encore, et les cheveux blanchissants m'avertissent que mes tristesses sont sans consolation future dans ce misérable monde, mal éclairé par la lune et mal chauffé par le soleil. A propos de toutes nos tristesses, voulez-vous savoir mon opinion, comme on dit parlementairement ? C'est qu'un quart d'heure d'amour vaut mieux que dix siècles de gloire, et qu'une minute de vertu, de prière, de sacrifice, d'élan enthousiaste de l'âme à Dieu, vaut mieux même qu'un siècle d'amour. Je ne suis pas toujours mes opinions, mais enfin, les voilà. C'est peut-être une opinion consolante à l'âge où même sans vertu il faut *avoir l'air* de renoncer à l'amour, sous peine d'aimer tout seul, c'est-à-dire de faire la chose la plus belle et la plus ridicule des choses de ce monde.

Parlons d'autres choses moins belles. — L'homme est venu. Il a examiné mes terres. Il les a trouvées très-larges et très-bien cultivées. Il a compris enfin, m'a-t-il assuré, ce mot mystérieux du *Courrier de Paris :* « Lamartine, le premier agriculteur de France. » Vous croyiez badiner, eh bien! il l'a pris au sérieux en voyant mes vignes et mes familles heureuses et bien gouvernées de vignerons. Me prêtera-t-il sur cette valeur morale? Et me prêtera-t-il à un intérêt moral aussi? C'est là toute la question. Il me dira son mot dans un mois. Mais j'ai peu de foi dans les mots qu'on ne dit pas tout de suite. En attendant, et comme je suis à quelques mois de ma perte financière, je vais aller à Genève un de ces jours passer six jours et voir si je trouverai là un appui qui ne me perce pas la main. Je ne saurai donc que dans un mois si et quand j'irai à Paris.

Allez dans vos montagnes, ou venez dans les miennes, ce qui serait mieux. Moquez-vous du monde et vivez de vous. Vous avez plus de vie morale et pensante que ces tourbillons de poupées dont vous vous laissez ennuyer, et vous appelez cela occuper! Vous aurez cinq ou six jours tristes, et puis les sources qui sont en vous couleront, et vous penserez, sentirez, écrirez, rêverez des choses sublimes, et vous direz anathème au mois d'hiver qui viendra vous déranger. Ce qui n'est pas en nous n'est pas. Cherchons seulement ce qui est.

A votre place, je ferais un grand livre de philosophie humaine ou mondaine dans le genre de *l'Allemagne*, de madame de Staël. Vous êtes à sa hauteur maintenant, plus la poésie. Prenez votre sérieux tout à fait ; ne touchez plus que dans le journal la corde semi-sérieuse de l'esprit. La gaieté est amusante, mais au fond c'est une jolie grimace. Qu'y a-t-il de gai dans le ciel et sur la terre? Le bonheur est triste lui-même quand il est complet, car l'infini est sublime, et le sublime n'est pas gai.

Quant à moi, ce que je fais? Rien du tout. Je vois mourir, je vois pleurer, je vois aimer; je vois ce qui s'aime lentement déchiré par la mort. J'ai dans le cœur mille abîmes qui se couvrent de silence et d'indifférence, et je sens les années se raccourcir et couvrir de l'ombre suprême les dernières choses éclatantes que j'aurais aimé à cueillir. Et puis voilà! comme on dit ici. Adieu et bonne amitié.

DCCLXXXII

A monsieur le comte de Fontenay

Genève, 29 juillet 1841.

Mon cher Fontenay, j'apprends par ma femme votre bonne et malheureuse visite. J'ai espéré en vain vous rejoindre à temps samedi. Les quinze jours passeront avant que mes affaires soient terminées. C'est une bonne pensée perdue pour moi, mais dont la mémoire restera dans mon cœur. Votre présence et votre amitié m'auraient rappelé les beaux jours de 1820 à Naples et les sombres jours de 1833 à Stuttgart : bonheur et tristesse vous rendaient également cher à nos souvenirs. Que je vous remercie de les avoir conservés !

Vous quittez la France sous de meilleurs auspices qu'à vos précédents voyages : une révolution extravasée rentre à la fin dans son lit. Les principes honnêtes et les instincts préservateurs finissent toujours par prévaloir quand un gouvernement leur laisse seulement la liberté. Voilà à quoi nous avons tendu depuis trois ans. Je crois que les choses vont marcher dans un sens résolu d'ordre et de paix.

Continuez à nous représenter et à nous honorer en Allemagne. Ma politique à moi est éminemment allemande, c'est la seule qui convienne à ce demi-siècle rempli par la question d'Orient. L'Allemagne est un contre-poids posé au milieu des deux grandes ambitions du monde, c'est à nous à ne pas le jeter dans un des bassins russe ou anglais mais de nous combiner avec elle pour faire force et paix.

J'espère qu'on vous enverra en Italie ensuite. Dans mon faible crédit, si vous avez besoin de moi, je suis à vous comme le disciple est au maître et l'ami à l'ami.

LAMARTINE.

DCCLXXXIII

A madame de Girardin

A Paris.

2 août 1841.

C'est un seul mot pour vous dire : J'ai reçu, j'ai lu, j'ai béni la main qui a tracé ces lignes.

J'étais en Suisse, croyant le jour suprême encore éloigné. Je suis revenu trop tard. Il est mort (1) en sage d'un autre temps. Son dernier mot, une minute avant sa mort, a été un adieu et un remercîment à moi; son dernier geste a été de montrer le ciel à sa femme. Heureux les morts ! Heureux le jour où se réunissent tous ceux qui se froissent ou se rencontrent si mal dans le monde !

Je n'ai que le temps et la force de vous jeter ces deux mots. Je vais à Saint-Point mener la pauvre veuve. Je repars pour la Suisse dans peu de jours, c'est pour des affaires.

(1) M. de Pierreclos.

Il n'est pas même aisé de se dévouer et de se ruiner pour son pays. Quel monde ! Quelle terre ! Quels hommes ! Vous le savez, vous à qui ils ont versé tant de fiel, et qui le leur rendez en délices.

Mais adieu. J'ignore si j'irai à Paris. J'ai des embarras extrêmes et qui peuvent m'y faire dire un long adieu.

Ma santé va mieux, sauf les coups terribles qui ravivent tout. Dieu proportionne les forces aux fardeaux. Je serais plein d'ardeur pour combattre, agir, mourir ; mais le terrain manque sous les pieds de tous les devoirs ici-bas. Quand la destinée, contre laquelle on ne doit jamais s'*obstiner*, aura parlé plus clairement encore, je me retirerai de toute action et de toute lutte, et je vous crierai de loin : Vivez et agissez ! Adieu encore, aimez-moi, car j'ai pour vous *quand même* une affection vieille, sincère, vraie et universelle.
— Excusez ce griffonnage. Je me suis repris et repenti des sottises qui coulaient de ma plume à mon insu. — M. de Girardin est donc en Allemagne ? C'est bon. *La Presse* est admirable depuis un mois. Écrivez-le-lui.

DCCLXXXIV

A monsieur de Champvans

Monceau, 2 août 1841.

Mon cher ami, vous avez perdu un ami, et moi presque un fils. Nos larmes se confondent. Votre souvenir écrit sous l'impression de la douleur est cependant convenable et digne de lui et de ceux qui le pleurent. Il est mort en sage, calme, doux, ferme, voyant Dieu à travers ses rigueurs et l'immortalité au delà de la mort. C'est une mémoire sans tache dans ma pensée et un parfum qui embaumera toute notre vie. Merci d'avoir pleuré avec nous.

Vous êtes et vous serez digne de lui et de vous-même. Votre cœur mûrit et votre talent se perfectionne tous les jours. Vivez, aimez et souvenez-vous.

LAMARTINE.

Je repars pour la Suisse, vous savez pourquoi.

DCCLXXXV

A madame de Girardin

Septembre 1841.

Le Conseil général m'a retenu quinze jours. Fatigué aujourd'hui, je suis au lit, avec une fluxion douloureuse. Je ne vous écris donc pas que ma joue ne soit désenflée ; mais je pense à vous bien constamment et à toutes vos peines. Je sens perpétuellement au cœur le coup que le vôtre a reçu. Il n'y a pas beaucoup de femmes capables de vous comprendre. Celle-ci l'avait appris de bonne heure. Quel vide ! Cesser à la fois d'être compris et d'être aimé, c'est ce qui m'arrive tous les ans. On ne s'y habitue pas.

J'attends M. et Mme de la Grange demain. Je ne sais ensuite ce que je ferai. Mes affaires financières n'ont pas marché d'un pas. Irai-je à Paris ? retournerai-je à Genève ? Les prochaines lettres me le diront, et je vous le redirai.

Adieu, ma plume tombe. Je n'ai rien mangé

depuis trois jours. Ce n'est qu'un mal de dents. Du reste, je vais bien mieux. Quant à ce que vous savez, rien de rassurant et plus enchevêtré que jamais; mais je rougis même d'y penser. Je dois rester où les années me placent. On parle de moi pour le ministère dans les journaux d'aujourd'hui. J'en suis bien aise pour mes électeurs que cela flatte, mais il n'y a pas le moindre fondement. Si je reste à la Chambre, je verrai soigneusement passer trois ministères avant de faire partie d'aucun, et, si jamais j'y entre, je n'y entrerai que par une *brèche*. On n'a de force que dans les places conquises, dont les bourgmestres vous apportent les clefs. Or, qu'est-ce qu'un ministère sans *pouvoir*? Une duperie.

Adieu encore, et une amitié, en affection, en attachement, mille fois plus forte et plus enracinée que vous ne pensez. Pour votre mère, elle le sait, mais dites-le-lui encore. Cela ne fait pas de mal.

DCCLXXXVI

A monsieur Guichard de Bienassis

A Bienassis.

Monceau, 25 septembre 1841.

Quand tu voudras venir, mon cher ami, pars, je te fais le signe promis. Je suis seul à Monceau ou à Saint-Point, on te le dira à Mâcon. Madame de Lamartine est à Paris pour quinze jours. Viens me donner le plus de moments que tu pourras. Consolons-nous, nous qui restons, de tous ceux que nous avons perdus, en nous voyant, en nous aimant davantage.

Ne pense ni à habit ni à toilette. Tu me trouveras en veste et en sabots, comme un parfait paysan.

Adieu et amitié.

AL. DE LAMARTINE.

DCCLXXXVII

Au marquis de la Grange

Député.

7 octobre 1841.

Bravissimo!! mon cher ami, le premier morceau du *Mémorial* me paraît excellent à la lecture imprimée. Vous avez admirablement ordonné, poli et posé tout cela. Je ne doute pas que cela n'ait avant peu beaucoup d'effet sur l'opinion ; il est impossible que les presses politiques, surtout adverses, ne relisent pas cette œuvre d'un député et cette pensée collective de deux.

Je vous répète qu'ici tout ce qui lit cela est ravi. Le *journal* en parlera à fond, et par ma main, quand vous aurez paru, d'une manière courte mais brillante et de nature à être répétée. Je vous écris dans l'émotion. Vous aurez eu du courage, et je ne doute pas que vous n'en soyez récompensé. M. Molé doit être content. Moi, depuis vous, je suis contraint, par l'horrible situation que les manques de foi déguisés de M. Villemain me font, de me brouiller à mort avec le ministère. Je lui ai envoyé ma déclaration de guerre : ou la parole tenue, ou la guerre; je n'entends pas cependant la guerre politique, la conscience est au-dessus de tout, mais le mécontentement personnel et la rupture de toute espèce de rapports avec eux. Ils ont mon *ultimatum*, et je crois qu'ils le bravent; ainsi c'est fini entre nous. Villemain n'est pas un homme, et il ne sait pas ce que c'est qu'un homme. Ce n'est pas sa faute, aussi je ne lui en veux qu'officiellement.

Champeaux a écrit un petit article contre les circulaires de cabinet sur la presse, dans le *Journal de Saône-et-Loire*; il est daté de Monceau et je ne le désavoue pas. Le ministère se perd. Depuis vous, cela m'est évident. Il est mort, il ne sait ce qu'il fait. Vos articles prennent position à propos.

Adieu. Je suis à mes vendanges, ma femme à Paris, mes affaires non faites mais un peu améliorées pour un an. Mille bravos à Mme de la Grange pour son courage, elle doit être la femme d'un député dont le nom va être ballotté et couvert d'injures glorieuses par les écrivassiers du pays.

LAMARTINE.

DCCLXXXVIII

A monsieur de Champvans

Paris.

Monceau, 10 octobre 1841.

Mon cher ami,

Madame de L. est arrivée et me remet vos lettres. Nous venons de les lire en famille et en société discrète ; celle sur Pagès est le mot même de son nom. Je le connais très à fond. Je ne m'associerais que si j'étais souverain et lui écrivain.

Je ne partage pas vos idées sur une agression au système du gouvernement royal. J'aime mieux montrer dans les actes et dans les paroles qu'on a un avis indépendant du roi, mais un cœur respectueux pour la personnification du pouvoir. Souvenez-vous qu'on n'insulte jamais la statue d'un saint sans que la religion en souffre. La religion des Tuileries, c'est la prérogative. Il faut la coudoyer rudement, mais toujours en la saluant. Je ne crois pas non plus à une alliance du 12 mai et du 15 avril. Le 12 mai c'est M. Dufaure, M. Dufaure sera toujours le très-timide serviteur de la popularité de gauche ; jamais il n'osera commettre ce crime de *lèse-popularité,* s'allier avec M. Molé ! Il ne l'a pas même osé au 29 octobre avec le maréchal. Non, je crois au 12 mai tout pur, et je m'en frotte les mains. J'aime à voir à l'œuvre les hommes forts. Vous les reverrez. M. Molé et M. Thiers ne viendront qu'après. De moi il n'en sera pas question jusqu'après ces quatre longues phases. Alors, si je suis encore du monde et du monde parlementaire, il est à croire qu'un grand flot de terreur me jettera au timon brisé. Je persiste dans cette idée : une tempête ou rien.

J'ai plusieurs lettres de membres influents de la gauche. Ils me provoquent. Ici la gauche *entière* est à moi, à commencer par des noms qui vous feraient hennir ! Ils sentent que je suis libéral et ferme en même temps, et que, quand leur drapeau aura été vendu et traîné cinq ou six fois encore dans la boue et dans l'ordure par les hommes de paille ou d'argent qui le portent, je suis peut-être destiné à le relever tout déchiré, tout boueux, tout sanglant, et à le porter comme un grand et honnête démocrate en réserve. Cela est vrai et pourra se réaliser un jour aussi. C'est au fond ma pensée. Je suis plus révolutionnaire que les démagogues, mais je suis révolutionnaire au nom d'un pouvoir ayant une volonté, et non pas au nom d'une populace d'écrivassiers n'ayant que des passions. Un journal dans ce sens-là ! Oui, créez-le, trouvez de l'argent, enrégimentez des hommes de courage ; je suis derrière, devant et au milieu. Mais je ne vois jour à rien de ce côté : isolé, ruiné, malade, je n'ai que mon cœur, il est à cette cause contre laquelle on croit bêtement que je combats.

Adieu et affection. J'honore beaucoup, tout le monde avec moi, votre retraite.

LAMARTINE.

DCCLXXXIX

A monsieur Dargaud

à Paray-le-Monial.

Monceau, 14 octobre 1841.

J'étais absent quand votre mot m'arrive. Je n'irai pas à Paris. Madame de Lamartine y est allée seule. Elle est de retour d'hier. M. R** est toujours ce que je l'ai pressenti. Rien de fait malgré toutes les paroles du monde. Il a passé ici trois jours, a fait des propositions et eu des exigences inouïes. Je vous dirai ce qu'est l'homme.

Je ne bouge pas de Monceau avant le milieu de décembre. Donnez-nous novembre et demi, si vous pouvez. Vous travaillerez ici comme à Paray.

J'essaie en vain, moi, de travailler. La névralgie fort adoucie s'est ranimée depuis les quinze jours d'automne. Je vis en galérien dont la chaîne est en fer rouge et le tient par les entrailles.

La politique me paraît aller sans aucune intelligence. Je me brouille forcément avec le ministère qui me joue indignement dans l'affaire du Collége de Mâcon. Je leur ai envoyé mon ultimatum hier. Passé cela, plus de rapport avec eux. Cela ne m'empêchera pas de les soutenir un peu dans la lutte, mais je ne les verrai ni ne leur parlerai. M. Villemain est moins qu'un homme et moins qu'un roseau, on ne peut ni le plier ni l'appuyer.

Adieu et au revoir.

DCCXC

A monsieur Martin Doisy

Mâcon, 15 octobre 1841.

Je ne suis pas *tergiverseur* de mon naturel : quand je consens à une chose malgré ses mouvements, je désire la voir réussir. Villemain ne fait tant de façons que parce que je l'ai pressé par ses collègues, et je ne l'ai fait que parce qu'il m'a joué. Il faut qu'il s'exécute avant un mois ou qu'il accepte la part de responsabilité de ses engagements indignement éludés et de mon caractère politique indignement compromis. Je sais très-bien le nœud de l'affaire; il a peur de son Conseil royal plus qu'il n'a peur de me manquer de parole : libre à lui. Mais il verra que, si je suis un bon garçon, je n'entends pas raison sur l'honneur engagé. Je suis décidé à tout plutôt qu'à avaler cet affront pour moi et pour mon pays.

Vous comprenez assez bien l'affaire, mais elle est cent fois plus légale et plus *sans prétexte* de notre part que vous ne le savez. Si elle échoue, je l'écrirai pièces et lettres en mains, car je ne me suis pas fié à des paroles, et on verra.

Remerciez l'admirable ami Janvier, et animez-le. Il peut partir de là avec assurance : c'est que si M. Villemain n'accomplit pas et ne dégage pas mes paroles données derrière les siennes, rupture éternelle et immédiate. Ce n'est pas un mot étourdi, j'ai réfléchi depuis trois ans, et je connais mes droits et ceux de Mâcon.

Tout à vous de cœur.

LAMARTINE.

DCCXCI

Au marquis de la Grange

Député.

Monceau, 22 octobre 1841.

Tout ce qui a lu *le Mémorial* ici est également satisfait et ravi de vous. Mais, comme vous dites, coalition naturelle du silence. Cela devait être, vous ou moi n'étant pas à Paris pour introduire une discussion si répugnante aux deux partis qui tiennent la presse périodique. J'écris à Girardin. J'ai fait moi-même un mot dans *Saône-et-Loire*, que j'ai envoyé au *Mémorial* et à Paris. Dans votre département cela vous fera infailliblement renommer et monter haut dans l'opinion. Si j'étais de vous, je me poserais dans le pays en dehors du sous-préfet et contre lui, tout en le laissant. C'est une excellente attitude électorale. Malheur alors à ceux que le gouvernement préconise! L'électeur n'est pas fonctionnaire, il aime cette petite révolte sans péril contre un sous-préfet. Cependant voyez, cela vous donnerait un joli article à faire dans vos journaux : « *Le sous-préfet est contre moi, dit-on, que m'importe!* je ne m'en occupe pas. Il administre bien, tant mieux! je ne fais pas l'administration, mais des lois. Ses juges à lui sont les ministres, les miens sont les électeurs. »

Rien de nouveau quant à mon collége. Je n'écris plus, et j'attends : ils ont le pistolet sous la gorge, et je ne lâcherai pas qu'ils n'aient tenu leur engagement. Ils vont, dit-on, le tenir, sinon non !

Mes affaires sont toujours non faites. Je ne puis rien, je vois, avant janvier ou février; j'irai à Paris en attendant.

J'ai repris bien de la névralgie depuis vous. Je ne fais rien. La maison est pleine de monde, mais nous ne cessons de regretter les jours que vous nous avez donnés.

Le ministère va à la diable, il est perdu aux trois quarts ici. Maintenant M. Molé monte; cela n'ira pas loin. *Nous seuls* déciderons de l'adresse. Si le collége ne vient pas, je n'y vais pas. Adieu. Mille tendres respects à Mme de la Grange. Elle a été bien avare de journées, mais jamais nous ne les oublierons.

LAMARTINE.

DCCXCII

A monsieur Émile de Girardin

Monceau, près Mâcon, 23 octobre 1841.

J'ai appris avec plaisir votre beau et politique voyage. Cela vous instruit et vous grandit. Un voyage est une action, cela fait antécédent et porte justement respect à un homme. On ne sait que ce qu'on a vu.

Je suis bien aise aussi de votre retour. Le moment parlementaire va être critique. Cela ne va pas, et pourtant il ne faut pas renverser, car cela serait pis. Mais il y a à manœuvrer dignement devant l'opinion publique. *La Presse* a besoin de vous. Je la trouve pauvre et gauche depuis trois mois, cela a l'air d'une succursale du *Moniteur Parisien*; l'indépendance n'y brille plus. Elle déclinerait et ferait décliner ceux qu'elle dirige. Je vous attendais pour vous le dire.

Je vous approuve bien contre Espartero et pour la reine. Vous savez que je n'ai que deux mots en affaires étrangères : Occupation de la Syrie, et intervention en Espagne. Le roi perd sa dynastie en manquant ces deux idées. Mais laissons cela, on ne comprend ici qu'après coup.

Je suis en froid avec le ministère, et bientôt peut-être en hostilité personnelle pour un manque de parole de M. Villemain à un engagement sacré envers mon département, dont j'ai été garant. Si cela ne finit pas sous peu de jours, je n'aurai plus aucun rapport avec les ministres. Mon pays, justement indigné, ne me pardonnerait pas d'être l'ami de ceux qui lui manquent. Bien entendu que cela n'influe en rien sur ma politique.

Je suis à la campagne. J'y ai passé quelques mois assez doux. Maintenant je reprends la maladie de nerfs avec les pluies et le froid. Je n'irai pas à Paris avant d'avoir satisfaction du ministère. Mes affaires sont toujours au même point. Mais j'ai encore pour une campagne à Paris.

Dites mille et mille choses à Mme de Girardin. Je suis trop triste et trop stupide pour les écrire.

LAMARTINE.

DCCXCIII

A monsieur Martin Doisy

23 octobre 1841.

J'ai votre lettre et l'annonce de mon image par M. de Cormenin. Va pour une insulte de plus ! Les mauvais portraits ne déshonorent que les mauvais peintres. Je plains la main assez malheureuse pour se condamner à défigurer ceux que l'esprit estime ; et à cette estime-là je n'y tiens pas. Voyez où j'en serais si j'avais ouvert mon cœur et ma verve à de tels hommes. Vous ne savez pas ce qu'il y a de faiblesse dans l'âme d'un tribun et d'adulation dans la plume d'un pamphlétaire.

J'ai fait mes vendanges assez bonnes, et je viens de découvrir à Monceau quatre hectares que je plante au printemps.

En politique je ne dis rien tant que l'affaire de Villemain n'est pas faite. Je ne puis dire à quoi je serai contraint ici. Le pays est soulevé contre l'indigne façon dont on le traite ; moi, au contraire, tout le parti libéral et républicain se jette dans mes bras.

Abonnez-moi, je vous prie, aux *Débats*, pour un an.

Adieu et amitiés.

LAMARTINE.

P. S. Dites à M. de Cormenin que ma seule vengeance sera de faire mentir d'année en année l'indigne image qu'il fait d'un homme d'honneur. Je lui pardonne le premier portrait, c'était une fantaisie ; mais, après six ans de désintéressement et de doctrines, c'est honteux.

DCCXCIV

A monsieur Dargaud

A Paray-le-Monial (Saône-et-Loire).

Monceau, 29 octobre 1841.

Mon cher ami,

Soyez toujours et toujours le mieux venu ! Votre place est ici pour la vie.

Je déplore, en les comprenant, vos ennuis nouveaux. J'espère que ma rupture de deux mois avec le cabinet cessera dans huit ou dix jours par la fondation du collége de Mâcon, et que rien ne mettra obstacle cet hiver à mes interventions les plus passionnées et les plus persévérantes pour vous.

Rien de nouveau dans mes affaires toujours incertaines. Vous trouverez ici un peu de monde, mais vous vous contenterez bien pendant huit jours d'une chambrette ; ensuite tout le château à vous jusqu'à mon départ. Arrangez-vous pour nous donner ce mois d'amitié et d'intérieur. Finissons l'année comme nous l'avons commencée.

Je ne vais pas mieux que vous, et je me décourage physiquement et politiquement.

Qu'est-ce que des hommes sans la fortune ? D'excellents numéros qui ne sortent pas. Est-ce la faute du chiffre ? Non, c'est la volonté du sort.

Adieu et soyons Turcs, c'est-à-dire bénissons Allah, maître de tout !

LAMARTINE.

DCCXCV

A monsieur Émile de Girardin

Monceau, 30 octobre 1841.

J'ai une lettre de M. Villemain, conforme à la vôtre. Mais pressez-le, car chaque jour est une opinion qui s'envenime contre lui et moi, et à quoi bon?

Dites à M. Cunin-Gridaine que je suis bien touché de sa pensée de me nommer au Conseil de l'Agriculture, mais que je le prie de n'en rien faire encore. Vous comprendrez qu'étant par *système* en dehors de tout ce qui me serait agréable, utile et influent, je ne dois pas perdre cette attitude par une nomination à une fonction de ce genre. Il ne faut pas me laisser *classer* au rang des hommes de philanthropie et de services neutres. Cela me mettrait hors la loi, c'est-à-dire hors la politique. Je ne le veux pas. Homme politique ou rien, c'est une nécessité pour un misérable dont le crime est d'être réputé philosophe ou poëte; il doit se tenir plus loin qu'un autre de ces deux maîtresses qu'on le soupçonnerait d'aimer encore. Faites comprendre poliment et obligeamment cette répugnance à notre excellent ami, M. Cunin-Gridaine, et répétez-lui combien je l'aime et me mets à son service pour tout ce qu'il voudra à la Chambre ou dans la presse périodique.

Qui diable a pu vous dire mes affaires belles et bonnes et arrangées? Il n'en est rien. Je suis aux abois; mais je tiens bon sur mon fumier, comme Job. Ce qui est vrai, c'est que mon désordre est un ordre et que je suis un grand administrateur de terres et de vignobles. Cela n'empêche pas de mourir de faim honorablement.

La Presse s'aperçoit bien de votre absence, non comme talent, il y en a beaucoup, mais comme impulsion. Dieu, que ne l'ai-je! Quel moment pour reprendre en sous-œuvre le gouvernement de tout depuis dix ans et lui dire: Reprends ta route, la voici! La France serait à vous.

Adieu et mille affectueux sentiments.

LAMARTINE.

Je suis comme Mme de Girardin, je ne puis écrire sans un spasme, et je maudis chaque syllabe.

DCCXCVI

A monsieur Émile de Girardin

Monceau, 5 novembre 1841.

Ne pourriez-vous pas, mon cher ami, faire citer dans *la Presse* le morceau qui me concerne dans l'article Duvergier de Hauranne (*Revue des Deux-Mondes*)? Il suffirait de dire : « Voilà comment les adversaires du parti conservateur jugent ses organes! Nous désirons aussi la fusion et le ralliement des hommes capables du pays, mais ils ne peuvent se rallier que sous un drapeau neutre et nouveau. A des idées nouvelles, des hommes nouveaux! voilà le cri des choses et du pays. Vos partis meurent de vétusté. Les idées attendent, les intérêts souffrent; l'Europe ne nous comprend pas, et nous ne comprenons pas l'Europe. Du nouveau, du nouveau! ou notre révolution mourra de vieillesse à dix ans de sa naissance. »

Adieu. L.

M. Sauzet, le Président de la Chambre, est chez moi d'hier et repart ce matin. — A revoir dans un mois.

DCCXCVII

A monsieur de Champvans

Paris.

Monceau, 7 novembre 1841.

Mon cher ami, faites-moi un travail, c'est vous demander un plaisir.

Allez de ma part chez M. Paganel, directeur du ministère de l'agriculture, ou chez M. Cunin-Gridaine, et recueillez pour moi tous les documents concernant la question de l'introduction du bétail étranger : le tarif, son origine, ses variations, le nombre de bœufs gras introduits, le nombre de têtes de bétail maigre, le nombre des bœufs en France, ceux gras pour la boucherie, ceux maigres pour le travail; enfin élucidez-moi bien cette matière, de manière qu'il n'y ait que ma logique à poser.

De plus, ce que coûte un bœuf à engraisser, par livre, en Suisse, en Angleterre, en Allemagne, ce qu'il coûte en France.

J'ai besoin de cela à fond, vingt pages s'il le faut, trente, quarante s'il est nécessaire; bien digéré. Réunissez de plus ce qui a été écrit là-dessus de mieux, discours Tourret, et faites-moi un dossier.

Rien de nouveau ici, vos articles ont fait l'admiration de tout le monde et surtout la mienne.

Je suis dans l'affaire du collége jusqu'aux oreilles. J'attends Dargaud aujourd'hui pour un mois.

J'ai eu M. Sauzet hier; j'attends encore du monde. Ma vie est triste et fatiguée; je reprends la névralgie assez fort. J'irai à Paris le 5 décembre, bien heureux de vous retrouver si bien allant.

On me parle de journal, mais je n'ai pas même de quoi aller quatre mois à Paris avec quoi faire l'apôtre. Il n'y a que deux manières : du sang ou de l'argent. Je suis prêt à donner mon sang le cas échéant, mais je n'ai pas d'argent à jeter dans un journal. Si j'avais le million, ce serait fait à l'instant, c'est l'heure ou jamais.

Adieu et amitié. LAMARTINE.

Réabonnez-moi vite au *National*, à partir du 1er novembre dernier, pour trois mois.

DCCXCVIII

A monsieur Émile de Girardin

25 novembre 1841.

Mon cher ami, je vous remercie de vos fréquentes lettres qui me tiennent si bien au courant du mouvement intestin de l'opinion et du cabinet. Je vous remercie surtout de celle-ci qui annonce de si bienveillantes prédispositions, dans des collègues de diverses nuances, en ma faveur. Mais je me hâte de vous écrire ma pensée intime sur la présidence, pour que votre amitié et celle de M. Pelletan ne perdent pas à cette pensée un temps et une bonne volonté qui n'aboutiraient pas.

Je ne désire pas la présidence. Bien plus, je serais affligé si on me mettait dans le cas de dire oui ou non, mais je dirais non avant comme candidature.

Et pourquoi? Le voici :

C'est une position neutre, et j'aime les positions militantes et actives.

C'est la décoration d'une vie politique, ce n'en est pas la force.

Enfin c'est exposer au hasard d'une bonne ou mauvaise attitude dans un fauteuil la considération, l'espérance, le prestige d'un nom politique qui peut un jour se compromettre et s'utiliser à meilleur escient. On ne grandit pas beaucoup là, et on peut en redescendre amoindri. Ainsi donc, pas de candidature volontaire et sérieuse. Quant à des voix, c'est autre chose, cela ne peut qu'honorer et fortifier une individualité parlementaire au dehors. Sous ce rapport, je ne serais que très-flatté d'en avoir. Si même j'en avais assez pour être nommé, je ne refuserais certainement pas; mais j'accepterais avec la plus vive répugnance et une douleur réelle et motivée.

Cela n'est pas politique, souvenez-vous-en. Or il faut être politique, ou rester comme je suis à regarder jaunir les feuilles des arbres, les pieds dans des sabots de noyer. J'en serais bien tenté, si ce n'était de ce diable au corps politique que je ne puis chasser de moi depuis l'âge de raison et qui me tiendra, j'en ai peur, jusqu'à l'âge où l'on n'en a plus.

Adieu. J'irai tard à Paris pour cause de misère. Écrivez-moi.

LAMARTINE.

Gardez ces motifs exclusivement pour vous, sauf Mme de Girardin, esprit politique bien plus qu'esprit féminin, pour qui je n'ai pas de mystère.

DCCXCIX

A monsieur Dubois

A Saint-Laurent, près Cluny.

Paris, 12 décembre 1841.

Je suis dans le tumulte, assiégé d'offres de tout genre. Qu'il y a loin d'ici Monceau, et que je voudrais y être! L'opposition en masse se jette à moi pour me tirer à elle. Il s'est opéré un de ces mouvements que je vous ai souvent prédits, où l'homme seul devient l'homme multiple et où on lui remet la dictature de deux ou trois opinions. J'aurais, si je voulais dire un mot, l'omnipotence sur la Chambre, donnée par elle-même. Au lieu de cela je mécontente tout le monde en me refusant à tous. Cela me paraît sensé dans ce moment. Je resterai donc sur mon banc, isolé longtemps encore.

Adieu et tout à vous.

LAMARTINE.

FIN DU CINQUIÈME VOLUME.

TABLE DES MATIÈRES

1834

DLXIX. A monsieur de Lamartine père	3
DLXX. A monsieur le comte de Virieu	8
DLXXI. A monsieur le comte de Virieu	12
DLXXII. A monsieur Ronot	15
DLXXIII. A monsieur de Lamartine père	17
DLXXIV. A monsieur le comte de Virieu	20
DLXXV. A monsieur de Lamartine père	23
DLXXVI. A monsieur le comte de Virieu	27
DLXXVII. A monsieur le comte de Virieu	31
DLXXVIII. A monsieur le comte de Virieu	34
DLXXIX. A monsieur le comte de Virieu	37
DLXXX. A monsieur le comte de Virieu	41
DLXXXI. A monsieur le comte de Virieu	45
DLXXXII. A monsieur le comte de Virieu	48
DLXXXIII. A madame la vicomtesse de Marcellus	52
DLXXXIV. A monsieur le comte de Virieu	54
DLXXXV. A monsieur Ronot	57
DLXXXVI. A monsieur Aubel	58
DLXXXVII. A monsieur le comte de Virieu	60

1835

DLXXXVIII. A monsieur de la Forestille Saint-Léger	67
DLXXXIX. A monsieur Guichard de Bienassis	70
DXC. A madame la comtesse de Villars	73
DXCI. A monsieur le comte de Virieu	76
DXCII. A monsieur le comte de Virieu	79
DXCIII. A monsieur le comte de Virieu	83
DXCIV. A monsieur le comte de Virieu	87
DXCV. A monsieur le comte de Virieu	92

DXCVI. A monsieur le comte de Virieu.................... 96
DXCVII. A monsieur le comte de Virieu.................... 97
DXCVIII. A monsieur Guichard de Bienassis................ 99
DXCIX. A monsieur le comte de Virieu..................... 101
DC. A monsieur le comte de Virieu........................ 103
DCI. Au comte Léon de Pierreclos......................... 105
DCII. A monsieur le comte de Virieu...................... 109
DCIII. A monsieur le comte de Virieu..................... 111
DCIV. A monsieur le comte de Virieu...................... 114
DCV. A monsieur le comte de Virieu....................... 116
DCVI. A monsieur Guichard de Bienassis................... 119
DCVII. A monsieur Dargaud................................ 121

1836

DCVIII. A monsieur le comte de Virieu.................... 125
DCIX. A monsieur Dargaud................................. 130
DCX. A madame la comtesse de Villars..................... 132
DCXI. A monsieur le comte de Virieu...................... 134
DCXII. A monsieur de la Forestille Saint-Léger........... 139
DCXIII. A monsieur le comte de Fontenay.................. 141
DCXIV. A madame de Cessia................................ 143
DCXV. A monsieur Ronot................................... 145
DCXVI. A monsieur Prosper Faugère........................ 147
DCXVII. A monsieur le comte de Virieu.................... 148
DCXVIII. A monsieur le comte de Virieu................... 151
DCXIX. A monsieur Martin Doisy........................... 152
DCXX. A monsieur le comte de Virieu...................... 154
DCXXI. A monsieur le comte de Virieu..................... 156
DCXXII. A monsieur Aubel................................. 158
DCXXIII. A monsieur Prosper Guichard de Bienassis........ 159
DCXXIV. A monsieur le comte Léon de Pierreclos........... 161
DCXXV. A monsieur Guichard de Bienassis.................. 163
DCXXVI. A monsieur le comte de Virieu.................... 165
DCXXVII. A monsieur Martin Doisy......................... 166
DCXXVIII. A monsieur le comte de Virieu.................. 169
DCXXIX. A monsieur le comte de Virieu.................... 171
DCXXX. A monsieur le comte Léon de Pierreclos............ 173
DCXXXI. A monsieur le comte de Virieu.................... 175
DCXXXII. A monsieur le comte de Virieu................... 178

1837

DCXXXIII. A monsieur le comte de Virieu	185
DCXXXIV. A monsieur le comte de Virieu	188
DCXXXV. A monsieur Dubois	192
DCXXXVI. A monsieur le comte de Virieu	195
DCXXXVII. A monsieur Dargaud	197
DCXXXVIII. A monsieur Foulques de Belleroche	198
DCXXXIX. A monsieur Ronot	200
DCXL. A monsieur le comte Grimaldi	201
DCXLI. A monsieur le comte de Virieu	203
DCXLII. A monsieur Dubois	207
DCXLIII. A monsieur le comte de Virieu	210
DCXLIV. A monsieur Dargaud	215
DCXLV. A monsieur le comte de Virieu	216
DCXLVI. A monsieur Émile Deschamps	220
DCXLVII. Au comte Monnier de la Sizeranne	222
DCXLVIII. A monsieur le comte de Virieu	224
DCXLIX. A monsieur le comte de Virieu	226
DCL. A monsieur le comte de Virieu	227
DCLI. A monsieur le comte de Virieu	232
DCLII. A monsieur le comte de Virieu	236
DCLIII. A monsieur Dubois	239
DCLIV. A monsieur Dubois	241
DCLV. A mademoiselle Olympe de Vignet	243
DCLVI. A monsieur le comte de Virieu	246
DCLVII. A monsieur Dubois	248
DCLVIII. A madame de Girardin	250
DCLIX. A monsieur le marquis de la Grange	253
DCLX. A monsieur Émile Deschamps	254
DCLXI. A monsieur Guichard de Bienassis	256
DCLXII. A monsieur Dubois	258
DCLXIII. A monsieur le comte de Virieu	260

1838

DCLXIV. A monsieur le comte de Virieu	265
DCLXV. A monsieur Ronot	270
DCLXVI. A monsieur Ronot	272
DCLXVII. A monsieur Ronot	274

DCLXVIII. A monsieur Ronot.. 276
DCLXIX. A monsieur le comte de Virieu.................................. 277
DCLXX. A monsieur le comte de Virieu................................... 282
DCLXXI. A monsieur le comte Léon de Pierreclos................... 286
DCLXXII. A monsieur le comte de Virieu................................ 288
DCLXXIII. A monsieur le comte de Virieu............................... 291
DCLXXIV. A monsieur le comte Léon de Pierreclos................. 293
DCLXXV. A madame de Girardin... 297
DCLXXVI. A monsieur le marquis de la Grange...................... 300
DCLXXVII. A monsieur le comte de Virieu.............................. 303
DCLXXVIII.— DCLXXIX. A monsieur le baron Carre de Vaux. 304
DCLXXX. A monsieur le comte de Virieu................................ 307
DCLXXXI. A monsieur Antoni Deschamps............................. 310
DCLXXXII. A monsieur le comte de Virieu............................. 312
DCLXXXIII. A madame de Girardin....................................... 314
DCLXXXIV. A monsieur Guichard de Bienassis..................... 317
DCLXXXV. A monsieur le comte de Virieu............................. 319
DCLXXXVI. A monsieur le comte de Virieu............................ 322
DCLXXXVII. Au marquis Raoul de Raigecourt....................... 325

1839

DCLXXXVIII. A monsieur le comte Léon de Pierreclos............ 331
DCLXXXIX. A monsieur le comte de Virieu............................. 333
DCXC. A monsieur Ronot.. 337
DCXCI. A monsieur le comte de Virieu................................... 340
DCXCII. A monsieur le comte de Virieu.................................. 342
DCXCIII. A monsieur le comte de Virieu................................. 346
DCXCIV. A monsieur le comte de Virieu................................. 350
DCXCV. A monsieur le comte de Virieu.................................. 354
DCXCVI. A monsieur le comte Léon de Pierreclos.................. 356
DCXCVII. A monsieur Dubois.. 358
DCXCVIII. A monsieur le comte de Virieu.............................. 359
DCXCIX. A monsieur Ronot... 363
DCC. A monsieur le comte de Virieu...................................... 365
DCCI. A monsieur le comte Léon de Pierreclos...................... 366
DCCII. A monsieur le comte de Virieu.................................... 368
DCCIII. A monsieur le comte de Virieu................................... 371
DCCIV. A monsieur le comte de Virieu................................... 374
DCCV. A monsieur Émile de Girardin.................................... 378
DCCVI. A monsieur Émile de Girardin................................... 379
DCCVII. A monsieur le comte Léon de Pierreclos................... 382

TABLE DES MATIÈRES. 589

DCCVIII. A monsieur le comte de Virieu.................. 385
DCCIX. A monsieur Martin Doisy...................... 390
DCCX. A monsieur Guichard de Bienassis............... 393
DCCXI. A madame la vicomtesse de Marcellus........... 396
DCCXII. A monsieur Émile de Girardin................. 398
DCCXIII. A monsieur Émile de Girardin................ 400
DCCXIV. A monsieur Émile de Girardin................. 401
DCCXV. A monsieur le marquis de la Grange............ 402
DCCXVI. A monsieur Guichard de Bienassis............. 405
DCCXVII. A monsieur Dubois.......................... 406
DCCXVIII. A monsieur Émile de Girardin............... 408

1840

DCCXIX. A monsieur le comte de Virieu................ 411
DCCXX. A monsieur Ronot............................. 415
DCCXXI. A monsieur Émile de Girardin................. 416
DCCXXII. A monsieur de Champvans.................... 417
DCCXXIII. A monsieur de Champvans................... 419
DCCXXIV. A monsieur Ronot........................... 421
DCCXXV. A monsieur de Champvans..................... 423
DCCXXVI. A monsieur de Champvans.................... 426
DCCXXVII. A monsieur le comte de Virieu.............. 429
DCCXXVIII. A monsieur le comte Léon de Pierreclos.... 431
DCCXXIX. A monsieur de Champvans.................... 433
DCCXXX. A monsieur de Champvans..................... 436
DCCXXXI. A monsieur le comte Léon de Pierreclos...... 438
DCCXXXII. A monsieur Émile de Girardin............... 440
DCCXXXIII. A monsieur le comte de Virieu............. 442
DCCXXXIV. A monsieur le marquis de la Grange......... 444
DCCXXXV. A monsieur Guichard de Bienassis............ 446
DCCXXXVI. A monsieur le comte de Virieu.............. 448
DCCXXXVII. A madame de Girardin...................... 451
DCCXXXVIII A monsieur Émile de Girardin.............. 454
DCCXXXIX. A monsieur le marquis de la Grange......... 455
DCCXL. A monsieur de Champvans....................... 459
DCCXLI. A monsieur Émile Deschamps................... 460
DCCXLII. A monsieur Émile de Girardin................ 461
DCCXLIII. A monsieur Ronot........................... 462
DCCXLIV. A monsieur Émile de Girardin................ 465
DCCXLV. A monsieur Martin Doisy...................... 467
DCCXLVI. A monsieur le comte de Virieu............... 469

DCCXLVII. A monsieur de Champvans.................... 472
DCCXLVIII. A monsieur Émile de Girardin................ 473
DCCXLIX. Au marquis de la Grange..... 474
DCCL. A monsieur Émile de Girardin..................... 477
DCCLI. A monsieur Émile de Girardin................... 478
DCCLII. A monsieur Émile de Girardin................... 479
DCCLIII. A monsieur le comte de Virieu................ 480
DCCLIV. A madame de Cessia......................... 482
DCCLV. A monsieur le comte de Virieu.................. 484
DCCLVI. A monsieur Ronot........................... 486
DCCLVII. A monsieur de Champvans................... 488
DCCLVIII. A monsieur de Champvans.................. 492
DCCLIX. A monsieur le comte de Virieu................. 495
DCCLX. A monsieur Ronot............................ 498
DCCLXI. A monsieur le comte de Virieu................. 500
DCCLXII. Au marquis de la Grange..................... 502
DCCLXIII. A monsieur le comte Léon de Pierreclos..... ... 503
DCCLXIV. A monsieur le comte de Virieu................ 506
DCCLXV. A monsieur le comte Léon de Pierreclos......... 509
DCCLXVI. A monsieur Dubois......................... 512
DCCLXVII. Au marquis de la Grange.................... 514
DCCLXVIII. A monsieur le comte Léon de Pierreclos 515
DCCLXIX. A monsieur le comte de Virieu 518

1841

DCCLXX. A monsieur Ronot......................... 523
DCCLXXI. A monsieur Émile de Girardin................ 524
DCCLXXII. A monsieur le comte de Virieu............... 525
DCCLXXIII. A monsieur le comte Léon de Pierreclos......... 528
DCCLXXIV. A mademoiselle de Virieu.................. 529
DCCLXXV. A monsieur Guichard de Bienassis........... 531
DCCLXXVI. A madame de Girardin.................... 533
DCCLXXVII. Au marquis de la Grange.................. 536
DCCLXXVIII. A madame de Girardin................... 539
DCCLXXIX. A monsieur le marquis de la Grange......... 542
DCCLXXX. A monsieur le marquis de la Grange......... 545
DCCLXXXI. A madame de Girardin.................... 547
DCCLXXXII. A monsieur le comte de Fontenay.......... 551
DCCLXXXIII. A madame de Girardin................... 553
DCCLXXXIV. A monsieur de Champvans............... 555
DCCLXXXV. A madame de Girardin................... 556

DCCLXXXVI. A monsieur Guichard de Bienassis.	558
DCCLXXXVII. Au marquis de la Grange	559
DCCLXXXVIII. A monsieur de Champvans	561
DCCLXXXIX. A monsieur Dargaud	564
DCCXC. A monsieur Martin Doisy	566
DCCXCI. Au marquis de la Grange	568
DCCXCII. A monsieur Émile de Girardin	570
DCCXCIII. A monsieur Martin Doisy	572
DCCXCIV. A monsieur Dargaud	574
DCCXCV. A monsieur Émile de Girardin	576
DCCXCVI. A monsieur Émile de Girardin	578
DCCXCVII. A monsieur de Champvans	579
DCCXCVIII. A monsieur Émile de Girardin	581
DCCXCIX. A monsieur Dubois	584

FIN DE LA TABLE DU TOME CINQUIÈME.

CORBEIL. — Typ. et stér. de CRÉTÉ FILS.

www.ingramcontent.com/pod-product-compliance
Lightning Source LLC
Chambersburg PA
CBHW060414230426
43663CB00008B/1479